Este mundo tem beleza e deleite, mas também tem quebrantamento e dor. À medida que a alegria e a tristeza se misturam, ansiamos por palavras que expressem nossos clamores por libertação e nossas canções de alegria. O novo devocional de Dane Ortlund, *No Senhor me refugio*, nos convida a experimentar comunhão com Deus através das palavras dos Salmos. Essas encorajadoras reflexões diárias guiarão suas orações, trarão paz ao seu coração e fortalecerão sua alma enquanto você caminha com Deus nos altos e baixos da vida.

Melissa Kruger, diretora do Women's Initiatives, do The Gospel Coalition, e autora de *Growing together*

Este livro nos lembra que não precisamos de material devocional melhor do que os próprios Salmos. Dane Ortlund está apontando o caminho, como um guia sábio e seguro que nos ajuda a entrar e a nos juntar às orações e louvores do saltério. Ele nunca deixa de nos apontar a Cristo, o Salvador que brilha através dos Salmos do início ao fim.

Kathleen Nielson, autora, palestrante e conselheira sênior do The Gospel Coalition

Este é um livro que todos precisam manter ao lado da cama, para começar ou terminar cada dia alimentando-se das palavras que Deus nos deu para orarmos e cantarmos a ele. As breves percepções de Dane em cada salmo nos ajudam a preencher a lacuna entre o tempo do salmista e o nosso, entre suas batalhas, perguntas, alegrias, desejos e lamentos e os nossos, levando--nos ao amor e à adoração.

Nancy Guthrie, professora de escola bíblica dominical e autora do livro *Ainda melhor que o Éden* (Fiel)

Aqui está! Um livro devocional baseado no livro devocional da própria Bíblia. É uma ideia tão óbvia, que pode ter nos escapado — ao contrário de nossos antepassados espirituais, que costumavam ler os Salmos todas as semanas —, porque nos permitimos ficar obcecados com as soluções em curto prazo e fascinados pelas inovações da última moda. Agora, o autor que ajudou muitas pessoas a enxergar Cristo com mais clareza, em seu livro *Manso e humilde*, nos conduz gentilmente pela mão ao próprio manual devocional de Jesus, o livro de orações que ele amava e o projeto para sua própria vida e ministério, e nos leva a ele novamente, dia após dia. Obrigado, Dane Ortlund, por mais este tesouro!

Sinclair B. Ferguson, professor chanceler de Teologia Sistemática no Reformed Theological Seminary

É difícil encontrar um livro como este: não se trata de um comentário sobre os Salmos, mas de um breve modelo, vindo de uma voz confiável, que nos ensina a meditar sobre eles. Desfrute das meditações de Dane e aprenda a meditar nos Salmos por si mesmo; aprenda a olhar para uma palavra ou frase no contexto e meditar nela para obter alimento, em Cristo, para a sua alma. Enriqueça e aprofunde sua própria comunhão com Cristo através do cancioneiro da Bíblia. Comece já.

David Mathis, editor executivo e professor sênior do Desiring God Ministries; pastor da Cities Church, em Saint Paul, Minnesota; e autor de *Habits of Grace*

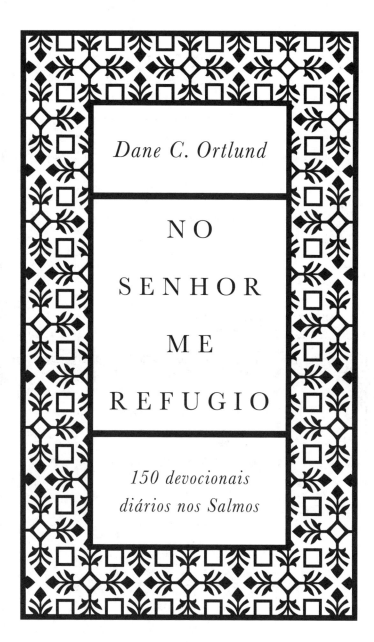

Publicado originalmente em inglês por Crossway Books, ministério de publicação da Good News Publishers, 1300 Crescent Street, Wheaton, Illinois 60187, EUA como *In the Lord I take refuge: 150 daily devotionals through the Psalms* por Dane Ortlund.

Copyright 2020 por Dane C. Ortlund.

Traduzido e publicado com permissão da Crossway Books. Todos os direitos reservados

Copyright da tradução Pilgrim Serviços e Aplicações LTDA., 2021.

Todas as citações bíblicas foram extraídas da *Nova Versão Internacional* (NVI), salvo indicação em contrário.

Os pontos de vista dessa obra são de responsabilidade dos autores e colaboradores diretos, não refletindo necessariamente a posição da Pilgrim Serviços e Aplicações ou de sua equipe editorial.

Editores	*Guilherme Cordeiro Pires e Guilherme Lorenzetti*
Tradutor	*Breno Seabra Nunes*
Revisores	*Bruna Gomes Ribeiro, Eliana Moura Mattos e Pedro Marchi*
Capa original	*Jordan Singer*
Adaptação de capa	*Rafael Brum*
Diagramação	*Aldair Dutra de Assis*

DADOS INTERNACIONAIS DE CATALOGAÇÃO NA PUBLICAÇÃO (CIP)
(BENITEZ CATALOGAÇÃO ASS. EDITORIAL, MS, BRASIL)

O87s 1.ed.	Ortlund, Dane C No senhor me refugio: 150 devocionais diários nos Salmos / Dane C. Ortlund ; tradução Breno Seabra Nunes. – 1.ed. – Rio de Janeiro : Thomas Nelson Brasil : Pilgrim : São Paulo, 2022. 512 p.; 12 x 18 cm. Título original : In the Lord I take refuge : 150 daily devotions Through the Psalms ISBN : 978-65-56893-94-5 1. Antigo Testamento. 2. Bíblia. A. T. Salmos – Comentários. 3. Reforma protestante. 3. Cristianismo. 4. Literatura devocional. I. Nunes, Breno Seabra. II. Título.
11-2021/60	CDD 223.2

Índice para catálogo sistemático:
1. Salmos : Bíblia : Antigo testamento   223.2

Bibliotecária: Aline Graziele Benitez – CRB-1/3129

Todos os direitos reservados a Pilgrim Serviços e Aplicações LTDA.
Alameda Santos, 1000, Andar 10, Sala 102-A
São Paulo — SP — CEP: 01418-100

Printed in China

INTRODUÇÃO

O livro de Salmos é diferente de qualquer outra porção das Escrituras, pois é o único da Bíblia escrito para Deus. Em muitos outros lugares nas Escrituras aprendemos sobre como orar. Jesus nos deu a oração do Senhor, em Mateus 6:5-15; Paulo nos diz para "orar sem cessar", em 1 Tessalonissenses 5:17. Os Salmos, porém, são as próprias orações.

Por essa razão, eles são especialmente adequados para promover a comunhão com Deus, pois dão voz aos nossos corações. A ampla gama de sentimentos humanos recebe aqui uma expressão concreta: recebemos uma linguagem para nos dirigirmos a Deus com gratidão e louvor, mas também com aflição, desespero ou culpa avassaladora por causa do nosso pecado.

Através de tudo isso, vemos o Salvador percorrendo os Salmos. Ele é quem incorpora e cumpre tudo o que encontramos nesse livro. Ele nos dá motivo supremo para dar graças e louvor a Deus (Salmos 107:1). Ele é quem experimentou a verdadeira aflição e o profundo desespero, suportando a separação de Deus para que seu povo nunca experimentasse o mesmo (Salmos 22:1-2). Jesus nos limpa por meio de sua obra expiatória e nos garante que apagou toda a culpa de nosso pecado.

Essas verdades profundas e preciosas levaram à criação de *No Senhor me refugio*, um livro que tem por objetivo promover a comunhão com Deus em meio a todos os altos e baixos da vida diária neste mundo caído. O conteúdo devocional desta obra visa facilitar a comunhão com Deus nas palavras dos Salmos. Os devocionais têm, portanto, a intenção não de substituir o envolvimento profundo com o saltério, mas de ajudar o leitor a mergulhar nas profundezas desse livro da Bíblia e, assim, entrar intimamente em comunhão com o Deus trino. Quer este volume seja lido todos os dias, dia após dia, ou, em vez disso, seja aberto de forma aleatória, os devocionais vão consistentemente chamar a atenção do leitor de volta para as próprias palavras dos Salmos, levando-o à reflexão e oração.

Que ao longo destas páginas você possa encontrar consolo e conforto, segurança e graça e, de fato, o próprio Salvador, ao refletir sobre Deus e sobre a presença dele em sua vida.

PRIMEIRO LIVRO

Salmos 1 — 41

SALMO 1

¹ Como é feliz aquele
  que não segue o conselho dos ímpios,
 não imita a conduta dos pecadores,
  nem se assenta na roda dos zombadores!
² Ao contrário, sua satisfação
 está na lei do Senhor,
  e nessa lei medita dia e noite.
³ É como árvore plantada à beira de águas correntes:
  Dá fruto no tempo certo
 e suas folhas não murcham.
  Tudo o que ele faz prospera!
⁴ Não é o caso dos ímpios!
  São como palha que o vento leva.
⁵ Por isso os ímpios não resistirão no julgamento
  nem os pecadores na comunidade dos justos.
⁶ Pois o Senhor aprova o caminho dos justos,
  mas o caminho dos ímpios leva à destruição!

~~~

O primeiro salmo serve como porta de entrada para todo o livro dos Salmos, enfatizando que aqueles que adoram a Deus em espírito e em verdade devem abraçar sua Lei (ou Torá), isto é, sua instrução pactual baseada em sua graça redentora. Esse salmo fala sobre assuntos também encontrados na literatura sapiencial da Bíblia, mas os apresenta em forma de música. Quando cantamos esse salmo com alegria, seus valores se tornam nossos. Somos transformados.

Em um contraste constante, o salmo 1 nos lembra de que, no fim, existem apenas duas formas de viver e, independentemente do que acontecer em nossas vidas, a questão crucial e fundamental é: qual das duas maneiras descritas nesse salmo vamos abraçar? Por trás da interminável lista de "coisas a fazer", clamando por nossa atenção, está a escolha fundamental de receber instrução e influência da parte de Deus ou da parte dos tolos. Ouviremos as palavras de vida ou as palavras da morte? Respiraremos o ar da instrução vivificante de Deus, lançando raízes profundas (v. 3), ou o ar da instrução vazia daqueles que "não resistirão no julgamento" (v. 5)? Será que as provações pelas quais ainda passaremos mostrarão que somos árvores com raízes profundas, incapazes de serem derrubadas, ou revelarão que somos palha, levada pela mais leve brisa?

Felizmente, esse salmo não fala sobre uma escolha entre a obediência infeliz ou a desobediência alegre. A primeira palavra do texto deixa claro que a felicidade verdadeira e sólida — o que a Bíblia chama de "bem-aventurança" — é encontrada em Deus e em sua Palavra. O versículo 2 confirma essa verdade — "Sua *satisfação* está na lei do SENHOR". Nada pode se comparar com a bem-aventurança — a fecundidade, o florescimento, a prosperidade, o deleite — de uma vida saturada com a Palavra de Deus.

Caminhe com Deus. Mergulhe em sua Palavra. Tome seu próprio jugo (veja Mateus 11:29) e assim você será abençoado — e verdadeiramente feliz — com uma felicidade que os ventos da provação não podem derrubar.

SALMO 2

¹ Por que se amotinam as nações
   e os povos tramam em vão?
² Os reis da terra tomam posição
   e os governantes conspiram unidos
 contra o Senhor e contra o seu ungido, e dizem:
³ "Façamos em pedaços as suas correntes,
   lancemos de nós as suas algemas!"
⁴ Do seu trono nos céus
   o Senhor põe-se a rir e caçoa deles.
⁵ Em sua ira os repreende
   e em seu furor os aterroriza, dizendo:
⁶ "Eu mesmo estabeleci o meu rei
   em Sião, no meu santo monte".
⁷ Proclamarei o decreto do Senhor:
 Ele me disse: "Tu és meu filho;
   eu hoje te gerei.
⁸ Pede-me, e te darei as nações como herança
   e os confins da terra como tua propriedade.
⁹ Tu as quebrarás com vara de ferro
   e as despedaçarás como a um vaso de barro".
¹⁰ Por isso, ó reis, sejam prudentes;
   aceitem a advertência, autoridades da terra.
¹¹ Adorem o Senhor com temor;
   exultem com tremor.

¹² Beijem o filho, para que ele não se ire
   e vocês não sejam destruídos de repente,
  pois num instante acende-se a sua ira.
   Como são felizes todos os que nele se refugiam!

~~~

Quando nós, como povo de Deus, cantamos o salmo 2, nos lembramos de como o Senhor incumbiu Davi e seus descendentes, destinados a serem reis, com a tarefa de cumprir seus propósitos redentores no mundo. Em face da oposição esmagadora, esse salmo exulta nas promessas feitas ao rei davídico em sua coroação. Com sua perspectiva de um governo mundial para a casa de Davi, esse salmo também olha para o futuro, quando seu herdeiro final, o Messias, assumiria o poder de uma vez por todas.

Com a vinda do Messias, o retrato triunfante desse salmo do trono davídico ganha um sentido elevado e encontra seu significado último. Os crentes de hoje são os herdeiros desse salmo, e as promessas dele repousam sobre a igreja mundial e sua fé no herdeiro davídico verdadeiro e final: Jesus. Aqueles que se refugiam nele encontrarão o único lugar verdadeiramente seguro neste mundo caído. Aqueles, porém, que persistem em resistir a Deus e a seu governo, mesmo que sejam poderosos "governantes da terra", serão finalmente derrotados e destruídos com justiça.

Apesar de todos os tumultos que abalam nossas vidas hoje, o supremo Filho de Davi, o próprio Jesus, foi eleito governante do mundo. Um dia, essa realeza será plenamente revelada e se abrirá em reconhecimento universal e na execução universal da justiça perfeita. Por enquanto, podemos prosseguir na alegre certeza de que um dia, em Cristo, deixaremos para trás toda a futilidade do presente. Cada injustiça em nossas vidas será desfeita para sempre.

Anime-se. Estamos do lado certo.

SALMO 3

Salmo de Davi, quando fugiu de seu filho Absalão.

¹ S<small>ENHOR</small>, muitos são os meus adversários!
  Muitos se rebelam contra mim!
² São muitos os que dizem a meu respeito:
  "Deus nunca o salvará!" *Pausa*
³ Mas tu, S<small>ENHOR</small>, és o escudo que me protege;
  és a minha glória e me fazes andar de cabeça
    erguida.
⁴ Ao S<small>ENHOR</small> clamo em alta voz,
  e do seu santo monte ele me responde. *Pausa*
⁵ Eu me deito e durmo, e torno a acordar,
  porque é o S<small>ENHOR</small> que me sustém.
⁶ Não me assustam os milhares que me cercam.
⁷ Levanta-te, S<small>ENHOR</small>!
  Salva-me, Deus meu!
  Quebra o queixo de todos os meus inimigos;
    arrebenta os dentes dos ímpios.
⁸ Do S<small>ENHOR</small> vem o livramento.
  A tua bênção está sobre o teu povo. *Pausa*

※

Esse é o primeiro salmo com título. Segundo nos dizem, Davi o escreveu como resposta à dolorosa experiência de ser perseguido violentamente por seu filho, Absalão (veja 2Samuel 15 e 16). Nesse salmo, vemos como um homem de Deus é um exemplo de fé genuína em meio a circunstâncias terríveis. Imagine como deve ser a sensação de ser perseguido sanguinariamente pelo próprio filho!

Davi sentiu-se totalmente oprimido pelo peso da oposição: "Muitos são os meus adversários" (Salmos 3:1); "os milhares que me cercam" (v. 6).

O que o fortalece, entretanto, não é a força que vem de dentro de si, nem o otimismo autogerado o estabiliza. Davi sabe que a ajuda terrena é inútil quando as ondas da vida ameaçam nos subjugar e nos afogar. Em vez disso, ele olha para Deus: "Mas tu, Senhor, és o escudo que me protege" (v. 3). Essa é a postura da fé. Só assim a ansiedade frenética interna de Davi se vai para que ele possa dormir em paz mais uma vez (v. 5). A confiança total em Deus é o canal pelo qual sua libertação e seu poder podem fluir.

O que ameaça oprimir você hoje? Temos uma fonte de calma ainda maior do que Davi, pois há alguém que não quebrou o queixo dos inimigos de Deus (v. 7), mas, em vez disso, ofereceu a si mesmo para ser quebrado por inteiro em nosso favor. Na verdade, ele experimentou a rejeição final, sendo pregado em uma cruz romana. Jesus se permitiu ser verdadeiramente oprimido por seus inimigos. O resultado é que os crentes podem ter certeza de que cada experiência avassaladora que enfrentam está sob o controle de um Pai amoroso que os ajuda.

SALMO 4

Para o mestre de música. Com instrumentos de cordas. Salmo davídico.

¹ Responde-me quando clamo,
  ó Deus que me fazes justiça!
Dá-me alívio da minha angústia;
  tem misericórdia de mim e ouve a minha oração.
² Até quando vocês, ó poderosos,
  ultrajarão a minha honra?
Até quando estarão amando ilusões
  e buscando mentiras *Pausa*
³ Saibam que o S<small>ENHOR</small> escolheu o piedoso;
  o S<small>ENHOR</small> ouvirá quando eu o invocar.
⁴ Quando vocês ficarem irados, não pequem;
  ao deitar-se, reflitam nisso
  e aquietem-se. *Pausa*
⁵ Ofereçam sacrifícios como Deus exige
  e confiem no S<small>ENHOR</small>.
⁶ Muitos perguntam: "Quem nos fará desfrutar o bem?"
Faze, ó S<small>ENHOR</small>, resplandecer sobre nós
  a luz do teu rosto!
⁷ Encheste o meu coração de alegria,
  alegria maior do que a daqueles
  que têm fartura de trigo e de vinho.

⁸ Em paz me deito e logo adormeço,
   pois só tu, Senhor,
      me fazes viver em segurança.

~~~

Esse salmo expressa confiança tranquila em meio a circunstâncias difíceis, combinando as categorias clássicas de "salmo de lamento individual" e "salmo de confiança". Muitos consideram esse texto um companheiro do salmo 3, porque o versículo 8 parece ecoar o versículo 5 do salmo anterior. Talvez ambos devessem ser lidos no início e no final de um único dia, uma vez que o pretérito do versículo 5 do salmo 3 estabelece esse salmo pela manhã, enquanto o tempo futuro do versículo 8 do salmo 4 o estabelece na noite.

O salmo 4 ecoa os sentimentos de opressão expressos no salmo anterior. Aqui, porém, Davi está angustiado não apenas por causa da oposição esmagadora de seu filho, mas também pela calúnia e zombaria de seus inimigos. Essa é a dor não apenas do medo, mas também da vergonha (v. 2).

Davi está expressando a batalha que assola nosso coração à noite, quando deitamos nossa cabeça no travesseiro. De um lado, estão empilhadas todas as acusações mentirosas, os mal-entendidos e as palavras dolorosas do dia — de pessoas reais em nossas vidas, de ataques demoníacos ou de nossas próprias mentes pecaminosas. Do outro lado está o Senhor. Ambos acenam para nós; ambos nos convidam a ouvir. Na escuridão daquele momento, Davi se decide: ele confiará no Senhor (v. 5). O resultado? Uma alegria maior do que qualquer prosperidade material jamais poderia proporcionar (v. 7); uma paz que fornece um sono contente (v. 8).

Confie no Senhor. Ele escolheu você para si mesmo (v. 3). Você é dele. Você foi unido a seu Filho, e os sofrimentos do tempo presente só podem aumentar sua glória e alegria futuras (Romanos 8:18; 2Coríntios 4:16-18). Pode ir para a cama em paz esta noite. Você não poderia estar mais seguro.

SALMO 5

Para o mestre de música. Para flautas. Salmo davídico.

¹ Escuta, Senhor, as minhas palavras,
 considera o meu gemer.
² Atenta para o meu grito de socorro,
 meu Rei e meu Deus,
 pois é a ti que imploro.
³ De manhã ouves, Senhor, o meu clamor;
 de manhã te apresento a minha oração
 e aguardo com esperança.
⁴ Tu não és um Deus que tenha prazer na injustiça;
 contigo o mal não pode habitar.
⁵ Os arrogantes não são aceitos na tua presença;
 odeias todos os que praticam o mal.
⁶ Destróis os mentirosos;
 os assassinos e os traiçoeiros o Senhor detesta.
⁷ Eu, porém, pelo teu grande amor,
 entrarei em tua casa;
 com temor me inclinarei
 para o teu santo templo.
⁸ Conduze-me, Senhor, na tua justiça,
 por causa dos meus inimigos;
 aplaina o teu caminho diante de mim.
⁹ Em seus lábios não há palavra confiável;
 a mente deles só trama destruição.

A garganta é um túmulo aberto;
   com a língua enganam sutilmente.
¹⁰ Condena-os, ó Deus!
   Caiam eles por suas próprias maquinações.
   Expulsa-os por causa dos seus muitos crimes,
      pois se rebelaram contra ti.
¹¹ Alegrem-se, porém, todos os que se refugiam em ti;
   cantem sempre de alegria!
   Estende sobre eles a tua proteção.
   Em ti exultem os que amam o teu nome.
¹² Pois tu, SENHOR, abençoas o justo;
   o teu favor o protege como um escudo.

~~~

Esse salmo é outro lamento individual e é a primeira ocasião de um salmo que inclui orações pela queda pessoal dos inimigos. Salmos como esse não são expressões de aborrecimentos ou insultos mesquinhos, mas clamores a Deus por justiça em face de perseguidores traiçoeiros e sedentos de sangue.

O salmo 5 é um dos muitos pontos na Bíblia em que podemos ser grandemente encorajados pelo caráter terreno da Palavra de Deus. Apesar de ser o livro religioso de bilhões de pessoas, as Escrituras cristãs não são abstratas ou etéreas, desconectadas das emoções viscerais e experiências da vida em um mundo caído. A Bíblia é concreta, tangível e enraizada na realidade da vida. Davi está "gemendo" (v. 1). Indignado com os esquemas enganosos dos seus adversários, ele implora a Deus por justiça, por uma correção dos erros, para que o mal dos ímpios seja devolvido em sua própria cabeça (v. 10). Essa linguagem — ou melhor, essa oração — pode parecer agressiva para os ouvidos modernos, imersos como estamos em uma cultura de gentileza tolerante. Entretanto, Davi sabe que, se Deus tolerasse a maldade, o próprio caráter divino seria comprometido, bem como os justos propósitos do Senhor para o mundo.

Contente em deixar o castigo de todo o mal nas mãos de Deus, Davi direciona seu coração para outro lugar. Ele não permite que pensamentos de malfeitores apodreçam sua mente, mas repousa em Deus, seu refúgio (vv. 11-12), que fará o que é certo.

E assim Deus o fez. No clímax de toda a história humana, ele nos mostrou o quão concreto e tangível estava disposto a se tornar para que todos os erros cometidos neste mundo fossem corrigidos. Recusando-se a permanecer abstrata ou etérea, a segunda pessoa da Trindade tornou-se um de nós, conhecendo todas as nossas fraquezas, exceto o pecado.

Você está gemendo hoje? Seu Salvador soberano sabe como é isso. Ele também gemeu, em uma cruz, de modo que cada gemido que você agora experimenta pode resultar em seu fortalecimento final.

SALMO 6

*Para o mestre de música. Com instrumentos de cordas.
Em oitava. Salmo davídico.*

¹ Senhor, não me castigues na tua ira
   nem me disciplines no teu furor.
² Misericórdia, Senhor, pois vou desfalecendo!
  Cura-me, Senhor, pois os meus ossos tremem:
³ todo o meu ser estremece.
  Até quando, Senhor, até quando?
⁴ Volta-te, Senhor, e livra-me;
   salva-me por causa do teu amor leal.
⁵ Quem morreu não se lembra de ti.
   Entre os mortos, quem te louvará?
⁶ Estou exausto de tanto gemer.
   De tanto chorar inundo de noite a minha cama;
   de lágrimas encharco o meu leito.
⁷ Os meus olhos se consomem de tristeza;
   fraquejam por causa de todos os meus adversários.
⁸ Afastem-se de mim todos vocês que praticam o mal,
  porque o Senhor ouviu o meu choro.
⁹ O Senhor ouviu a minha súplica;
  o Senhor aceitou a minha oração.
¹⁰ Serão humilhados e aterrorizados todos os meus
           inimigos;
    frustrados, recuarão de repente.

Davi está angustiado. Ele está no vale. A vida o está sufocando, aparentemente por causa de conflitos interpessoais (v. 8). Sua própria alma está em agonia (v. 3), mas esse também é um sofrimento físico, que o afeta até os ossos (v. 2). Recebemos um retrato de Davi sozinho em seu sofá, chorando como um bebê. Sua vida entrou em colapso.

Em meio a tudo isso, para piorar ainda mais as coisas, ele está profundamente ciente de seu próprio pecado e culpa, como fica evidente em suas palavras iniciais, quando pede ao Senhor que retenha sua repreensão e disciplina celestiais. Para onde Davi vai com tanta angústia?

"O Senhor ouviu a minha súplica; o Senhor aceitou a minha oração" (v. 9).

Em meio à tempestade de sua vida, Davi não olha para fora, para suas circunstâncias; nem para dentro, para seus próprios recursos. Ao descarregar o fardo de seu coração sobre Deus em oração, Davi não aplica uma fórmula à sua dor; em lugar disso, ele recorre a Deus.

Quando somos levados aos vales sombrios da vida à medida que viajamos por este mundo caído, a única coisa que temos e a única coisa que de fato precisamos é o próprio Deus. Podemos saber que o Senhor está conosco a cada momento porque ele enviou seu próprio Filho para caminhar pelos sofrimentos deste mundo. Ele era "homem de dores e experimentado no sofrimento" (Isaías 53:3). E por quê? Para que Deus pudesse reter sua "ira" e seu "furor" (v. 1) de nós, embora merecêssemos exatamente isso. Levando nossas queixas e aflições a Deus em nome de Jesus, podemos saber com certeza que "O Senhor ouviu a minha súplica; o Senhor aceitou a minha oração".

SALMO 7

*Confissão de Davi, que ele cantou ao Senhor
acerca de Cuxe, o benjamita.*

¹ Senhor, meu Deus, em ti me refugio;
    salva-me e livra-me de todos os que me
        perseguem,
² para que, como leões, não me dilacerem nem me
       despedacem,
    sem que ninguém me livre.
³ Senhor, meu Deus, se assim procedi,
    se nas minhas mãos há injustiça,
⁴ se fiz algum mal a um amigo
    ou se poupei sem motivo o meu adversário,
⁵ persiga-me o meu inimigo até me alcançar,
    no chão me pisoteie e aniquile a minha vida,
    lançando a minha honra no pó.   *Pausa*
⁶ Levanta-te, Senhor, na tua ira;
    ergue-te contra o furor dos meus adversários.
    Desperta-te, meu Deus! Ordena a justiça!
⁷ Reúnam-se os povos ao teu redor.
    Das alturas reina sobre eles.
⁸ O Senhor é quem julga os povos.
    Julga-me, Senhor, conforme a minha justiça,
        conforme a minha integridade.

⁹ Deus justo, que sondas a mente e o coração dos
homens,
  dá fim à maldade dos ímpios
  e ao justo dá segurança.
¹⁰ O meu escudo está nas mãos de Deus,
  que salva o reto de coração.
¹¹ Deus é um juiz justo,
  um Deus que manifesta cada dia o seu furor.
¹² Se o homem não se arrepende,
  Deus afia a sua espada,
  arma o seu arco e o aponta,
¹³ prepara as suas armas mortais
  e faz de suas setas flechas flamejantes.
¹⁴ Quem gera a maldade concebe sofrimento
  e dá à luz a desilusão.
¹⁵ Quem cava um buraco e o aprofunda
  cairá nessa armadilha que fez.
¹⁶ Sua maldade se voltará contra ele;
  sua violência cairá sobre a sua própria cabeça.
¹⁷ Darei graças ao Senhor por sua justiça;
  ao nome do Senhor Altíssimo cantarei louvores.

∽∽∽

A certeza de um dia final de julgamento não deve ser uma questão de medo e ansiedade para os crentes. Em vez disso, deve ser uma questão de profundo consolo. Davi foi caluniado por um homem da tribo de Benjamim — um companheiro israelita o estava atacando verbalmente. Os líderes, em particular, sabem como é isso, mas todos os crentes podem testificar de ocasiões em que foram mal compreendidos, tiveram suas palavras deturpadas ou foram tratados injustamente de outra forma. O que Davi faz diante daquela situação?

Observe primeiro o que ele *não* faz. Ele não se justifica *diante dos homens*. Ele não explica aos outros o quão equivocadas eram suas acusações. Em vez disso, ele leva sua queixa a Deus. Ao fazer isso, Davi implora por uma justificativa divina com base em uma avaliação honesta das coisas: "O Senhor é quem julga os povos" (v. 8). Liberto de sua própria necessidade de se defender, ele coloca o julgamento exclusivamente nas mãos de Deus.

Pode parecer desconcertante que Davi peça a Deus para julgá-lo de acordo com o seu pedido (v. 8), mas devemos entender que Davi deixa claro ao longo dos Salmos que sua única esperança de ser absolvido diante de Deus é a misericórdia divina ("Tem misericórdia de mim, ó Deus, por teu amor", Salmos 51:1; "dá ouvidos à minha súplica; responde-me por tua fidelidade e por tua justiça", Salmos 143:1). Davi também está simplesmente buscando a verdade. Observe que nos versículos 3 a 5 ele pede para receber a devida punição caso esteja realmente errado. Davi não está tentando cobrir sua própria pecaminosidade; em vez disso, está pedindo que a verdade e a honestidade objetiva sejam buscadas.

Você foi mal compreendido hoje? Mesmo que tenha certeza de que está certo, por que não aceitar ser tratado com injustiça em vez de revidar, mesmo de maneira sutil (1Coríntios 6:7)? O próprio Senhor Jesus estava certo durante toda a sua vida e mesmo assim foi tratado com injustiça — "contudo, não abriu a sua boca" (Isaías 53:7). E por quê? Para que, por todas as vezes em que realmente estivermos errados, possamos ser verdadeiramente perdoados e absolvidos, apesar do que realmente merecemos. Ao refletirmos sobre essa liberdade do evangelho, somos libertos da necessidade de insistir em nos defender agora.

SALMO 8

Para o mestre de música. De acordo com a melodia Os lagares.
Salmo davídico.

¹ Senhor, Senhor nosso,
  como é majestoso o teu nome em toda a terra!
  Tu, cuja glória é cantada nos céus.
² Dos lábios das crianças e dos recém-nascidos
  firmaste o teu nome como fortaleza,
 por causa dos teus adversários,
  para silenciar o inimigo que busca vingança.
³ Quando contemplo os teus céus,
  obra dos teus dedos,
  a lua e as estrelas que ali firmaste,
⁴ pergunto: Que é o homem,
  para que com ele te importes?
 E o filho do homem,
  para que com ele te preocupes?
⁵ Tu o fizeste um pouco menor do que os seres
      celestiais
  e o coroaste de glória e de honra.
⁶ Tu o fizeste dominar as obras das tuas mãos;
  sob os seus pés tudo puseste:
⁷ todos os rebanhos e manadas,
  e até os animais selvagens,

⁸ as aves do céu, os peixes do mar
  e tudo o que percorre as veredas dos mares.
⁹ SENHOR, Senhor nosso,
  como é majestoso o teu nome em toda a terra!

༺❀༻

A Bíblia restaura nossa dignidade humana, que foi de fato corrompida, mas não completamente perdida na Queda. Referindo-se aos capítulos iniciais de Gênesis, quando a humanidade é chamada a exercer domínio sobre a ordem criada, Davi nos leva a louvar a Deus pelo notável cuidado que nos tem confiado. Ele é o Deus dos céus, tendo colocado as estrelas em suas órbitas, e ainda assim confiou à humanidade o cuidado da terra. Quando fala de sermos coroados "de glória e de honra" (v. 5), Davi está falando da imagem de Deus concedida a todo ser humano.

As referências a "adversários", "inimigo" e "vingança" à medida que ele louva a Deus por sua criação nos lembram que também houve uma Queda (v. 2; Gênesis 3:1-24). Mesmo assim, apesar de nossa queda no pecado, Deus ainda dignifica seu povo como mordomo de sua criação (Salmos 8:5-8; Gênesis 1:28-31).

Ainda precisamos de um salvador para vencer não apenas o pecado pessoal, mas também a condição decaída da criação (Gênesis 3:15,18-19). Ao citar esse salmo, o escritor do livro de Hebreus posteriormente esclarece que Cristo, nosso

Salvador, é a representação perfeita da humanidade descrita no texto (Hebreus 2:6-8).

Aquele por meio de quem o mundo foi criado (João 1:3; Hebreus 1:2) veio para restaurar a imagem que foi corrompida pela Queda. Os versículos 1 e 9 do salmo 8 não servem apenas como o refrão de começo e fim para o salmo; eles também antecipam o fim de todas as coisas, quando os inimigos de Cristo serão transformados em estrado de seus pés e seu nome será majestoso por toda a terra (Efésios 1:22).

SALMO 9

Para o mestre de música. De acordo com muth-laben.
Salmo davídico.

¹ SENHOR, quero dar-te graças de todo o coração
  e falar de todas as tuas maravilhas.
² Em ti quero alegrar-me e exultar,
  e cantar louvores ao teu nome, ó Altíssimo.
³ Quando os meus inimigos contigo se defrontam,
  tropeçam e são destruídos.
⁴ Pois defendeste o meu direito e a minha causa;
  em teu trono te assentaste,
  julgando com justiça.
⁵ Repreendeste as nações e destruíste os ímpios;
  para todo o sempre apagaste o nome deles.
⁶ O inimigo foi totalmente arrasado, para sempre;
  desarraigaste as suas cidades;
  já não há quem delas se lembre.
⁷ O SENHOR reina para sempre;
  estabeleceu o seu trono para julgar.
⁸ Ele mesmo julga o mundo com justiça;
  governa os povos com retidão.
⁹ O SENHOR é refúgio para os oprimidos,
  uma torre segura na hora da adversidade.
¹⁰ Os que conhecem o teu nome confiam em ti,
  pois tu, SENHOR, jamais abandonas os que te buscam.

¹¹ Cantem louvores ao Senhor, que reina em Sião;
    proclamem entre as nações os seus feitos.
¹² Aquele que pede contas do sangue derramado não
        esquece;
    ele não ignora o clamor dos oprimidos.
¹³ Misericórdia, Senhor!
    Vê o sofrimento que me causam os que me odeiam.
    Salva-me das portas da morte,
¹⁴ para que, junto às portas da cidade de Sião,
    eu cante louvores a ti
    e ali exulte em tua salvação.
¹⁵ Caíram as nações na cova que abriram;
    os seus pés ficaram presos no laço que esconderam.
¹⁶ O Senhor é conhecido pela justiça que executa;
    os ímpios caem em suas próprias armadilhas.

Interlúdio. Pausa

¹⁷ Voltem os ímpios ao pó,
    todas as nações que se esquecem de Deus!
¹⁸ Mas os pobres nunca serão esquecidos,
    nem se frustrará a esperança dos necessitados.
¹⁹ Levanta-te, Senhor!
    Não permitas que o mortal triunfe!
    Julgadas sejam as nações na tua presença.
²⁰ Infunde-lhes terror, Senhor;
    saibam as nações que não passam de seres humanos.

Pausa

Davi escreve esse salmo em meio a lutas e tumultos internacionais — não muito diferente de nossos dias no século 21. Embora muitos crentes em todo o mundo hoje vivam em relativa estabilidade política, muitos outros, como aqueles em Israel na época de Davi, não vivem. As manchetes das notícias todas as manhãs nos lembram da agitação do mundo e da ansiedade que a acompanha.

"O Senhor reina para sempre; estabeleceu o seu trono para julgar. Ele mesmo julga o mundo com justiça; governa os povos com retidão" (v. 7-8). Deus nunca é pego de surpresa em meio a turbulências e conflitos globais. Ele nunca fica perplexo ou desesperado à procura de soluções. Ele reina e, um dia, tudo o que é feito neste mundo tempestuoso será trazido à luz e ao julgamento.

Nossa parte é confiar nele. Davi não assume uma postura de superioridade arrogante quando considera a impiedade das nações. Em vez disso, ele se lembra de sua própria necessidade: "Misericórdia, Senhor!" (v. 13). Davi não merece a ajuda de Deus; é uma questão de Deus ser misericordioso. Davi levanta seus olhos — e os nossos — além das paredes desta vida, para o mundo sem fim da vida por vir — "Mas os pobres nunca serão esquecidos, nem se frustrará a esperança dos necessitados" (v. 18). Na verdade, são apenas os necessitados que clamam pela ajuda de Deus. Nossa necessidade é tudo o que trazemos. Enquanto o Senhor nos livra em tempos de adversidade e supre nossa principal necessidade — a de sermos agraciados com sua misericórdia salvadora, que nos foi concedida em Cristo —, nós cantamos com Davi e nos regozijamos na misericórdia salvadora de Deus (v. 14).

SALMO 10

¹ Senhor, por que estás tão longe?
   Por que te escondes em tempos de angústia?
² Em sua arrogância o ímpio persegue o pobre,
   que é apanhado em suas tramas.
³ Ele se gaba de sua própria cobiça
   e, em sua ganância, amaldiçoa e insulta o Senhor.
⁴ Em sua presunção o ímpio não o busca;
   não há lugar para Deus em nenhum dos seus planos.
⁵ Os seus caminhos prosperam sempre;
   tão acima da sua compreensão estão as tuas leis
   que ele faz pouco caso de todos os seus adversários,
⁶ pensando consigo mesmo: "Nada me abalará!
   Desgraça alguma me atingirá,
   nem a mim nem aos meus descendentes".
⁷ Sua boca está cheia de maldições, mentiras e ameaças;
   violência e maldade estão em sua língua.
⁸ Fica à espreita perto dos povoados;
   em emboscadas mata os inocentes,
   procurando às escondidas as suas vítimas.
⁹ Fica à espreita como o leão escondido;
   fica à espreita para apanhar o necessitado;
   apanha o necessitado e o arrasta para a sua rede.
¹⁰ Agachado, fica de tocaia;
   as suas vítimas caem em seu poder.

¹¹ Pensa consigo mesmo: "Deus se esqueceu;
   escondeu o rosto e nunca verá isto".
¹² Levanta-te, Senhor!
   Ergue a tua mão, ó Deus!
   Não te esqueças dos necessitados.
¹³ Por que o ímpio insulta a Deus,
   dizendo no seu íntimo:
   "De nada me pedirás contas!"?
¹⁴ Mas tu enxergas o sofrimento e a dor;
   observa-os para tomá-los em tuas mãos.
  A vítima deles entrega-se a ti;
   tu és o protetor do órfão.
¹⁵ Quebra o braço do ímpio e do perverso,
   pede contas de sua impiedade
   até que dela nada mais se ache.
¹⁶ O Senhor é rei para todo o sempre;
   da sua terra desapareceram os outros povos.
¹⁷ Tu, Senhor, ouves a súplica dos necessitados;
   tu os reanimas e atendes ao seu clamor.
¹⁸ Defendes o órfão e o oprimido,
   a fim de que o homem, que é pó,
   já não cause terror.

~~~

O tom do salmo 10 é drasticamente diferente do dos salmos anteriores. Aqui encontramos o salmista perturbado com a opressão dos desamparados, e essa crueldade parece não vir das mãos de nações estrangeiras, mas de outros israelitas — membros do povo de Deus.

A visão de tamanha maldade praticada contra outros seres humanos — membros do povo de Deus — pode facilmente causar profundo cinismo e fadiga emocional. Como alguém persevera em face dos horrores feitos aos outros, especialmente aqueles praticados pelos que deveriam ter sido os mais bondosos? Tudo em nós clama por justiça.

Davi sente o mesmo, mas percebe que "tu [Senhor] enxergas o sofrimento e a dor; observa-os para tomá-los em tuas mãos" (v. 14). O Senhor "defende o órfão e o oprimido" (v. 18). Deus, um dia, corrigirá todos os erros, endireitará tudo o que está torto e limpará este mundo de todas as injustiças.

E como sabemos disso? Porque no meio da história humana Deus provou até onde estava disposto a ir para desfazer a injustiça. Ele enviou seu próprio Filho, o único homem que sempre foi verdadeiramente justo, para ir à cruz e sofrer toda a iniquidade de todos aqueles que simplesmente confiariam nele. Isso significa que podemos ignorar as injustiças cometidas contra os desamparados hoje? Pelo contrário, significa que somos renovados e motivados a lutar contra os horrores deste mundo, sabendo que o horror do nosso próprio pecado foi justamente eliminado, por pura graça, na obra de Cristo, recebida pela fé.

SALMO 11

Para o mestre de música. Davídico.

¹ No Senhor me refugio.
   Como então vocês podem dizer-me:
   "Fuja como um pássaro para os montes"?
² Vejam! Os ímpios preparam os seus arcos;
   colocam as flechas contra as cordas
  para das sombras as atirarem
   nos retos de coração.
³ Quando os fundamentos estão sendo destruídos,
   que pode fazer o justo?
⁴ O Senhor está no seu santo templo;
  o Senhor tem o seu trono nos céus.
  Seus olhos observam;
   seus olhos examinam os filhos dos homens.
⁵ O Senhor prova o justo,
   mas o ímpio e a quem ama a injustiça,
   a sua alma odeia.
⁶ Sobre os ímpios ele fará chover
   brasas ardentes e enxofre incandescente;
   vento ressecante é o que terão.
⁷ Pois o Senhor é justo e ama a justiça;
   os retos verão a sua face.

Aqueles que andam com Deus passam por uma série de provações, algumas das quais mencionadas nesse salmo. Eles são instruídos a fugir para os montes (v. 1), o que implica que são vulneráveis e desprotegidos. Eles são alvejados (v. 2), o que implica que são alvo de ataques — por exemplo, insultos verbais. Mas Deus "está no seu santo templo" e "seus olhos observam" (v. 4). Nada passa despercebido ao Senhor do céu. Ele trará justiça um dia, e, quando isso acontecer, "os retos verão a sua face" (v. 7). Você já parou para pensar nessas palavras? Já as guardou no fundo de sua alma?

O que essa promessa significa? O termo "retos" não se refere aos perfeitamente sem pecado, mas àqueles que agem com base em uma confiança fundamental em Deus, mesmo estando conscientes de suas imperfeições; refere-se àqueles que, como Deus, amam a justiça e odeiam a maldade (v. 7). O que significa, então, que os crentes verão a face de Deus?

Significa que nos tornaremos nós mesmos, finalmente. Significa que o amanhecer se levantará sobre as nuvens cinzentas deste mundo caído. Significa que teremos descanso final. Que estaremos com aquele de quem até as melhores amizades terrenas são apenas um vago vislumbre e para quem as mais sublimes alegrias terrenas apontam em última instância. Como diz um dos versículos finais da Bíblia: "Eles verão a sua face" (Apocalipse 22:4).

SALMO 12

Para o mestre de música. Em oitava. Salmo davídico.

¹ Salva-nos, Senhor!
　　Já não há quem seja fiel;
　　já não se confia em ninguém entre os homens.
² Cada um mente ao seu próximo;
　　seus lábios bajuladores falam com segundas intenções.
³ Que o Senhor corte todos os lábios bajuladores
　　e a língua arrogante
⁴ dos que dizem:
　　"Venceremos graças à nossa língua;
　　somos donos dos nossos lábios!
　　Quem é senhor sobre nós?"
⁵ "Por causa da opressão do necessitado
　e do gemido do pobre, agora me levantarei", diz o
　　　Senhor.
　　"Eu lhes darei a segurança que tanto anseiam."
⁶ As palavras do Senhor são puras,
　　são como prata purificada num forno,
　　sete vezes refinada.
⁷ Senhor, tu nos guardarás seguros,
　　e dessa gente nos protegerás para sempre.
⁸ Os ímpios andam altivos por toda parte,
　　quando a corrupção é exaltada entre os homens.

Esse salmo é um lamento comunitário, adequado para ocasiões em que o povo de Deus está debaixo da autoridade de mentirosos que ocupam cargos de liderança. Observe o tema repetido em todo o texto: desonestidade com os lábios.

Qual é a dor da desonestidade? Por que ser enganado ou tratado com falsidade dói tão profundamente? Não é porque estamos sendo equivocadamente representados, de modo que os outros passam a ter uma ideia errada de quem somos? Em outras palavras, quem realmente somos e o que os outros pensam que somos tornam-se realidades distintas, em vez de correspondentes. Ser enganado também é uma dor agoniante. Estamos sendo manipulados ou explorados; tornamo-nos vítimas das palavras enganosas de outra pessoa.

Deus vem a nós nessa escuridão e diz: "Por causa da opressão do necessitado e do gemido do pobre, agora me levantarei [...] Eu lhes darei a segurança que tanto anseiam" (v. 5). E observe o que o salmista então diz: "As palavras do Senhor são puras" (v. 6) — ou seja, Deus, ao contrário dos mentirosos que muitas vezes ocupam posição de liderança, não está sendo enganoso quando promete isso.

E o que ele promete? Segurança. Libertação. Calma. Deus se agrada de nos socorrer em nossas necessidades. Sabemos disso porque em Cristo ele já alcançou o maior resgate e conquistou nossa maior segurança: a libertação do inferno e da condenação, segurança de Satanás e da morte eterna. Jesus gemeu na cruz nesta vida para que você e eu nunca precisemos gemer na próxima.

SALMO 13

Para o mestre de música. Salmo davídico.

¹ Até quando, SENHOR?

Para sempre te esquecerás de mim?

Até quando esconderás de mim o teu rosto?

² Até quando terei inquietações

e tristeza no coração dia após dia?

Até quando o meu inimigo triunfará sobre mim?

³ Olha para mim e responde, SENHOR, meu Deus.

Ilumina os meus olhos,

ou do contrário dormirei o sono da morte;

⁴ os meus inimigos dirão: "Eu o venci",

e os meus adversários festejarão o meu fracasso.

⁵ Eu, porém, confio em teu amor;

o meu coração exulta em tua salvação.

⁶ Quero cantar ao SENHOR

pelo bem que me tem feito.

⸻

Davi está à beira do desespero. Seus recursos emocionais estão esgotados. Ele não vê nenhum caminho a seguir. A escuridão se aproxima e ele sente como se Deus o tivesse esquecido.

Essa não é uma experiência isolada, compartilhada apenas por alguns de nós. É uma experiência pela qual todos os filhos de Deus passam, de maneiras, tempos e épocas únicos em nossa própria jornada e caminhada com o Senhor.

Para onde esse salmo nos leva?

Como é o padrão da vida cristã, Davi começa nas trevas, mas luta em direção à luz; começa com sentimentos de morte (v. 3), mas segue em direção à vida; começa, em certo sentido, na crucificação, mas segue para a ressurreição. O motivo? Ele sabe que pode confiar no amor de Deus, na sua insistência pactual em libertar seu povo (v. 5).

Se Davi pode depositar toda a sua confiança em Deus, mesmo quando à beira do desespero, quanto mais nós o podemos também hoje! Davi viu o amor constante de Deus apenas em termos bastante abstratos, em atos passados de libertação por meio de eventos como o Êxodo. Nós, porém, vemos o amor inabalável de Deus em termos concretos, no grande ato climático de libertação na pessoa de seu próprio Filho. Jesus Cristo foi o amor inabalável encarnado não meramente em um evento, mas em uma pessoa.

SALMO 14

Para o mestre de música. Davídico.

¹ Diz o tolo em seu coração: "Deus não existe".
   Corromperam-se e cometeram atos detestáveis;
   não há ninguém que faça o bem.
² O Senhor olha dos céus
   para os filhos dos homens,
 para ver se há alguém que tenha entendimento,
   alguém que busque a Deus.
³ Todos se desviaram,
   igualmente se corromperam;
 não há ninguém que faça o bem,
   não há nem um sequer.
⁴ Será que nenhum dos malfeitores aprende?
   Eles devoram o meu povo como quem come pão
 e não clamam pelo Senhor!
⁵ Olhem! Estão tomados de pavor!
   Pois Deus está presente no meio dos justos.
⁶ Vocês, malfeitores, frustram os planos dos pobres,
 mas o refúgio deles é o Senhor.
⁷ Ah, se de Sião viesse a salvação para Israel!
 Quando o Senhor restaurar o seu povo,
   Jacó exultará! Israel se regozijará!

O apóstolo Paulo cita o salmo 14 em Romanos 3, a maior passagem do Novo Testamento que descreve a pecaminosidade humana universal. Podemos ver por que Paulo faz isso quando lemos esse lamento profundo. Davi enfatiza que nem uma única pessoa age com justiça ao longo de toda a sua vida. Vivemos em um mundo que não funciona como deveria. Enfermidades, doenças, conflito, desonestidade, roubo, calúnia, amargura, egoísmo — um mundo que foi criado belo tornou-se feio de várias maneiras, levado à ruína pelo pecado da humanidade.

As maneiras pelas quais o próprio povo de Deus é afligido por malfeitores (v. 6) são especialmente dolorosas. "Ah, se de Sião viesse a salvação para Israel!", lamenta Davi (v. 7). O que ele viu vagamente nós vemos claramente. A salvação viria de Sião — mas não a salvação apenas para Israel, pois seu povo não foi meramente oprimido pela pecaminosidade humana; ele próprio era parte do problema. Os israelitas não estavam isentos do mal humano. A salvação viria de Israel, mas seria para todo o mundo.

O pecado é universal. Ninguém está excluído. A graça, porém, está universalmente disponível. Ninguém precisa ficar de fora. Tudo o que é necessário é uma fé confiante em Jesus Cristo, a personificação viva da salvação que veio de Israel.

SALMO 15

Salmo davídico.

¹ Senhor, quem habitará no teu santuário?
  Quem poderá morar no teu santo monte?
² Aquele que é íntegro em sua conduta
  e pratica o que é justo;
  que de coração fala a verdade
³ e não usa a língua para difamar;
  que nenhum mal faz ao seu semelhante
  e não lança calúnia contra o seu próximo;
⁴ que rejeita quem merece desprezo,
 mas honra os que temem o Senhor;
 que mantém a sua palavra,
  mesmo quando sai prejudicado;
⁵ que não empresta o seu dinheiro visando a algum lucro
  nem aceita suborno contra o inocente.
 Quem assim procede
  nunca será abalado!

∽∽∽

O salmo fala de alguém que é verdadeiro "de coração" (v. 2), "que rejeita quem merece desprezo" (v. 4). Essa pessoa tem certa perspectiva ou bússola moral interna. É alguém que "honra os que temem o Senhor" (v. 4) — isto é, que vive em devoção reverente a Deus, por dentro e por fora.

Somos chamados para viver nossas vidas dessa maneira, mas quem pode afirmar que vive tal vida com perfeição?

O versículo 1 fala de morar no santo monte de Deus. De forma surpreendente, exatamente essa frase é usada anteriormente no saltério no que é, de acordo com o Novo Testamento, um dos salmos mais cristologicamente carregados: o salmo 2. No versículo 6 desse salmo, Yahweh diz: "Eu mesmo estabeleci o meu rei em Sião, no meu santo monte" (mesma frase hebraica do versículo 1 do salmo 15). No salmo 2, porém, Deus não está perguntando quem vai morar nesse monte sagrado. Ele está declarando quem ele mesmo colocou ali — um homem a quem o Novo Testamento identifica como o próprio Cristo (Hebreus 1:2; 5:5).

Quem habitará no santo monte de Deus? Jesus.

Habitar no monte santo de Deus significa entrar e permanecer no templo. Jesus, porém, não veio simplesmente *ao* templo; ele veio *como* o templo. Ele não habita no monte santo de Deus entrando em um edifício feito por mãos humanas para se encontrar com o Pai, mas entrando em um corpo feito pelo próprio Deus para se encontrar conosco. A Palavra "tabernaculou" entre nós (veja João 1:14). Jesus faz o que o templo foi criado para fazer: restaurar o ser humano a Deus, unir céus e terra, para trazer de volta à realidade o caminhar de Deus "pelo jardim quando soprava a brisa do dia" do Éden (veja Gênesis 3:8).

SALMO 16

Poema epigráfico davídico.

¹ Protege-me, ó Deus,
   pois em ti me refugio.
² Ao Senhor declaro: "Tu és o meu Senhor;
   não tenho bem nenhum além de ti".
³ Quanto aos fiéis que há na terra,
   eles é que são os notáveis em quem está todo o meu prazer.
⁴ Grande será o sofrimento dos que correm atrás de outros deuses.
   Não participarei dos seus sacrifícios de sangue,
   e os meus lábios nem mencionarão os seus nomes.
⁵ Senhor, tu és a minha porção e o meu cálice;
   és tu que garantes o meu futuro.
⁶ As divisas caíram para mim
   em lugares agradáveis:
   Tenho uma bela herança!
⁷ Bendirei o Senhor, que me aconselha;
   na escura noite o meu coração me ensina!
⁸ Sempre tenho o Senhor diante de mim.
   Com ele à minha direita, não serei abalado.
⁹ Por isso o meu coração se alegra e no íntimo exulto;
   mesmo o meu corpo repousará tranquilo,

¹⁰ porque tu não me abandonarás no sepulcro,
nem permitirás que o teu santo sofra decomposição.
¹¹ Tu me farás conhecer a vereda da vida,
a alegria plena da tua presença,
eterno prazer à tua direita.

~~~

Esse salmo conduz os crentes a uma confiança renovada e a um contentamento alegre no cuidado do Senhor. A nota sonora com a qual o salmo termina tem sido um encorajamento profundamente reconfortante para os santos ao longo das eras. "Tu me farás conhecer a vereda da vida, a alegria plena da tua presença, eterno prazer à tua direita" (v. 11). Nada mais é necessário. "SENHOR, tu és a minha porção e o meu cálice" (v. 5).

Você já provou isso? Foi liberto da busca sem fim por estabilidade e alegria nas coisas deste mundo? Foi conduzido à inabalável confiança de saber que não importa o que você perca em termos de saúde, finanças, casamento, filhos, trabalho, sanidade emocional, o Senhor é a sua vida e o seu refúgio sempre presente? Trezentos anos atrás, o pastor e teólogo Jonathan Edwards captou a alegria contente desse salmo quando disse em um sermão:

> O coração de um homem piedoso escolhe livremente Deus e Cristo como sua porção. Mesmo que o inferno e todo o seu

tormento não existissem, ele ainda escolheria Deus em vez de qualquer outra coisa. Se o homem piedoso pudesse escolher viver sempre neste mundo no gozo de todas as formas de prosperidade mundana ou então morrer e ir para o céu para habitar para sempre no gozo de Deus e Jesus Cristo no tempo de Deus, ele escolheria a segunda opção.

SALMO 17

Oração davídica.

¹ Ouve, Senhor, a minha justa queixa;
  atenta para o meu clamor.
 Dá ouvidos à minha oração,
  que não vem de lábios falsos.
² Venha de ti a sentença em meu favor;
  vejam os teus olhos onde está a justiça!
³ Provas o meu coração e de noite me examinas;
  tu me sondas e nada encontras;
  decidi que a minha boca não pecará
⁴ como fazem os homens.
 Pela palavra dos teus lábios
  eu evitei os caminhos do violento.
⁵ Meus passos seguem firmes nas tuas veredas;
  os meus pés não escorregaram.
⁶ Eu clamo a ti, ó Deus, pois tu me respondes;
  inclina para mim os teus ouvidos
  e ouve a minha oração.
⁷ Mostra a maravilha do teu amor,
  tu, que com a tua mão direita salvas
 os que em ti buscam proteção
  contra aqueles que os ameaçam.
⁸ Protege-me como à menina dos teus olhos;
  esconde-me à sombra das tuas asas,

⁹ dos ímpios que me atacam com violência,
 dos inimigos mortais que me cercam.
¹⁰ Eles fecham o coração insensível
 e com a boca falam com arrogância.
¹¹ Eles me seguem os passos e já me cercam;
 seus olhos estão atentos,
 prontos para derrubar-me.
¹² São como um leão ávido pela presa,
 como um leão forte agachado na emboscada.
¹³ Levanta-te, Senhor!
 Confronta-os! Derruba-os!
 Com a tua espada livra-me dos ímpios.
¹⁴ Com a tua mão, Senhor,
 livra-me de homens assim,
 de homens deste mundo,
 cuja recompensa está nesta vida.
 Enche-lhes o ventre de tudo
 o que lhes reservaste;
 sejam os seus filhos saciados,
 e o que sobrar fique para os seus pequeninos.
¹⁵ Quanto a mim, feita a justiça, verei a tua face;
 quando despertar, ficarei satisfeito ao ver a tua
 semelhança.

No salmo 17, Davi é afligido por acusações injustas e pela hostilidade de seus inimigos. Através de palavras (v. 10) e ações (v. 11), seus acusadores procuram derrubá-lo.

A ansiedade, a dor e o ressentimento que surgem em meio a esses ataques podem ser esmagadores. Tudo em nós anseia por nos defender, por lutar, por reivindicar nosso nome. Mas o que Davi faz? Ele descansa seu coração em Deus e em sua justiça final. Ele apela ao céu por justificação, em vez de tentar realizá-la na terra. No fundo, Davi sabe que Deus é aquele "que com a tua mão direita salvas os que em ti buscam proteção contra aqueles que os ameaçam" (v. 7).

No entanto, é dolorosamente claro que, embora Deus prometa estar conosco, não promete aliviar, nesta vida, todas as dores e injustiças terrenas. Assim termina a última linha dessa canção de Davi: "Quanto a mim, feita a justiça, verei a tua face; quando despertar, ficarei satisfeito ao ver a tua semelhança" (v. 15). O que quer que aconteça nesta vida, Davi sabe que um dia ele descansará na presença do Senhor.

Se Davi conhecia essa verdade, quanto mais deveríamos nós — nós, que vemos o quão longe Deus finalmente iria, no auge da história humana, na "plenitude dos tempos" (Gálatas 4:4), a ponto de enviar seu Filho para morrer em nosso lugar: Jesus Cristo, o Deus-homem, a quem de fato veremos um dia em breve face a face (Apocalipse 22:3-4).

SALMO 18

Para o mestre de música. De Davi, servo do S<small>ENHOR</small>. Ele cantou as palavras deste cântico ao S<small>ENHOR</small> quando este o livrou das mãos de todos os seus inimigos e das mãos de Saul. Ele disse:

¹ Eu te amo, ó S<small>ENHOR</small>, minha força.
² O S<small>ENHOR</small> é a minha rocha, a minha fortaleza
    e o meu libertador;
  o meu Deus é o meu rochedo,
    em quem me refugio.
  Ele é o meu escudo e o poder que me salva,
    a minha torre alta.
³ Clamo ao S<small>ENHOR</small>, que é digno de louvor,
    e estou salvo dos meus inimigos.
⁴ As cordas da morte me enredaram;
    as torrentes da destruição me surpreenderam.
⁵ As cordas do Sheol me envolveram;
    os laços da morte me alcançaram.
⁶ Na minha aflição clamei ao S<small>ENHOR</small>;
    gritei por socorro ao meu Deus.
  Do seu templo ele ouviu a minha voz;
    meu grito chegou à sua presença, aos seus ouvidos.
⁷ A terra tremeu e agitou-se,
    e os fundamentos dos montes se abalaram;
    estremeceram porque ele se irou.

⁸ Das suas narinas subiu fumaça;
   da sua boca saíram brasas vivas e fogo consumidor.
⁹ Ele abriu os céus e desceu;
   nuvens escuras estavam sob os seus pés.
¹⁰ Montou um querubim e voou,
   deslizando sobre as asas do vento.
¹¹ Fez das trevas o seu esconderijo;
   das escuras nuvens, cheias de água,
   o abrigo que o envolvia.
¹² Com o fulgor da sua presença
   as nuvens se desfizeram em granizo e raios,
¹³ quando dos céus trovejou o Senhor,
   e ressoou a voz do Altíssimo.
¹⁴ Atirou suas flechas e dispersou meus inimigos,
   com seus raios os derrotou.
¹⁵ O fundo do mar apareceu,
   e os fundamentos da terra foram expostos
   pela tua repreensão, ó Senhor,
   com o forte sopro das tuas narinas.
¹⁶ Das alturas estendeu a mão e me segurou;
   tirou-me das águas profundas.
¹⁷ Livrou-me do meu inimigo poderoso,
   dos meus adversários, fortes demais para mim.
¹⁸ Eles me atacaram no dia da minha desgraça,
   mas o Senhor foi o meu amparo.
¹⁹ Ele me deu total libertação;
   livrou-me porque me quer bem.

²⁰ O Senhor me tratou conforme a minha justiça;
    conforme a pureza das minhas mãos recompensou-me.
²¹ Pois segui os caminhos do Senhor;
    não agi como ímpio, afastando-me do meu Deus.
²² Todas as suas ordenanças estão diante de mim;
    não me desviei dos seus decretos.
²³ Tenho sido irrepreensível para com ele
    e guardei-me de praticar o mal.
²⁴ O Senhor me recompensou conforme a minha justiça,
    conforme a pureza das minhas mãos diante dos
        seus olhos.
²⁵ Ao fiel te revelas fiel,
    ao irrepreensível te revelas irrepreensível,
²⁶ ao puro te revelas puro,
    mas com o perverso reages à altura.
²⁷ Salvas os que são humildes,
    mas humilhas os de olhos altivos.
²⁸ Tu, Senhor, manténs acesa a minha lâmpada;
    o meu Deus transforma em luz as minhas trevas.
²⁹ Com o teu auxílio posso atacar uma tropa;
    com o meu Deus posso transpor muralhas.
³⁰ Este é o Deus cujo caminho é perfeito;
    a palavra do Senhor é comprovadamente genuína.
    Ele é um escudo para todos
        os que nele se refugiam.
³¹ Pois quem é Deus além do Senhor?
    E quem é rocha senão o nosso Deus?

³² Ele é o Deus que me reveste de força
    e torna perfeito o meu caminho.
³³ Torna os meus pés ágeis como os da corça,
    sustenta-me firme nas alturas.
³⁴ Ele treina as minhas mãos para a batalha
    e os meus braços para vergar um arco de bronze.
³⁵ Tu me dás o teu escudo de vitória;
    tua mão direita me sustém;
    desces ao meu encontro para exaltar-me.
³⁶ Deixaste livre o meu caminho,
    para que não se torçam os meus tornozelos.
³⁷ Persegui os meus inimigos e os alcancei;
    e não voltei enquanto não foram destruídos.
³⁸ Massacrei-os, e não puderam levantar-se;
    jazem debaixo dos meus pés.
³⁹ Deste-me força para o combate;
    subjugaste os que se rebelaram contra mim.
⁴⁰ Puseste os meus inimigos em fuga
    e exterminei os que me odiavam.
⁴¹ Gritaram por socorro, mas não houve quem os salvasse;
clamaram ao Senhor, mas ele não respondeu.
⁴² Eu os reduzi a pó, pó que o vento leva.
    Pisei-os como à lama das ruas.
⁴³ Tu me livraste de um povo em revolta;
    fizeste-me o cabeça de nações;
    um povo que não conheci sujeita-se a mim.

⁴⁴ Assim que me ouvem, me obedecem;
  são estrangeiros que se submetem a mim.
⁴⁵ Todos eles perderam a coragem;
  tremendo, saem das suas fortalezas.
⁴⁶ O Senhor vive! Bendita seja a minha Rocha!
  Exaltado seja Deus, o meu Salvador!
⁴⁷ Este é o Deus que em meu favor executa vingança,
  que a mim sujeita nações.
⁴⁸ Tu me livraste dos meus inimigos;
  sim, fizeste-me triunfar sobre os meus agressores,
  e de homens violentos me libertaste.
⁴⁹ Por isso eu te louvarei entre as nações, ó Senhor;
  cantarei louvores ao teu nome.
⁵⁰ Ele dá grandes vitórias ao seu rei;
  é bondoso com o seu ungido,
    com Davi e os seus descendentes para sempre.

~~~

A forte libertação de Saul que Deus concedeu a Davi provoca neste uma canção de amor (v. 1). O Senhor livrou seu servo de um perigo mortal nas mãos de um inimigo agressivo e hostil. Davi reconhece que é apenas pela misericórdia e provisão de Deus que ele foi poupado.

Embora Davi apele para a sua própria retidão, devemos nos lembrar de duas coisas. Primeiro, os eventos deste salmo são descritos em 2Samuel, o livro em que os maiores pecados de Davi são narrados. Em segundo lugar, Davi não está reivindicando perfeição sem pecado, mas apenas reconhecendo que Saul tem sido agressivo com ele de uma forma muito desproporcional ao que ele merecia. Davi está sendo tratado injustamente, mas Deus o livrou.

O salmo, porém, não é meramente sobre a vida de Davi, nem simplesmente formado por palavras piedosas para o adorador. Quando Davi fala coisas semelhantes em outro lugar, é evidente que o propósito da preservação de sua linhagem é fornecer um redentor para o mundo (2Samuel 7:4-17; 22:1-51). Na verdade, a nota com a qual ele termina este salmo é o compromisso pactual de Deus "com Davi e os seus descendentes para sempre" (Salmos 18:50). É somente em Jesus que esse compromisso encontra o seu ápice e o mais verdadeiro cumprimento. O cuidado de Deus e seu caráter gracioso encontram sua revelação final em Cristo Jesus. Quando olhamos para o nosso Salvador, estamos vendo a personificação de carne e osso do cuidado e da provisão que Deus mostrou a Davi.

Podemos confiar em Deus, independentemente de quão terríveis possam ser as circunstâncias, pois no evangelho as circunstâncias mais terríveis — nossa merecida condenação e uma eternidade no inferno — já foram esvaziadas de sua ameaça e poder.

SALMO 19

Para o mestre de música. Salmo davídico.

¹ Os céus declaram a glória de Deus;
   o firmamento proclama a obra das suas mãos.
² Um dia fala disso a outro dia;
   uma noite o revela a outra noite.
³ Sem discurso nem palavras,
   não se ouve a sua voz.
⁴ Mas a sua voz ressoa por toda a terra
   e as suas palavras até os confins do mundo.
  Nos céus ele armou uma tenda para o sol,
⁵ que é como um noivo que sai de seu aposento
     e se lança em sua carreira com a alegria de um
       herói.
⁶ Sai de uma extremidade dos céus
   e faz o seu trajeto até a outra;
   nada escapa ao seu calor.
⁷ A lei do SENHOR é perfeita
   e revigora a alma.
  Os testemunhos do SENHOR são dignos de confiança
   e tornam sábios os inexperientes.
⁸ Os preceitos do SENHOR são justos
   e dão alegria ao coração.
  Os mandamentos do SENHOR são límpidos
   e trazem luz aos olhos.

⁹ O temor do SENHOR é puro
   e dura para sempre.
 As ordenanças do SENHOR são verdadeiras,
   são todas elas justas.
¹⁰ São mais desejáveis do que o ouro,
   do que muito ouro puro;
 são mais doces do que o mel,
   do que as gotas do favo.
¹¹ Por elas o teu servo é advertido;
   há grande recompensa em obedecer-lhes.
¹² Quem pode discernir os próprios erros?
   Absolve-me dos que desconheço!
¹³ Também guarda o teu servo dos pecados
       intencionais;
   que eles não me dominem!
 Então serei íntegro,
   inocente de grande transgressão.
¹⁴ Que as palavras da minha boca
   e a meditação do meu coração
 sejam agradáveis a ti,
 SENHOR, minha Rocha e meu Resgatador!

∽∽∽

Deus não quer ficar escondido de nós. Ele quer que o conheçamos. Nós o conhecemos por meio de sua criação (vv. 1-6) e também por meio de sua lei, a Torá, a revelação de

Deus a Moisés agora encontrada nos primeiros cinco livros da Bíblia.

Davi exulta com a preciosidade dessa palavra. Você também se sente assim a respeito da revelação que Deus deu de si mesmo em sua Palavra? Como você aborda as Escrituras? Você as vê como combustível para revigorar sua alma (v. 7)? Elas "alegram o [seu] coração" (v. 8)? Você deseja a Palavra de Deus mais do que uma herança de dez milhões de dólares e tudo o que ela poderia comprar (v. 10)?

A Palavra de Deus, no entanto, não apenas revela quem Deus é, como também revela quem somos, em toda a nossa pecaminosidade e necessidade. O elevado chamado das Escrituras é digno de toda busca, mas, por causa de nossa fraqueza e inadequação, está frustrantemente além do nosso alcance. Davi sabe disso — e essa é a razão de suas observações finais no salmo, começando com "Quem pode discernir os próprios erros?" (v. 12). Ele termina orando para que suas palavras e pensamentos sejam aceitáveis aos olhos de Deus — e ele sabe que, pela graça, serão, pois nas palavras finais do salmo ele chama Deus de "meu resgatador" (v. 14). Uma vez que Davi é um pecador, isso é possível somente, em última análise, por meio da obra redentora do único Filho de Deus, Jesus Cristo — que, embora perfeitamente "agradável" (v. 14), foi punido como alguém inaceitável para que nós, inaceitáveis por causa de nosso pecado, pudéssemos ser aceitos eternamente na presença de Deus.

SALMO 20

Para o mestre de música. Salmo davídico.

¹ Que o Senhor te responda no tempo da angústia;
  o nome do Deus de Jacó te proteja!
² Do santuário te envie auxílio
  e de Sião te dê apoio.
³ Lembre-se de todas as tuas ofertas
  e aceite os teus holocaustos.   *Pausa*
⁴ Conceda-te o desejo do teu coração
  e leve a efeito todos os teus planos.
⁵ Saudaremos a tua vitória com gritos de alegria
   e ergueremos as nossas bandeiras em nome do
     nosso Deus.
  Que o Senhor atenda a todos os teus pedidos!
⁶ Agora sei que o Senhor
    dará vitória ao seu ungido;
  dos seus santos céus lhe responde
    com o poder salvador da sua mão direita.
⁷ Alguns confiam em carros e outros em cavalos,
  mas nós confiamos no nome do Senhor, o nosso
     Deus.
⁸ Eles vacilam e caem,
    mas nós nos erguemos e estamos firmes.
⁹ Senhor, concede vitória ao rei!
    Responde-nos quando clamamos!

Nos dias de Davi, como as nações venciam as batalhas? Por meio de força militar superior. Cavalos. Carruagens. No entanto, além das realidades superficiais, Davi enxergou o significado mais profundo de tudo o que acontece: o governo soberano de Deus cuidando de seu povo, protegendo-o, dando-lhe aquilo de que mais precisa. Por isso, Davi escreve: "Alguns confiam em carros e outros em cavalos, mas nós confiamos no nome do Senhor, o nosso Deus" (v. 7). Uma coisa é usar carros e cavalos na batalha, outra coisa é confiar neles.

E quanto à sua própria vida? Considere suas finanças, por exemplo. Uma coisa é usar o dinheiro, outra coisa é confiar nele. Deus nos chama a usar o dinheiro com sabedoria, mas não a confiar nele como nossa segurança final, pois só Deus é capaz de suportar o peso de nossa confiança mais profunda. Só Deus nunca vai nos decepcionar quando colocamos todo o peso de nossa confiança nele. Ele provou isso em Cristo.

SALMO 21

Para o mestre de música. Salmo davídico.

¹ O rei se alegra na tua força, ó Senhor!
  Como é grande a sua exultação pelas vitórias que
    lhe dás!
² Tu lhe concedeste o desejo do seu coração
 e não lhe rejeitaste o pedido dos seus lábios.   *Pausa*
³ Tu o recebeste dando-lhe ricas bênçãos,
  e em sua cabeça puseste uma coroa de ouro puro.
⁴ Ele te pediu vida, e tu lhe deste!
  Vida longa e duradoura.
⁵ Pelas vitórias que lhe deste, grande é a sua glória;
  de esplendor e majestade o cobriste.
⁶ Fizeste dele uma grande bênção para sempre
  e lhe deste a alegria da tua presença.
⁷ O rei confia no Senhor:
  por causa da fidelidade do Altíssimo ele não será
    abalado.
⁸ Tua mão alcançará todos os teus inimigos;
  tua mão direita atingirá todos os que te odeiam.
⁹ No dia em que te manifestares
  farás deles uma fornalha ardente.
 Na sua ira o Senhor os devorará,
  um fogo os consumirá.

¹⁰ Acabarás com a geração deles na terra,
   com a sua descendência entre os homens.
¹¹ Embora tramem o mal contra ti
   e façam planos perversos, nada conseguirão;
¹² pois tu os porás em fuga
   quando apontares para eles o teu arco.
¹³ Sê exaltado, Senhor, na tua força!
   Cantaremos e louvaremos o teu poder.

⁂

Esse salmo é um hino de exultação pela abundante provisão e proteção de Deus na vida do rei Davi. Seus desejos mais profundos foram atendidos (v. 2). Ele recebeu vida longa (v. 4). Ele é abençoado (v. 6).

Isso soa irrelevante? Você lê essas linhas e tem dificuldade em apreciá-las? Afinal, parece tão antiquado e estranho... Você pode pensar que é bom que a vida de Davi tenha sido tão boa, mas e quanto a nós e à nossa vida aparentemente insignificante, tão cheia de desafios e fraquezas?

A glória da Bíblia é que nela não existe algo como uma passagem irrelevante, porque toda a Escritura é uma rede de textos que trabalham juntos para nos contar o grande plano de Deus para salvar, por meio de Jesus Cristo, aqueles que são fracos. No salmo 21, por exemplo, encontramos Davi regozijando-se na bondade de Deus para com ele como o rei ungido, mas seu próprio governo rapidamente desapareceria da história. Um rei maior, entretanto, haveria de vir. Ao contrário da temporária "coroa de ouro puro" de Davi (v. 3), o reinado desse rei duraria para sempre. Em contraste com a "vida longa e duradoura" de Davi (v. 4), que terminou com a morte, esse rei derrotaria a morte e de fato viveria eternamente.

Esse Rei final, Jesus Cristo, veio no auge da história humana para dignificar sua pequena existência humana e para prometer a você, na medida em que confia nele, uma coroa eterna e um reinado eterno com ele (Apocalipse 22:5). Sua importância e destino são invencíveis e não terão fim.

SALMO 22

Para o mestre de música. De acordo com a melodia
A Corça da Manhã. *Salmo davídico.*

¹ Meu Deus! Meu Deus!
    Por que me abandonaste?
Por que estás tão longe de salvar-me,
tão longe dos meus gritos de angústia?
² Meu Deus!
Eu clamo de dia, mas não respondes;
de noite, e não recebo alívio!
³ Tu, porém, és o Santo,
és rei, és o louvor de Israel.
⁴ Em ti os nossos antepassados
    puseram a sua confiança;
confiaram, e os livraste.
⁵ Clamaram a ti, e foram libertos;
em ti confiaram, e não se decepcionaram.
⁶ Mas eu sou verme, e não homem,
motivo de zombaria
    e objeto de desprezo do povo.
⁷ Caçoam de mim todos os que me veem;
balançando a cabeça,
    lançam insultos contra mim, dizendo:

⁸ "Recorra ao Senhor!
>> Que o Senhor o liberte!
>> Que ele o livre, já que lhe quer bem!"
⁹ Contudo, tu mesmo me tiraste do ventre;
> deste-me segurança
>> junto ao seio de minha mãe.
¹⁰ Desde que nasci fui entregue a ti;
> desde o ventre materno és o meu Deus.
¹¹ Não fiques distante de mim,
> pois a angústia está perto
>> e não há ninguém que me socorra.
¹² Muitos touros me cercam,
> sim, rodeiam-me os poderosos de Basã.
¹³ Como leão voraz rugindo,
>> escancaram a boca contra mim.
¹⁴ Como água me derramei,
> e todos os meus ossos estão desconjuntados.
> Meu coração se tornou como cera;
> derreteu-se no meu íntimo.
¹⁵ Meu vigor secou-se como um caco de barro,
> e a minha língua gruda no céu da boca;
> deixaste-me no pó, à beira da morte.
¹⁶ Cães me rodearam!
>> Um bando de homens maus me cercou!
>> Perfuraram minhas mãos e meus pés.
¹⁷ Posso contar todos os meus ossos,
> mas eles me encaram com desprezo.

¹⁸ Dividiram as minhas roupas entre si,
  e lançaram sortes pelas minhas vestes.
¹⁹ Tu, porém, Senhor, não fiques distante!
  Ó minha força, vem logo em meu socorro!
²⁰ Livra-me da espada,
  livra a minha vida do ataque dos cães.
²¹ Salva-me da boca dos leões,
    e dos chifres dos bois selvagens.
  E tu me respondeste.
²² Proclamarei o teu nome a meus irmãos;
  na assembleia te louvarei.
²³ Louvem-no, vocês que temem o Senhor!
  Glorifiquem-no, todos vocês,
    descendentes de Jacó!
  Tremam diante dele, todos vocês,
    descendentes de Israel!
²⁴ Pois não menosprezou
    nem repudiou o sofrimento do aflito;
  não escondeu dele o rosto,
    mas ouviu o seu grito de socorro.
²⁵ De ti vem o tema do meu louvor
    na grande assembléia;
  na presença dos que te[a] temem
    cumprirei os meus votos.
²⁶ Os pobres comerão até ficarem satisfeitos;
  aqueles que buscam o Senhor o louvarão!
    Que vocês tenham vida longa!

²⁷ Todos os confins da terra
    se lembrarão e se voltarão para o Senhor,
e todas as famílias das nações
    se prostrarão diante dele,
²⁸ pois do Senhor é o reino;
ele governa as nações.
²⁹ Todos os ricos da terra
    se banquetearão e o adorarão;
haverão de ajoelhar-se diante dele
    todos os que descem ao pó,
    cuja vida se esvai.
³⁰ A posteridade o servirá;
geranções futuras ouvirão falar do Senhor,
³¹ e a um povo que ainda não nasceu
    proclamarão seus feitos de justiça,
pois ele agiu poderosamente.

❦

A dor de se sentir abandonado não é algo raro entre o povo de Deus. À medida que a vida se desdobra diante de nós enquanto caminhamos com o Senhor, muitas vezes lutamos contra o sentimento de termos sido abandonados, nos perguntando onde Deus está. "Se Deus estivesse realmente comigo", podemos perguntar, "isso estaria acontecendo?" Onde está seu cuidado paternal nesta perda, nesta doença, nesta depressão, nesta dor?

Esses sentimentos e pensamentos, porém, não pegam Deus de surpresa. Ele nos deu muitos textos nas Escrituras para cuidar de nós nesses tempos de escuridão, e o salmo 22 é um deles. "Meu Deus! Meu Deus! Por que me abandonaste?" (v. 1), nós clamamos. Talvez a dor seja muito forte até mesmo para contar à outra pessoa. Estamos sofrendo sozinhos, e a dor da solidão amplifica a agonia.

Observe que Davi presume que Deus o abandonou. Ele não pergunta a Deus *se* ele o abandonou, mas *por que*, assumindo que Deus já o fez. Ainda assim, à luz das promessas feitas a ele nas Escrituras (veja, por exemplo, 2Samuel 7:4-17), Davi deveria saber que Deus nunca o teria abandonado finalmente.

Porém, dificilmente podemos culpar Davi, já que muitas vezes também acreditamos que Deus nos deixou e que estamos sozinhos. No entanto, temos ainda mais razões para nos livrar desses pensamentos, pois sabemos que houve apenas um membro do povo de Deus que foi verdadeiramente abandonado por ele. Por essa razão, estando pendurado numa cruz romana, ele falou as próprias palavras de Davi — "Meu Deus! Meu Deus! Por que me abandonaste?" (Marcos 15:34) —, pois Deus realmente o havia abandonado naquele momento. E por quê? Para que nunca fôssemos abandonados, embora fôssemos nós aqueles que mereciam o abandono de Deus.

SALMO 23

Salmo davídico.

¹ O Senhor é o meu pastor; de nada terei falta.
² Em verdes pastagens me faz repousar
  e me conduz a águas tranquilas;
³ restaura-me o vigor.
  Guia-me nas veredas da justiça
    por amor do seu nome.
⁴ Mesmo quando eu andar
    por um vale de trevas e morte,
  não temerei perigo algum, pois tu estás comigo;
    a tua vara e o teu cajado me protegem.
⁵ Preparas um banquete para mim
    à vista dos meus inimigos.
  Tu me honras, ungindo a minha cabeça com óleo
    e fazendo transbordar o meu cálice.
⁶ Sei que a bondade e a fidelidade
    me acompanharão todos os dias da minha vida,
  e voltarei à casa do Senhor enquanto eu viver.

※

Esse é talvez o poema mais famoso da história do mundo, e com razão. Ele é um consolo profundo para o povo de Deus.

O salmo 23 nos diz que viver com Deus significa que não temos falta de nada (v. 1). Uma vida caminhando com ele é como "verdes pastagens" e "águas tranquilas" (v. 2). Observe, porém, que Davi não afirma isso sobre Deus quando a vida é fácil.

É assim que o Senhor cuida de nós quando caminhamos em um "vale de trevas e morte" (v. 4), mas como pode ser isso? Como a vida pode ser pastagens verdes e águas tranquilas na névoa envolvente de medos profundos, de desapontamentos amargos, de uma tristeza que se recusa a se dissipar, de um pecado habitual ao qual você se sente preso, de uma rejeição por parte de alguém que você ama ou na profunda sensação de estar decepcionando a Deus?

Mesmo no meio de tudo isso, o salmo nos diz: "Tu estás comigo" (v. 4). Ponto-final. Você prefere estar no topo da montanha sem Deus ou no vale escuro com ele?

Quando estamos nas trevas, a presença de Deus nos ajuda da seguinte forma: sabemos que Jesus Cristo atravessou o vale final da sombra da morte, as trevas da condenação e do inferno — um destino que deveria ter pousado sobre nós. O resultado é: em nossos vales escuros temporários, podemos saber que, apesar de nossos pecados e fraquezas, Deus nos conduzirá, em plena integridade moral, para estar com ele para sempre, onde habitaremos na casa do Senhor para sempre, onde descobriremos que toda bagunça e escuridão de nossas pequenas vidas trabalharam no sentido contrário para nos tornar mais resplandecentes e felizes do que nunca.

SALMO 24

Salmo davídico.

¹ Do Senhor é a terra e tudo o que nela existe,
  o mundo e os que nele vivem;
² pois foi ele quem a estabeleceu sobre os mares
  e a firmou sobre as águas.
³ Quem poderá subir o monte do Senhor?
  Quem poderá entrar no seu Santo Lugar?
⁴ Aquele que tem as mãos limpas e o coração puro,
  que não recorre aos ídolos
  nem jura por deuses falsos.
⁵ Ele receberá bênçãos do Senhor,
  e Deus, o seu Salvador, lhe fará justiça.
⁶ São assim aqueles que o buscam,
  que buscam a tua face, ó Deus de Jacó.   *Pausa*
⁷ Abram-se, ó portais;
  abram-se, ó portas antigas,
  para que o Rei da glória entre.
⁸ Quem é o Rei da glória?
  O Senhor forte e valente,
  o Senhor valente nas guerras.
⁹ Abram-se, ó portais;
  abram-se, ó portas antigas,
  para que o Rei da glória entre.
¹⁰ Quem é esse Rei da glória?

O Senhor dos Exércitos;
ele é o Rei da glória! *Pausa*

⁂

Esse salmo provavelmente foi uma canção escrita para celebrar a entrada da arca em Jerusalém. Era na arca que os Dez Mandamentos e outros artefatos de importância histórica estavam guardados; ela configurava um símbolo da presença real de Deus entre seu povo.

Esse salmo se gloria no fato de que o Senhor criou o mundo, governa sobre ele (vv. 1-2) e, ainda assim, desce para ter comunhão com seu povo e vive entre ele por causa da aliança que estabeleceu (vv. 3-10). Esse notável paradoxo — que Deus é infinitamente grande e poderoso, mas tem prazer em se inclinar para encontrar pessoas necessitadas — ressoa em toda a Bíblia (veja, por exemplo, Isaías 57:15; 66:1-2).

No evangelho, temos a prova final de que Deus é assim. Na plenitude dos tempos, o Deus supremo e majestoso chegou perto de seu povo, incrivelmente perto, em carne e sangue. A arca que Davi trouxe para Jerusalém era uma caixa contendo a presença de Deus. O Filho de Davi que veio a Jerusalém era um homem que era ele próprio a presença de Deus. Embora Deus, o Filho, tenha desfrutado a glória eterna na presença de seu Pai, ele se aproximou dos pecadores necessitados na pessoa de Jesus Cristo. Ele é o verdadeiro "Rei da Glória" que virá no final da história para estabelecer seu reino eterno na terra.

SALMO 25

Davídico.

¹ A ti, Senhor, elevo a minha alma.
² Em ti confio, ó meu Deus.
 Não deixes que eu seja humilhado
 nem que os meus inimigos triunfem sobre mim!
³ Nenhum dos que esperam em ti
 ficará decepcionado;
 decepcionados ficarão
 aqueles que, sem motivo, agem traiçoeiramente.
⁴ Mostra-me, Senhor, os teus caminhos,
 ensina-me as tuas veredas;
⁵ guia-me com a tua verdade e ensina-me,
 pois tu és Deus, meu Salvador,
 e a minha esperança está em ti o tempo todo.
⁶ Lembra-te, Senhor,
 da tua compaixão e da tua misericórdia,
 que tens mostrado desde a antiguidade.
⁷ Não te lembres dos pecados e transgressões
 da minha juventude;
 conforme a tua misericórdia, lembra-te de mim,
 pois tu, Senhor, és bom.
⁸ Bom e justo é o Senhor;
 por isso mostra o caminho aos pecadores.

⁹Conduz os humildes na justiça
  e lhes ensina o seu caminho.
¹⁰Todos os caminhos do Senhor são amor e fidelidade
  para com os que cumprem os preceitos da sua aliança.
¹¹Por amor do teu nome, Senhor,
  perdoa o meu pecado, que é tão grande!
¹²Quem é o homem que teme o Senhor?
  Ele o instruirá no caminho que deve seguir.
¹³Viverá em prosperidade,
  e os seus descendentes herdarão a terra.
¹⁴O Senhor confia os seus segredos
  aos que o temem,
  e os leva a conhecer a sua aliança.
¹⁵Os meus olhos estão sempre voltados para o Senhor,
  pois só ele tira os meus pés da armadilha.
¹⁶Volta-te para mim e tem misericórdia de mim,
  pois estou só e aflito.
¹⁷As angústias do meu coração se multiplicaram;
  liberta-me da minha aflição.
¹⁸Olha para a minha tribulação e o meu sofrimento,
  e perdoa todos os meus pecados.
¹⁹Vê como aumentaram os meus inimigos
  e com que fúria me odeiam!

²⁰ Guarda a minha vida e livra-me!
Não me deixes decepcionado,
pois eu me refugio em ti.
²¹ Que a integridade e a retidão me protejam,
porque a minha esperança está em ti.
²² Ó Deus, liberta Israel de todas as suas aflições!

⊱⊰

No versículo 13, Davi diz que a alma do homem que teme ao Senhor "viverá em prosperidade". A palavra "viverá", aqui, significa literalmente *passar a noite dormindo*. Ela é usada, por exemplo, em Gênesis 19:2 para falar de Ló passando a noite em Sodoma. Logo, o que esse salmo está perguntando é o seguinte: como você chega a um lugar no qual sua alma, não importando as tempestades que a assolam, esteja tão calma, como se estivesse dormindo durante a noite?

Nesse salmo, Davi relata várias adversidades, como inimigos (vv. 2,19), necessidade de orientação (vv. 4,5,12), solidão (v. 16) e culpa (vv. 7,11,18). Ao relatar essas provações, ele também descreve nossas próprias vidas.

Mas o que ele faz com essas dificuldades? Qual é a solução? Observe que Davi não aplica uma resposta diferente a cada adversidade. Em vez disso, volta-se para uma única fonte de cura para todas essas dores diversas: "A ti, Senhor, elevo a minha alma" (v. 1), "eu me refugio em ti" (v. 20). Davi não aborda a adversidade com uma oração por melhores circunstâncias. Ele se lança em Deus.

Quando a vida nos oprime, quando estamos no fundo do poço, esse é o lugar para onde a Escritura nos leva: para Deus. Não alcançamos a calma interior garantindo a calma exterior. Encontramos calma interior olhando para Deus.

SALMO 26

Davídico.

¹ Faze-me justiça, Senhor,
  pois tenho vivido com integridade.
 Tenho confiado no Senhor, sem vacilar.
² Sonda-me, Senhor, e prova-me,
  examina o meu coração e a minha mente;
³ pois o teu amor está sempre diante de mim,
  e continuamente sigo a tua verdade.
⁴ Não me associo com homens falsos
  nem ando com hipócritas;
⁵ detesto o ajuntamento dos malfeitores
  e não me assento com os ímpios.
⁶ Lavo as mãos na inocência,
 e do teu altar, Senhor, me aproximo
⁷ cantando hinos de gratidão
  e falando de todas as tuas maravilhas.
⁸ Eu amo, Senhor, o lugar da tua habitação,
  onde a tua glória habita.
⁹ Não me dês o destino dos pecadores
  nem o fim dos assassinos;
¹⁰ suas mãos executam planos perversos,
  praticam suborno abertamente.
¹¹ Mas eu vivo com integridade;
  livra-me e tem misericórdia de mim.

¹² Os meus pés estão firmes na retidão;
na grande assembleia bendirei o Senhor.

⁓⌇⌇⌇

"Faze-me justiça, Senhor" (v. 1). Davi se vê passando pela vida em meio à injustiça, às falsas acusações, ao suborno e à maldade. Ao implorar por vingança e relatar sua inocência, ele não está fingindo que nunca pecou. Afinal, ele pede a Deus que aja com misericórdia (v. 11) e exulta no amor constante do Senhor (v. 3). Em vez disso, Davi está implorando a Deus que aja de uma maneira que esteja de acordo com a realidade. Ele está pedindo justiça.

Davi sabe que pode contar com o Senhor para livrá-lo, porque ele sempre foi assim para com o seu povo, e dá graças ao refletir sobre as "maravilhas" de Deus (v. 7). Que maravilhas são essas? A mais proeminente dentre elas seria o Êxodo, o ato supremo de libertação de seu povo, mas o próprio Davi conheceu casos nos quais experimentou Deus livrando-o do mal, como em episódios perigosos com Saul (veja Salmos 18). Na verdade, em todo o Antigo Testamento, vemos um padrão crescente de Deus libertando seus santos, defendendo-os e guardando-os em segurança.

Esse padrão recebeu cumprimento com a vinda de Jesus Cristo, cuja missão era conceder a justificação final para seu povo. Ele suportou injustiças, falsas acusações e maldades. Ele suportou tudo isso e, ainda assim, ao contrário de Davi, não implorou por justiça ou vingança. Por quê? Porque ele estava recebendo a condenação que nós merecíamos. Jesus *não* clamou, e, por isso, nós *podemos* clamar por justiça e intervenção de Deus, apesar da nossa pecaminosidade. Como disse o reformador francês João Calvino: "Jesus permaneceu em silêncio diante de Pilatos para que depois disso pudesse falar por nós". Glória a Deus.

SALMO 27

Davídico.

¹ O Senhor é a minha luz e a minha salvação;
  de quem terei temor?
O Senhor é o meu forte refúgio;
  de quem terei medo?
² Quando homens maus avançarem contra mim
  para destruir-me,
eles, meus inimigos e meus adversários,
  é que tropeçarão e cairão.
³ Ainda que um exército se acampe contra mim,
  meu coração não temerá;
ainda que se declare guerra contra mim,
  mesmo assim estarei confiante.
⁴ Uma coisa pedi ao Senhor
  e a procuro:
que eu possa viver na casa do Senhor
  todos os dias da minha vida,
para contemplar a bondade do Senhor
  e buscar sua orientação no seu templo.
⁵ Pois no dia da adversidade
  ele me guardará protegido em sua habitação;
no seu tabernáculo me esconderá
  e me porá em segurança sobre um rochedo.

⁶ Então triunfarei sobre os inimigos que me cercam.
   Em seu tabernáculo oferecerei sacrifícios com
      aclamações;
   cantarei e louvarei ao Senhor.
⁷ Ouve a minha voz quando clamo, ó Senhor;
   tem misericórdia de mim e responde-me.
⁸ A teu respeito diz o meu coração:
   Busque a minha face!
   A tua face, Senhor, buscarei.
⁹ Não escondas de mim a tua face,
   não rejeites com ira o teu servo;
   tu tens sido o meu ajudador.
   Não me desampares nem me abandones,
      ó Deus, meu salvador!
¹⁰ Ainda que me abandonem pai e mãe,
   o Senhor me acolherá.
¹¹ Ensina-me o teu caminho, Senhor;
   conduze-me por uma vereda segura
   por causa dos meus inimigos.
¹² Não me entregues
   ao capricho dos meus adversários,
   pois testemunhas falsas se levantam contra mim,
      respirando violência.
¹³ Apesar disso, esta certeza eu tenho:
   viverei até ver a bondade do Senhor na terra.

¹⁴ Espere no Senhor.
   Seja forte! Coragem!
Espere no Senhor.

∽∾∽

Do que mais você precisa na vida além das verdades do salmo 27? O medo pressiona Davi (vv. 1,3). A vida é assim. Quem entre nós não sabe o que é acordar de manhã e, à medida que a consciência desliza sobre nós mais uma vez, sentir o coração apertado por causa de ansiedades e medos do dia que nos aguarda? Isso é normal. Isso é a vida.

Considere as palavras desse salmo. Leia-as devagar. Beba-as. Se o Senhor é a sua luz e a sua salvação, de quem você terá medo (v. 1)? Mesmo que seus próprios pais o abandonem, o Senhor o acolherá (v. 10). Observe também que o único desejo de Davi, a única coisa que ele pediu, foi: viver na casa do Senhor e contemplar sua bondade (v. 4).

Você já provou isso? O Senhor é belo para você? O que é a beleza de Deus? É seu brilho, seu esplendor, seu fulgor, como o Sol que ele é para os pecadores. Em Jesus, vemos a personificação definitiva da beleza de Deus, a qual Jonathan Edwards colocou da seguinte forma:

> Cristo tem beleza infinita para conquistar e atrair o nosso amor. Ele é mais excelente do que os anjos do céu. Ao contemplar sua beleza, os anjos se alegram dia e noite, e suas almas festejam; ao

celebrar isso, eles o louvam continuamente. Nem as canções dos anjos são capazes de declarar toda a excelência de Jesus Cristo, pois está além de suas canções e dos pensamentos daquelas inteligências brilhantes alcançá-lo.

Nossos corações são famintos por beleza. Em Jesus Cristo, vemos a face de Deus, assim como Davi ansiava por vê-la (vv. 8-9). Veja o Senhor nos Evangelhos e em todas as Escrituras. Tenha comunhão com ele. Adore-o. Ele é o desejo mais profundo dos nossos corações.

SALMO 28

Davídico.

¹ A ti eu clamo, Senhor, minha Rocha;
   não fiques indiferente para comigo.
Se permaneceres calado,
   serei como os que descem à cova.
² Ouve as minhas súplicas
   quando clamo a ti por socorro,
quando ergo as mãos
   para o teu Lugar Santíssimo.
³ Não me dês o castigo reservado para os ímpios
   e para os malfeitores,
que falam como amigos com o próximo,
   mas abrigam maldade no coração.
⁴ Retribui-lhes conforme os seus atos,
   conforme as suas más obras;
retribui-lhes o que as suas mãos têm feito
   e dá-lhes o que merecem.
⁵ Visto que não consideram os feitos do Senhor
   nem as obras de suas mãos,
ele os arrasará
   e jamais os deixará reerguer-se.
⁶ Bendito seja o Senhor,
   pois ouviu as minhas súplicas.

⁷ O Senhor é a minha força e o meu escudo;
   nele o meu coração confia, e dele recebo ajuda.
Meu coração exulta de alegria,
   e com o meu cântico lhe darei graças.
⁸ O Senhor é a força do seu povo,
   a fortaleza que salva o seu ungido.
⁹ Salva o teu povo e abençoa a tua herança!
Cuida deles como o seu pastor
   e conduze-os para sempre.

⌒⌒⌒

Davi está desesperado. Observe a urgência dos primeiros dois versículos desse salmo. Não sabemos a natureza exata de sua situação, mas talvez ele esteja perplexo por não saber quem são seus verdadeiros amigos. Talvez esteja descobrindo que está sendo enganado (v. 3).

Como Davi lida com essa sensação desconcertante de desamparo e confusão? Como *você* lida com essas realidades? Afinal, Davi não está sozinho nessas lutas. Ele as encara de maneiras únicas para ele e seu tempo e cultura, mas as palavras desse salmo são as palavras de uma luta de coração que transcende qualquer localização cultural particular.

Davi responde a tudo isso voltando-se para Deus: "O Senhor é a minha força e o meu escudo; nele o meu coração confia, e dele recebo ajuda" (v. 7). Davi não gasta suas energias enfrentando seus inimigos, defendendo-se ou perseguindo qualquer outra estratégia inventada pelo homem. Ele recebe a aflição horizontal, mas busca uma solução vertical. Seria essa uma solução superficial e vazia? Longe disso! "Meu coração exulta de alegria, e com o meu cântico lhe darei graças" (v. 7).

No descendente de Davi, vemos por que nós também podemos confiar no Senhor, e com motivos muito mais concretos. Enquanto Davi clamava a Deus: "Cuida deles como o seu pastor e conduze-os [teu povo] para sempre" (v. 9), o Senhor Jesus Cristo veio como o último bom pastor, e carrega as ovelhas em seus braços (João 10:1-18).

SALMO 29

Salmo davídico.

¹ Atribuam ao Senhor, ó seres celestiais,
atribuam ao Senhor glória e força.
² Atribuam ao Senhor
    a glória que o seu nome merece;
adorem o Senhor
    no esplendor do seu santuário.
³ A voz do Senhor ressoa sobre as águas;
    o Deus da glória troveja,
o Senhor troveja sobre as muitas águas.
⁴ A voz do Senhor é poderosa;
a voz do Senhor é majestosa.
⁵ A voz do Senhor quebra os cedros;
o Senhor despedaça os cedros do Líbano.
    ⁶ Ele faz o Líbano saltar como bezerro,
    o Siriom como novilho selvagem.
⁷ A voz do Senhor corta os céus
    com raios flamejantes.
⁸ A voz do Senhor faz tremer o deserto;
o Senhor faz tremer o deserto de Cades.
⁹ A voz do Senhor retorce os carvalhos
    e despe as florestas.
    E no seu templo todos clamam: "Glória!"

¹⁰ O Senhor assentou-se soberano sobre o Dilúvio;
 o Senhor reina soberano para sempre.
¹¹ O Senhor dá força ao seu povo;
 o Senhor dá a seu povo a bênção da paz.

A. W. Tozer, pregador americano do século 20, disse certa vez: "O que vem à nossa mente quando pensamos em Deus é a coisa mais importante sobre nós". Quem é Deus para você?

Reflita sobre esse salmo. A imponente grandeza de Deus exibida em indescritível majestade e força foi pressionada em seu coração? Se não, esse salmo pode ajudá-lo a experimentar isso.

A Bíblia nos dá múltiplos ângulos de quem é Deus: ele é transcendente e imanente, alto e baixo, grandioso e bondoso, poderoso e misericordioso. Alguns de nós podem ter a tendência de enfatizar um ou outro desses aspectos em nossos pensamentos sobre Deus, mas a Bíblia insiste que devemos mantê-los juntos. Isso não deve nos surpreender, pois a grandeza sem a bondade é aterrorizante, e a bondade sem a grandeza é impotente.

A aparente tensão entre essas realidades foi finalmente resolvida na figura de Jesus Cristo. Nele vemos o coração misericordioso de Deus e a proximidade sem precedentes de Deus bem no nosso meio — curando os enfermos, perdoando os pecadores arrependidos, acolhendo as criancinhas. No entanto, para todos aqueles que não dobram os joelhos em contrição a Cristo, apenas fúria e ira os aguarda quando ele vier em sua segunda vinda (Apocalipse 19:11-16). Agora é a hora de nos humilharmos e implorarmos pela misericórdia — que, do mais profundo de seu coração, ele se agrada em conceder.

SALMO 30

Salmo. Cântico para a dedicação do templo. Davídico.

¹ Eu te exaltarei, Senhor, pois tu me reergueste
    e não deixaste que os meus inimigos se divertissem
        à minha custa.
² Senhor meu Deus, a ti clamei por socorro,
    e tu me curaste.
³ Senhor, tiraste-me da sepultura;
    prestes a descer à cova, devolveste-me à vida.
⁴ Cantem louvores ao Senhor, vocês, os seus fiéis;
    louvem o seu santo nome.
⁵ Pois a sua ira só dura um instante,
    mas o seu favor dura a vida toda;
  o choro pode persistir uma noite,
    mas de manhã irrompe a alegria.
⁶ Quando me senti seguro, disse:
    Jamais serei abalado!
⁷ Senhor, com o teu favor,
    deste-me firmeza e estabilidade;
  mas, quando escondeste a tua face,
    fiquei aterrorizado.
⁸ A ti, Senhor, clamei,
    ao Senhor pedi misericórdia:
⁹ Se eu morrer, se eu descer à cova,
    que vantagem haverá?

Acaso o pó te louvará?
Proclamará a tua fidelidade?
¹⁰ Ouve, Senhor, e tem misericórdia de mim;
Senhor, sê tu o meu auxílio.
¹¹ Mudaste o meu pranto em dança,
a minha veste de lamento em veste de alegria,
¹² para que o meu coração cante louvores a ti e não se cale.
Senhor, meu Deus, eu te darei graças para sempre.

───※───

Como o título indica, Davi escreveu esse salmo para a dedicação do templo, um evento que ocorreu após sua vida (1Reis 8:63). No poema, vemos Davi convidando seus companheiros de adoração para cantarem graças e louvores a Deus (v. 4). O que o templo significa?

O templo mencionado era extremamente importante na vida do povo de Israel, porque significava a própria presença de Deus entre eles. Em certo sentido, o Éden foi o primeiro templo. Lá Deus habitou com a humanidade em comunhão perfeita. O divino e o humano, o infinito e o finito comungavam. Entretanto, a Queda no pecado expulsou a humanidade do jardim, e Deus retirou sua presença para o céu. Como sua comunhão poderia ser restaurada? A resposta que se desdobra no Antigo Testamento é primeiro o tabernáculo, que era simplesmente um antigo templo portátil, e depois o próprio templo. No tabernáculo e no templo, o divino e o humano, o sagrado e o profano mais uma vez se encontravam. Eles eram um pequeno Éden restaurado.

No entanto, o templo não foi a resposta final de Deus sobre como habitaria mais uma vez entre seu povo, pois ele nos deu muitos motivos para nos juntarmos a Davi em louvores e agradecimentos a ele para sempre (v. 12). Agora sabemos como é que "a sua ira só dura um instante, mas o seu favor dura a vida toda" (v. 5). Deus se aproximou de seu povo por meio de seu próprio Filho, Jesus — não em um edifício feito de pedras e madeira, mas em um corpo feito de carne e sangue. Por meio da morte e ressurreição de Cristo, Deus se aproxima dos pecadores e entra em comunhão conosco mais uma vez. Louvemos a ele.

SALMO 31

Para o mestre de música. Salmo davídico.

¹ Em ti, Senhor, me refugio;
   nunca permitas que eu seja humilhado;
   livra-me pela tua justiça.
² Inclina os teus ouvidos para mim,
   vem livrar-me depressa!
 Sê minha rocha de refúgio,
   uma fortaleza poderosa para me salvar.
³ Sim, tu és a minha rocha e a minha fortaleza;
   por amor do teu nome, conduze-me e guia-me.
⁴ Tira-me da armadilha que me prepararam,
   pois tu és o meu refúgio.
⁵ Nas tuas mãos entrego o meu espírito;
   resgata-me, Senhor, Deus da verdade.
⁶ Odeio aqueles que se apegam a ídolos inúteis;
   eu, porém, confio no Senhor.
⁷ Exultarei com grande alegria por teu amor,
   pois viste a minha aflição
   e conheceste a angústia da minha alma.
⁸ Não me entregaste nas mãos dos meus inimigos;
   deste-me segurança e liberdade.
⁹ Misericórdia, Senhor! Estou em desespero!
   A tristeza me consome
   a vista, o vigor e o apetite.

¹⁰ Minha vida é consumida pela angústia,
   e os meus anos pelo gemido;
  minha aflição esgota as minhas forças,
   e os meus ossos se enfraquecem.
¹¹ Por causa de todos os meus adversários,
   sou motivo de ultraje para os meus vizinhos
  e de medo para os meus amigos;
   os que me veem na rua fogem de mim.
¹² Sou esquecido por eles como se estivesse morto;
   tornei-me como um pote quebrado.
¹³ Ouço muitos cochicharem a meu respeito;
   o pavor me domina,
  pois conspiram contra mim,
   tramando tirar-me a vida.
¹⁴ Mas eu confio em ti, Senhor,
   e digo: Tu és o meu Deus.
¹⁵ O meu futuro está nas tuas mãos;
   livra-me dos meus inimigos
   e daqueles que me perseguem.
¹⁶ Faze o teu rosto resplandecer sobre o teu servo;
   salva-me por teu amor leal.
¹⁷ Não permitas que eu seja humilhado, Senhor,
   pois tenho clamado a ti;
  mas que os ímpios sejam humilhados,
   e calados fiquem no Sheol.
¹⁸ Sejam emudecidos os seus lábios mentirosos,
   pois com arrogância e desprezo

>   humilham os justos.
> ¹⁹ Como é grande a tua bondade,
>   que reservaste para aqueles que te temem,
>   e que, à vista dos homens,
>   concedes àqueles que se refugiam em ti!
> ²⁰ No abrigo da tua presença os escondes
>   das intrigas dos homens;
>   na tua habitação os proteges
>   das línguas acusadoras.
> ²¹ Bendito seja o Senhor,
>   pois mostrou o seu maravilhoso amor para comigo
>   quando eu estava numa cidade cercada.
> ²² Alarmado, eu disse:
>   Fui excluído da tua presença!
>   Contudo, ouviste as minhas súplicas
>   quando clamei a ti por socorro.
> ²³ Amem o Senhor, todos vocês, os seus santos!
>   O Senhor preserva os fiéis,
>   mas aos arrogantes dá o que merecem.
> ²⁴ Sejam fortes e corajosos,
>   todos vocês que esperam no Senhor!

―――

O que significa "refugiar-se" em Deus, como Davi diz inúmeras vezes nesse salmo (vv. 1,2,4)? O que significa dizer que Deus é nossa "fortaleza" (v. 3)?

Em um nível, isso é bastante estranho para nós. Vivemos hoje em edifícios modernos, não em fortalezas antigas nas quais as pessoas se refugiavam de exércitos inimigos. A maioria de nós não precisa defender nossas casas com armas, como Davi fez. Portanto, não precisamos pensar em nos refugiar em Deus do mesmo modo que ele se refugiou — certo?

Errado. Considere as palavras do astro do basquete, Michael Jordan, quando foi introduzido no Hall da Fama da NBA, a maior honra que um jogador de basquete poderia receber. Suas palavras são reveladoras. Ele concluiu seu discurso dizendo: "O jogo de basquete tem sido tudo para mim — *meu refúgio*, o lugar para onde sempre vou quando preciso encontrar conforto e paz". Sem querer, Michael Jordan usou a linguagem e as metáforas dos Salmos para descrever sua relação com o jogo de basquete. O que ele quis dizer com isso? Ele quis dizer que construiu estabilidade, emocional e psicologicamente, em seu sucesso no esporte, e tirou forças disso.

Para ele, era o basquete. E para você? Qual é o seu refúgio? Você aprendeu a abandonar sua busca por um refúgio estável em qualquer coisa nesta terra e passou a buscar o verdadeiro refúgio, aquele que nunca vai decepcioná-lo ou desapontá-lo, o único que vai escondê-lo em segurança e proteção, mesmo quando você fracassar? "Sejam fortes e corajosos, todos vocês que esperam no Senhor!" (v. 24).

SALMO 32

Davídico. Poema.

¹ Como é feliz aquele
    que tem suas transgressões perdoadas
    e seus pecados apagados!
² Como é feliz aquele
  a quem o Senhor não atribui culpa
    e em quem não há hipocrisia!
³ Enquanto eu mantinha escondidos os meus pecados,
    o meu corpo definhava de tanto gemer.
⁴ Pois dia e noite
    a tua mão pesava sobre mim;
  minhas forças foram-se esgotando
  como em tempo de seca.   *Pausa*
⁵ Então reconheci diante de ti o meu pecado
    e não encobri as minhas culpas.
  Eu disse: "Confessarei as minhas transgressões", ao
    Senhor,
  e tu perdoaste a culpa do meu pecado.   *Pausa*
⁶ Portanto, que todos os que são fiéis orem a ti
    enquanto podes ser encontrado;
  quando as muitas águas se levantarem,
    elas não os atingirão.
⁷ Tu és o meu abrigo;
    tu me preservarás das angústias

e me cercarás de canções de livramento. *Pausa*
⁸ Eu o instruirei e o ensinarei no caminho que você
   deve seguir;
   eu o aconselharei e cuidarei de você.
⁹ Não sejam como o cavalo ou o burro,
   que não têm entendimento
   mas precisam ser controlados com freios e rédeas;
   caso contrário não obedecem.
¹⁰ Muitas são as dores dos ímpios,
   mas a bondade do Senhor
   protege quem nele confia.
¹¹ Alegrem-se no Senhor e exultem,
   vocês que são justos!
   Cantem de alegria,
   todos vocês que são retos de coração!

Essa canção exulta na maravilha do perdão de Deus. Ser perdoado é ter todas as suas falhas removidas de sua história e lançadas no mar do esquecimento. Mas como o perdão é conquistado? Somente reconhecendo explicitamente nossa condição como pecadores. Ele não vem para aqueles que se consideram justos. Vem apenas para os quebrantados, os honestos. Observe que Davi fala daquele "em quem não há hipocrisia!" (v. 2). Essa é a representação de como ser perdoado. "Então reconheci diante de ti o meu pecado", ele diz mais tarde no salmo (v. 5). É preciso tirar a máscara. Pare de fingir. Humilhe-se perante o Senhor, com transparência honesta.

Existe uma saúde interior que é nutrida pela confissão aberta dos próprios pecados. Quando reprimimos nossa culpa, ela se inflama dentro de nós: "Enquanto eu mantinha escondidos os meus pecados, o meu corpo definhava de tanto gemer" (v. 3). Parece uma morte falar com honestidade sobre nossas falhas, mas, na verdade, é o caminho para a vida e a santidade.

De determinado ponto de vista, o perdão pode parecer profundamente injusto. Como Deus pode simplesmente anular pensamentos, palavras e ações verdadeiras, reais, flagrantes e perversas? No Antigo Testamento, ele prometeu perdão por meio do sistema sacrificial, mas o sangue de animais só poderia lavar nossos pecados se apontasse para o sacrifício verdadeiro e final, aquele para quem todos os sacrifícios anteriores apontavam. Na plenitude dos tempos, Deus enviou seu próprio Filho para ser nosso Cordeiro sacrificial (1Coríntios 5:7; Hebreus 9:13-14). Em Cristo recebemos perdão, porque o castigo que merecíamos foi derramado sobre ele. Refletindo sobre o perdão dos pecados, Martinho Lutero escreveu:

> Essa fonte é inesgotável; nunca falha, não importa o quanto bebamos dela. Mesmo que todos nós mergulhemos nela incessantemente, ela não pode ser esvaziada, mas permanece perene, um poço insondável, uma fonte eterna.

SALMO 33

¹ Cantem de alegria ao Senhor, vocês que são justos;
  aos que são retos fica bem louvá-lo.
² Louvem o Senhor com harpa;
  ofereçam-lhe música com lira de dez cordas.
³ Cantem-lhe uma nova canção;
  toquem com habilidade ao aclamá-lo.
⁴ Pois a palavra do Senhor é verdadeira;
  ele é fiel em tudo o que faz.
⁵ Ele ama a justiça e a retidão;
  a terra está cheia da bondade do Senhor.
⁶ Mediante a palavra do Senhor foram feitos os céus,
  e os corpos celestes, pelo sopro de sua boca.
⁷ Ele ajunta as águas do mar num só lugar;
  das profundezas faz reservatórios.
⁸ Toda a terra tema o Senhor;
  tremam diante dele todos os habitantes do mundo.
⁹ Pois ele falou, e tudo se fez;
  ele ordenou, e tudo surgiu.
¹⁰ O Senhor desfaz os planos das nações
  e frustra os propósitos dos povos.
¹¹ Mas os planos do Senhor permanecem para sempre,
  os propósitos do seu coração, por todas as gerações.
¹² Como é feliz a nação que tem o Senhor como Deus,
  o povo que ele escolheu para lhe pertencer!

¹³ Dos céus olha o Senhor
 e vê toda a humanidade;
¹⁴ do seu trono ele observa
 todos os habitantes da terra;
¹⁵ ele, que forma o coração de todos,
 que conhece tudo o que fazem.
¹⁶ Nenhum rei se salva pelo tamanho do seu exército;
 nenhum guerreiro escapa por sua grande força.
¹⁷ O cavalo é vã esperança de vitória;
 apesar da sua grande força, é incapaz de salvar.
¹⁸ Mas o Senhor protege aqueles que o temem,
 aqueles que firmam a esperança no seu amor,
¹⁹ para livrá-los da morte e garantir-lhes vida,
 mesmo em tempos de fome.
²⁰ Nossa esperança está no Senhor;
 ele é o nosso auxílio e a nossa proteção.
²¹ Nele se alegra o nosso coração,
 pois confiamos no seu santo nome.
²² Esteja sobre nós o teu amor, Senhor,
 como está em ti a nossa esperança.

A nota retumbante do salmo 33 é o governo infinito de Deus no céu sobre tudo o que acontece na terra. Acima de toda a loucura e caos deste mundo, de todos os conflitos políticos, esforços militares, cabines de votação, disfunções familiares, doenças físicas e colapsos financeiros, Deus reina. Sua supervisão soberana dirige tudo o que se desenrola aqui nesta vida.

Para o salmista, isso é motivo de júbilo, pois o salmo começa e termina com expressões de grande alegria (vv. 1-3,21-22). Por quê? Porque, quando você confia no Senhor como seu auxílio e proteção (v. 20) — em outras palavras, quando você localiza sua calma interior e segurança em Deus, em vez de em sua própria capacidade de lidar com as circunstâncias —, as ansiedades frenéticas que se apoderam do seu coração perdem a força. No início, essa confiança parece uma queda livre perigosa — quem sabe para onde posso ser arrastado se entregar as rédeas da minha vida à outra pessoa? Mas, se pudermos firmar em nossos corações que o Senhor é nosso Pai Celestial e que ele nos guiará apenas naquilo que finalmente resultará em nossa alegria e esplendor, mesmo que isso signifique passar pela dor, perceberemos seu governo soberano como algo libertador, e não ameaçador.

Afinal, ele não demonstrou isso claramente? Como Deus mostrou que está determinado a livrar nossa alma da morte (v. 19)? Enviando seu Filho para morrer em nosso lugar. Se o Pai estava disposto a passar por *isso* para o nosso bem, o que ele não estaria disposto a fazer para nossa alegria e glória finais?

SALMO 34

De Davi, quando ele se fingiu de louco diante de Abimeleque
— que o expulsou — e depois partiu.

¹ Bendirei o Senhor o tempo todo!
  Os meus lábios sempre o louvarão.
² Minha alma se gloriará no Senhor;
  ouçam os oprimidos e se alegrem.
³ Proclamem a grandeza do Senhor comigo;
  juntos exaltemos o seu nome.
⁴ Busquei o Senhor, e ele me respondeu;
  livrou-me de todos os meus temores.
⁵ Os que olham para ele estão radiantes de alegria;
  seu rosto jamais mostrará decepção.
⁶ Este pobre homem clamou,
 e o Senhor o ouviu;
  e o libertou de todas as suas tribulações.
⁷ O anjo do Senhor é sentinela ao redor
  daqueles que o temem, e os livra.
⁸ Provem e vejam como o Senhor é bom.
  Como é feliz o homem que nele se refugia!
⁹ Temam o Senhor, vocês que são os seus santos,
  pois nada falta aos que o temem.
¹⁰ Os leões podem passar necessidade e fome,
  mas os que buscam o Senhor de nada têm falta.

¹¹ Venham, meus filhos, ouçam-me;
   eu ensinarei a vocês o temor do Senhor.
¹² Quem de vocês quer amar a vida
   e deseja ver dias felizes?
¹³ Guarde a sua língua do mal
   e os seus lábios da falsidade.
¹⁴ Afaste-se do mal e faça o bem;
   busque a paz com perseverança.
¹⁵ Os olhos do Senhor voltam-se para os justos
   e os seus ouvidos estão atentos ao seu grito de socorro;
¹⁶ o rosto do Senhor volta-se contra os que praticam o mal,
   para apagar da terra a memória deles.
¹⁷ Os justos clamam, o Senhor os ouve
   e os livra de todas as suas tribulações.
¹⁸ O Senhor está perto dos que têm o coração quebrantado
   e salva os de espírito abatido.
¹⁹ O justo passa por muitas adversidades,
   mas o Senhor o livra de todas;
²⁰ protege todos os seus ossos;
   nenhum deles será quebrado.
²¹ A desgraça matará os ímpios;
   os que odeiam o justo serão condenados.
²² O Senhor redime a vida dos seus servos;
   ninguém que nele se refugia será condenado.

Todos nós já conhecemos alguém que reclama de forma constante. Independentemente de quantas coisas boas aconteçam em suas vidas, essas pessoas sempre se concentram nos aspectos ruins. O salmo 34 pega esse impulso pecaminoso dentro de todos nós e o vira do avesso. A despeito de quantas coisas ruins aconteçam em nossa vida, podemos ser alguém que se concentra nas coisas boas. "Bendirei o Senhor o tempo todo! Os meus lábios sempre o louvarão" (v. 1). O restante do salmo revela por que e como podemos louvar a Deus momento a momento à medida que avançamos pela vida.

Observe um elemento particular do alegrar-se em Deus em toda a vida. "Os que olham para ele estão radiantes de alegria" (v. 5). Você já conheceu um homem ou mulher radiante? Já viu um semblante de vívida luminosidade no rosto de outra pessoa? Isso está em outro nível além da mera atração física ou saúde. Você já passou algum tempo com alguém que tinha certo brilho, certo encanto magnético, e sabia que isso tinha origem no fato de a pessoa viver uma vida contemplando o Senhor?

Considere as maneiras pelas quais o salmista fala da abundante provisão e do cuidado do Senhor. Olhar para ele e, como resultado, ser radiante é caminhar pela vida em confiança alegre diante de qualquer adversidade circunstancial que poderia levar sua vida emocional ao colapso. Você tem Deus. Você está seguro. Você tem tudo.

Isso é verdade, mesmo quando você está com o "coração quebrantado" ou com o "espírito abatido" (v. 18), pois Deus demonstrou que não é indiferente aos nossos sofrimentos, nem um Deus distante, afastado de nossas fragilidades e angústias. Em Jesus, Deus se aproximou. Ele entrou em nosso coração partido. O Senhor Jesus sabe o que é ter o espírito abatido. Ele suportou tudo o que passamos, com exceção do pecado (Hebreus 4:15). Aproveite a vida em Cristo. Caminhe com ele. Olhe para ele. Torne-se radiante e glorioso (2Coríntios 3:18).

SALMO 35

Davídico.

¹ Defende-me, Senhor, dos que me acusam;
  luta contra os que lutam comigo.
² Toma os escudos, o grande e o pequeno;
  levanta-te e vem socorrer-me.
³ Empunha a lança e o machado de guerra
  contra os meus perseguidores.
  Dize à minha alma: "Eu sou a sua salvação".
⁴ Sejam humilhados e desprezados
  os que procuram matar-me;
 retrocedam envergonhados
  aqueles que tramam a minha ruína.
⁵ Que eles sejam como a palha ao vento,
 quando o anjo do Senhor os expulsar;
⁶ seja a vereda deles sombria e escorregadia,
 quando o anjo do Senhor os perseguir.
⁷ Já que, sem motivo, prepararam contra mim uma
   armadilha oculta
  e, sem motivo, abriram uma cova para mim,
⁸ que a ruína lhes sobrevenha de surpresa:
  sejam presos pela armadilha que prepararam,
 caiam na cova que abriram,
  para a sua própria ruína.

⁹Então a minha alma exultará no Senhor
 e se regozijará na sua salvação.
¹⁰Todo o meu ser exclamará:
 "Quem se compara a ti, Senhor?
 Tu livras os necessitados daqueles que são
  mais poderosos do que eles,
 livras os necessitados e os pobres
  daqueles que os exploram."
¹¹Testemunhas maldosas enfrentam-me
 e questionam-me sobre coisas de que nada sei.
¹²Elas me retribuem o bem com o mal
 e procuram tirar-me a vida.
¹³Contudo, quando estavam doentes,
 usei vestes de lamento,
 humilhei-me com jejum
 e recolhi-me em oração.
¹⁴Saí vagueando e pranteando,
 como por um amigo ou por um irmão.
 Eu me prostrei enlutado,
 como quem lamenta por sua mãe.
¹⁵Mas, quando tropecei,
 eles se reuniram alegres;
sem que eu o soubesse, ajuntaram-se para me atacar.
 Eles me agrediram sem cessar.
¹⁶Como ímpios caçoando do meu refúgio,
 rosnaram contra mim.

¹⁷ Senhor, até quando ficarás olhando?
   Livra-me dos ataques deles,
   livra a minha vida preciosa desses leões.
¹⁸ Eu te darei graças na grande assembleia;
   no meio da grande multidão te louvarei.
¹⁹ Não deixes que os meus inimigos traiçoeiros
   se divirtam à minha custa;
 não permitas que aqueles que sem razão me odeiam
   troquem olhares de desprezo.
²⁰ Não falam pacificamente,
   mas planejam acusações falsas
   contra os que vivem tranquilamente na terra.
²¹ Com a boca escancarada,
   riem de mim e me acusam: "Nós vimos! Sabemos
     de tudo!"
²² Tu viste isso, Senhor! Não fiques calado.
   Não te afastes de mim, Senhor,
²³ Acorda! Desperta! Faze-me justiça!
   Defende a minha causa, meu Deus e Senhor.
²⁴ Senhor, meu Deus, tu és justo;
   faze-me justiça para que eles não se alegrem à
     minha custa.
²⁵ Não deixes que pensem: "Ah! Era isso que queríamos!"
   nem que digam: "Acabamos com ele!"
²⁶ Sejam humilhados e frustrados
   todos os que se divertem à custa do meu
     sofrimento;

cubram-se de vergonha e desonra
 todos os que se acham superiores a mim.
²⁷ Cantem de alegria e regozijo
 todos os que desejam ver provada a minha
  inocência
 e sempre repitam: "O Senhor seja engrandecido!
 Ele tem prazer no bem-estar do seu servo".
²⁸ Minha língua proclamará a tua justiça
 e o teu louvor o dia inteiro.

◦∽◦∼◦

As provocações e artimanhas malignas dos inimigos de Davi surgem de forma contundente nesse salmo. Davi está sendo atacado e, mais uma vez, volta-se para Deus em busca de libertação. Seus próprios recursos humanos não são páreo para a adversidade que enfrenta — ele deve apelar para o único que tem a força para protegê-lo e para superar seus adversários.

Frequentemente, é isso o que acontece em nossas vidas. Os adversários nos confrontam a cada passo. Às vezes, temos que lidar com adversários humanos, como aconteceu com Davi. Isso pode ser especialmente verdadeiro para aqueles que estão em posições de liderança. No entanto, todos os cristãos podem atestar a realidade do que o apóstolo Paulo chamaria, mil anos depois de Davi, de "as forças espirituais do mal nas regiões celestiais" (Efésios 6:12). Imersos em uma grande batalha espiritual enquanto viajamos para o céu, odiados pelos exércitos do inferno, nós também oramos com Davi: "Defende-me, Senhor, dos que me acusam; luta contra os que lutam comigo! [...] Sejam humilhados e desprezados os que procuram matar-me!" (Salmos 35:1,4).

Travamos essa guerra em nome de Jesus, ou seja, lutamos contra as tentações e os assaltos do inferno com as armas do evangelho, no alegre conhecimento de que Deus esvaziou o inferno de uma vez por todas de suas armas de acusação e condenação. Davi ora por seus inimigos: "cubram-se de vergonha e desonra" (v. 26). E Paulo disse de Cristo: "e, tendo despojado os poderes e as autoridades, fez deles um espetáculo público, triunfando sobre eles na cruz" (Colossenses 2:15). Nossos inimigos foram desfigurados. Eles agora são totalmente impotentes e incapazes de nos derrotar. Na cruz, Cristo absorveu a vergonha que merecíamos a fim de nos libertar dela. Verdadeiramente, "O Senhor seja engrandecido! Ele tem prazer no bem-estar do seu servo" (Salmos 35:27).

SALMO 36

Para o mestre de música. De Davi, servo do Senhor.

¹ Há no meu íntimo um oráculo
   a respeito da maldade do ímpio:
   Aos seus olhos é inútil temer a Deus.
² Ele se acha tão importante,
   que não percebe nem rejeita o seu pecado.
³ As palavras da sua boca são maldosas e traiçoeiras;
   abandonou o bom senso e não quer fazer o bem.
⁴ Até na sua cama planeja maldade;
   nada há de bom no caminho a que se entregou,
   e ele nunca rejeita o mal.
⁵ O teu amor, Senhor, chega até os céus;
   a tua fidelidade até as nuvens.
⁶ A tua justiça é firme como as altas montanhas;
   as tuas decisões, insondáveis como o grande mar.
 Tu, Senhor, preservas tanto os homens quanto os animais.
⁷ Como é precioso o teu amor, ó Deus!
   Os homens encontram refúgio à sombra das tuas asas.
⁸ Eles se banqueteiam na fartura da tua casa;
   tu lhes dás de beber do teu rio de delícias.
⁹ Pois em ti está a fonte da vida;
   graças à tua luz, vemos a luz.

¹⁰ Estende o teu amor aos que te conhecem;
   a tua justiça, aos que são retos de coração.
¹¹ Não permitas que o arrogante me pisoteie
   nem que a mão do ímpio me faça recuar.
¹² Lá estão os malfeitores caídos,
   lançados ao chão, incapazes de levantar-se!

~~~

O objetivo desse salmo é apresentar um contraste gritante entre o engano vazio dos ímpios, de um lado, e a fidelidade duradoura, sólida e satisfatória do Senhor, do outro.

Portanto, nesse salmo, a oração de Davi é para que a fidelidade do Senhor, e não a traição do malfeitor, determine sua vida e seu governo (v. 11). Os ímpios estão contra ele. O Senhor é por ele. Quem irá prevalecer? Com esse salmo, Davi nos transmite a confiança renovada e firme de que é o Senhor quem triunfará em nossas vidas. Ele cuidará de nós. Ele terá a última palavra.

Enquanto isso não acontece, é nessa esperança que os crentes encontram sua satisfação mais profunda. Considere a imagem desta canção: "Os homens encontram refúgio à sombra das tuas asas" (v. 7) — proteção forte e descanso. "Eles se banqueteiam na fartura da tua casa; tu lhes dás de beber do teu rio de delícias" (v. 8) — alimento nutritivo e transbordante. "Pois em ti está a fonte da vida" (v. 9) — vitalidade infinita e inesgotável. "Graças à tua luz, vemos a luz" (v. 9) — iluminação brilhante e radiante.

E onde descobrimos hoje esses benefícios? Com certeza, no mesmo lugar no qual Davi encontrava: no próprio Deus. No entanto, para nós há uma consciência ainda mais profunda e nítida de como acessar esses benefícios em Deus: fazemos isso em união com Cristo. Ele próprio é a nossa proteção: "Eu sou o bom pastor" (João 10:11). Ele é o nosso sustento: "Eu sou o pão da vida" (João 6:35). Ele é a nossa vitalidade: "Eu vim para que tenham vida, e a tenham plenamente" (João 10:10). Ele é a nossa iluminação: "Eu sou a luz do mundo" (João 8:12).

SALMO 37

Davídico.

¹ Não se aborreça por causa dos homens maus
   e não tenha inveja dos perversos;
² pois como o capim logo secarão,
   como a relva verde logo murcharão.
³ Confie no Senhor e faça o bem;
   assim você habitará na terra e desfrutará segurança.
⁴ Deleite-se no Senhor,
   e ele atenderá aos desejos do seu coração.
⁵ Entregue o seu caminho ao Senhor;
   confie nele, e ele agirá:
⁶ ele deixará claro como a alvorada que você é justo,
   e como o sol do meio-dia que você é inocente.
⁷ Descanse no Senhor
   e aguarde por ele com paciência;
  não se aborreça com o sucesso dos outros
   nem com aqueles que maquinam o mal.
⁸ Evite a ira e rejeite a fúria;
   não se irrite: isso só leva ao mal.
⁹ Pois os maus serão eliminados,
  mas os que esperam no Senhor
   receberão a terra por herança.

¹⁰ Um pouco de tempo, e os ímpios não mais existirão;
  por mais que você os procure, não serão
    encontrados.
¹¹ Mas os humildes receberão a terra por herança
  e desfrutarão pleno bem-estar.
¹² Os ímpios tramam contra os justos
  e rosnam contra eles;
¹³ o Senhor, porém, ri dos ímpios,
  pois sabe que o dia deles está chegando.
¹⁴ Os ímpios desembainham a espada e preparam o arco
  para abater o necessitado e o pobre,
  para matar os que andam na retidão.
¹⁵ Mas as suas espadas irão atravessar-lhes o coração,
  e os seus arcos serão quebrados.
¹⁶ Melhor é o pouco do justo
  do que a riqueza de muitos ímpios;
¹⁷ pois o braço forte dos ímpios será quebrado,
  mas o Senhor sustém os justos.
¹⁸ O Senhor cuida da vida dos íntegros,
  e a herança deles permanecerá para sempre.
¹⁹ Em tempos de adversidade não ficarão decepcionados;
  em dias de fome desfrutarão fartura.
²⁰ Mas os ímpios perecerão;
  os inimigos do Senhor murcharão como a beleza dos
    campos;
  desvanecerão como fumaça.

²¹ Os ímpios tomam emprestado e não devolvem,
  mas os justos dão com generosidade;
²² aqueles que o Senhor abençoa receberão a terra por herança,
  mas os que ele amaldiçoa serão eliminados.
²³ O Senhor firma os passos de um homem,
  quando a conduta deste o agrada;
²⁴ ainda que tropece, não cairá,
  pois o Senhor o toma pela mão.
²⁵ Já fui jovem e agora sou velho,
  mas nunca vi o justo desamparado
  nem seus filhos mendigando o pão.
²⁶ Ele é sempre generoso e empresta com boa vontade;
  seus filhos serão abençoados.
²⁷ Desvie-se do mal e faça o bem;
  e você terá sempre onde morar.
²⁸ Pois o Senhor ama quem pratica a justiça,
  e não abandonará os seus fiéis.
  Para sempre serão protegidos,
  mas a descendência dos ímpios será eliminada;
²⁹ os justos herdarão a terra
  e nela habitarão para sempre.
³⁰ A boca do justo profere sabedoria,
  e a sua língua fala conforme a justiça.
³¹ Ele traz no coração a lei do seu Deus;
  nunca pisará em falso.

³² O ímpio fica à espreita do justo,
  querendo matá-lo;
³³ mas o Senhor não o deixará cair em suas mãos
  nem permitirá que o condenem quando julgado.
³⁴ Espere no Senhor
  e siga a sua vontade.
 Ele o exaltará, dando-lhe a terra por herança;
  quando os ímpios forem eliminados, você o verá.
³⁵ Vi um homem ímpio e cruel
  florescendo como frondosa árvore nativa,
³⁶ mas logo desapareceu e não mais existia;
  embora eu o procurasse, não pôde ser encontrado.
³⁷ Considere o íntegro, observe o justo;
  há futuro para o homem de paz.
³⁸ Mas todos os rebeldes serão destruídos;
  futuro para os ímpios nunca haverá.
³⁹ Do Senhor vem a salvação dos justos;
  ele é a sua fortaleza na hora da adversidade.
⁴⁰ O Senhor os ajuda e os livra;
  ele os livra dos ímpios e os salva,
  porque nele se refugiam.

⁂

Esse salmo altera nossos impulsos naturais de como viver uma vida plena e abundante. Sua mensagem central é que a verdadeira plenitude de vida não vem como esperamos. Não é encontrada manipulando nossas circunstâncias, ou controlando aqueles ao nosso redor, ou silenciando violentamente os que ameaçam nossas ambições. A verdadeira plenitude está em olhar tranquilamente para Deus e deixá-lo resolver nossas vidas. "Descanse no SENHOR e aguarde por ele com paciência" (v. 7). Quando o povo de Deus olha para ele, confia e se deleita nele; sua glória final é inevitável (vv. 4-6). Quando os ímpios, por outro lado, agem por autoconfiança e procuram construir suas vidas com base em sua própria força e certeza, o significado duradouro torna-se ilusório (vv. 35-36). Eles desaparecem tão rapidamente quanto as nuvens de fumaça desaparecem de uma fogueira (v. 20).

"Mas os humildes receberão a terra por herança" (v. 11). São aqueles que se recusam a buscar o controle e o poder mundanos a todo custo que, um dia, herdarão a terra. Isso desconstrói nossos motivos e nos liberta de nossas ambições. Não precisamos lutar pelo controle. O caminho para cima passa por baixo. Jesus pegou esse versículo (v. 11) e o repetiu nas bem-aventuranças: "Bem-aventurados os humildes, pois eles receberão a terra por herança" (Mateus 5:5).

É no próprio Senhor Jesus que vemos essa verdade contraintuitiva plenamente incorporada. Cristo, o glorioso Filho de Deus, foi condenado e crucificado, mas foi através dos horrores dessa angústia que ele foi ressuscitado dentre os mortos e saiu do outro lado para a luz, a glória e o esplendor (Filipenses 2:6-11). Unidos a esse Salvador, seguimos seus passos, sabendo que o caminho da glória é o sofrimento (Romanos 8:18). Seguimos esse padrão com o bom conhecimento de que o maior sofrimento possível — a condenação e o inferno — caíram sobre ele em vez de sobre nós.

SALMO 38

Salmo davídico. Uma petição.

¹ Senhor, não me repreendas no teu furor
  nem me disciplines na tua ira.
² Pois as tuas flechas me atravessaram,
  e a tua mão me atingiu.
³ Por causa de tua ira, todo o meu corpo está doente;
  não há saúde nos meus ossos por causa do meu
    pecado.
⁴ As minhas culpas me afogam;
  são como um fardo pesado e insuportável.
⁵ Minhas feridas cheiram mal e supuram
  por causa da minha insensatez.
⁶ Estou encurvado e muitíssimo abatido;
  o dia todo saio vagueando e pranteando.
⁷ Estou ardendo em febre;
  todo o meu corpo está doente.
⁸ Sinto-me muito fraco e totalmente esmagado;
  meu coração geme de angústia.
⁹ Senhor, diante de ti estão todos os meus anseios;
  o meu suspiro não te é oculto.
¹⁰ Meu coração palpita, as forças me faltam;
  até a luz dos meus olhos se foi.
¹¹ Meus amigos e companheiros me evitam
  por causa da doença que me aflige;

ficam longe de mim os meus vizinhos.
¹² Os que desejam matar-me preparam armadilhas,
os que me querem prejudicar anunciam a minha ruína;
passam o dia planejando traição.
¹³ Como um surdo, não ouço,
como um mudo, não abro a boca.
¹⁴ Fiz-me como quem não ouve,
e em cuja boca não há resposta.
¹⁵ Senhor, em ti espero;
tu me responderás, ó Senhor meu Deus!
¹⁶ Pois eu disse: "Não permitas que eles se divirtam à minha custa
nem triunfem sobre mim quando eu tropeçar".
¹⁷ Estou a ponto de cair,
e a minha dor está sempre comigo.
¹⁸ Confesso a minha culpa;
em angústia estou por causa do meu pecado.
¹⁹ Meus inimigos, porém, são muitos e poderosos;
é grande o número dos que me odeiam sem motivo.
²⁰ Os que me retribuem o bem com o mal
caluniam-me porque é o bem que procuro.
²¹ Senhor, não me abandones!
Não fiques longe de mim, ó meu Deus!
²² Apressa-te a ajudar-me,
Senhor, meu Salvador!

Uma coisa é suportar a dor; outra, é suportar a dor que você sabe que vem do seu próprio pecado.

Davi escreveu esse salmo com a angústia de seu coração. Ele está completamente esmagado pela vida, "encurvado e muitíssimo abatido" (v. 6). Contudo, sua dor é duplicada pelo conhecimento de que ela existe "por causa do meu pecado" (v. 3), "por causa da minha insensatez" (v. 5). Como resultado, Davi acaba suportando sofrimento físico (v. 3), dor emocional (v. 8) e problemas em seus relacionamentos (v. 11).

Todo filho de Deus conhece algo dessa dor — saber que várias provações na vida surgiram de nossa própria insensatez. Essa é uma dor dupla, pois não somos vítimas inocentes da tolice de outra pessoa; nossa própria tolice é a causa do nosso sofrimento. Deus tem uma resposta para isso? É uma angústia que extrapola os recursos da graça de Deus? Quando verdadeiros crentes pecam, eles estão além da misericórdia de Deus?

Jamais! Com uma clareza reconfortante, o apóstolo Paulo insiste que, onde abundou o pecado, superabundou a graça. A resposta de Deus para aqueles que desperdiçam sua graça por causa de sua própria insensatez é: mais graça. Em Jesus, essa fonte infinita de graça inesgotável foi assegurada. Em perfeita justiça e retidão, Deus pode lidar com os crentes não de acordo com o que eles merecem. Glória a Deus.

SALMO 39

Para o mestre de música. Ao estilo de Jedutum. Salmo davídico.

¹ Eu disse: Vigiarei a minha conduta
  e não pecarei em palavras;
 porei mordaça em minha boca
  enquanto os ímpios estiverem na minha presença.
² Enquanto me calei resignado,
  e me contive inutilmente, minha angústia
   aumentou.
³ Meu coração ardia-me no peito
  e, enquanto eu meditava, o fogo aumentava;
  então comecei a dizer:
⁴ Mostra-me, Senhor, o fim da minha vida
  e o número dos meus dias,
  para que eu saiba quão frágil sou.
⁵ Deste aos meus dias o comprimento de um palmo;
 a duração da minha vida é nada diante de ti.
 De fato, o homem não passa de um sopro.   *Pausa*
⁶ Sim, cada um vai e volta como a sombra.
  Em vão se agita, amontoando riqueza
  sem saber quem ficará com ela.
⁷ Mas agora, Senhor, que hei de esperar?
  Minha esperança está em ti.

⁸ Livra-me de todas as minhas transgressões;
> não faças de mim um objeto de zombaria dos tolos.

⁹ Estou calado! Não posso abrir a boca,
> pois tu mesmo fizeste isso.

¹⁰ Afasta de mim o teu açoite;
> fui vencido pelo golpe da tua mão.

¹¹ Tu repreendes e disciplinas o homem por causa do seu pecado;
> como traça destróis o que ele mais valoriza;
> de fato, o homem não passa de um sopro. *Pausa*

¹² Ouve a minha oração, Senhor;
> escuta o meu grito de socorro;
> não sejas indiferente ao meu lamento.
> Pois sou para ti um estrangeiro,
> como foram todos os meus antepassados.

¹³ Desvia de mim os teus olhos, para que eu volte a ter alegria,
> antes que eu me vá e deixe de existir.

Ah! A brevidade da vida! A fragilidade desta existência transitória! Em sua representação sóbria da assustadora brevidade da vida neste mundo, o salmo 39 nos lembra do livro de Eclesiastes. Dos trinta anos em diante, nossos corpos começam a se desligar. Estamos *morrendo*. Como diz Tiago:

"Que é a sua vida? Vocês são como a neblina que aparece por um pouco de tempo e depois se dissipa" (Tiago 4:14). Esse é um tema-chave desse salmo solene.

O que devemos fazer, então? Levantar as mãos e desistir da vida? De jeito nenhum! Em vez disso, devemos orar: "Mostra-me, Senhor, o fim da minha vida e o número dos meus dias" (Salmos 39:4). Não devemos ceder ao cinismo ou à desesperança. Devemos ser sóbrios, considerando a brevidade da vida. Devemos reconhecer nossa pecaminosidade (v. 8) e reconhecer que, quando plantamos nossas esperanças nas coisas deste mundo, Deus nos disciplina e nos traz amargo desapontamento com relação a essa idolatria: "como traça [destrói] o que ele mais valoriza" (v. 11).

Por que o Senhor faz isso? Por que às vezes sua mão pesa tanto sobre nós? Deus nos ama demais para permitir que sigamos nossas inclinações naturais de construir nossa alegria sobre o alicerce frágil das coisas da terra — até mesmo as coisas boas, como saúde, dinheiro, férias, família, educação ou trabalho. Ele insiste que nossa esperança final deve repousar somente sobre ele. Só assim seremos poupados do desapontamento final, pois Deus é a única esperança, nesta vida, que, no fim, não nos decepcionará.

SALMO 40

Para o mestre de música. Davídico. Um salmo.

¹ Depositei toda a minha esperança no Senhor;
   ele se inclinou para mim e ouviu o meu grito de
      socorro.
² Ele me tirou de um poço de destruição,
   de um atoleiro de lama;
  pôs os meus pés sobre uma rocha
   e firmou-me num local seguro.
³ Pôs um novo cântico na minha boca,
   um hino de louvor ao nosso Deus.
  Muitos verão isso e temerão,
  e confiarão no Senhor.
⁴ Como é feliz o homem
  que põe no Senhor a sua confiança,
  e não vai atrás dos orgulhosos,
   dos que se afastam para seguir deuses falsos!
⁵ Senhor meu Deus!
   Quantas maravilhas tens feito!
  Não se pode relatar os planos que preparaste para nós!
   Eu queria proclamá-los e anunciá-los,
    mas são por demais numerosos!
⁶ Sacrifício e oferta não pediste,
   mas abriste os meus ouvidos;
    holocaustos e ofertas pelo pecado não exigiste.

⁷ Então eu disse: "Aqui estou!"
No livro está escrito a meu respeito.
⁸ Tenho grande alegria em fazer a tua vontade, ó meu
Deus;
a tua lei está no fundo do meu coração.
⁹ Eu proclamo as novas de justiça na grande assembleia;
como sabes, Senhor, não fecho os meus lábios.
¹⁰ Não oculto no coração a tua justiça;
falo da tua fidelidade e da tua salvação.
Não escondo da grande assembleia
a tua fidelidade e a tua verdade.
¹¹ Não me negues a tua misericórdia, Senhor;
que o teu amor e a tua verdade sempre me protejam.
¹² Pois incontáveis problemas me cercam,
as minhas culpas me alcançaram e já não consigo ver.
Mais numerosos são que os cabelos da minha cabeça,
e o meu coração perdeu o ânimo.
¹³ Agrada-te, Senhor, em libertar-me;
apressa-te, Senhor, a ajudar-me.
¹⁴ Sejam humilhados e frustrados
todos os que procuram tirar-me a vida;
retrocedam desprezados
os que desejam a minha ruína.
¹⁵ Fiquem chocados com a sua própria desgraça
os que zombam de mim.
¹⁶ Mas regozijem-se e alegrem-se em ti
todos os que te buscam;

> digam sempre aqueles que amam a tua salvação:
> "Grande é o Senhor!"
> ¹⁷ Quanto a mim, sou pobre e necessitado,
> mas o Senhor preocupa-se comigo.
> Tu és o meu socorro e o meu libertador;
> meu Deus, não te demores!

Nesse salmo, Davi olha para trás e para frente ao considerar sua necessidade de Deus. Ele relembra a libertação que o Senhor lhe providenciou no passado — "Ele me tirou de um poço de destruição [...] pôs os meus pés sobre uma rocha" (v. 2) — e espera uma libertação futura —"que o teu amor e a tua verdade sempre me protejam" (v. 11). Tudo isso é o contexto para a sua situação atual: "apressa-te, Senhor, a ajudar-me" (v. 13). Davi olha para o passado e para o futuro em busca de ajuda no presente.

Como você lida com a adversidade presente? Seus vizinhos ridicularizam você? Colegas de trabalho rejeitam suas ideias? O exame médico voltou com más notícias? Quando a vida está entrando em colapso, costuma ser extremamente difícil sentir o amor de Deus como uma realidade presente. O Senhor parece distante. Indiferente. Surdo.

O caminho a seguir é considerar o que ele fez por você no passado e o que você sabe que ele fará no futuro. O que podemos dizer que Deus fez por nós no passado? Algo muito maior do que o que Davi articula quando diz: "Então eu disse: Aqui estou! [...] Tenho grande alegria em fazer a tua vontade, ó meu Deus; a tua lei está no fundo do meu coração" (vv. 7-8). Essa é a postura de um crente sincero, mas quem pode afirmar ter alcançado isso perfeitamente? Apenas um. O maior Filho de Davi veio a este mundo e nunca hesitou em fazer a vontade de Deus. Ele sofreu a condenação por nossos pecados e ressuscitou triunfante da sepultura. Olhando para trás, para esse ato supremo de libertação, e para o segundo retorno de Cristo e nossa libertação final, olhamos para Deus com confiança, apesar das nossas adversidades presentes.

SALMO 41

Para o mestre de música. Salmo davídico.

¹ Como é feliz aquele que se interessa pelo pobre!
O Senhor o livra em tempos de adversidade.
² O Senhor o protegerá e preservará a sua vida;
 ele o fará feliz na terra
 e não o entregará ao desejo dos seus inimigos.
³ O Senhor o susterá em seu leito de enfermidade,
 e da doença o restaurará.
⁴ Eu disse: "Misericórdia, Senhor!
 Cura-me, pois pequei contra ti".
⁵ Os meus inimigos dizem maldosamente a meu
 respeito:
 "Quando ele vai morrer?
 Quando vai desaparecer o seu nome?"
⁶ Sempre que alguém vem visitar-me, fala com
 falsidade,
 enche o coração de calúnias e depois as espalha por
 onde vai.
⁷ Todos os que me odeiam juntam-se e cochicham
 contra mim,
 imaginando que o pior me acontecerá:
⁸ "Uma praga terrível o derrubou;
 está de cama e jamais se levantará".

⁹ Até o meu melhor amigo,
  em quem eu confiava
e que partilhava do meu pão,
  voltou-se contra mim.
¹⁰ Mas, tu, Senhor, tem misericórdia de mim;
  levanta-me, para que eu lhes retribua.
¹¹ Sei que me queres bem,
  pois o meu inimigo não triunfa sobre mim.
¹² Por causa da minha integridade me susténs
  e me pões na tua presença para sempre.
¹³ Louvado seja o Senhor, o Deus de Israel,
  de eternidade a eternidade!
  Amém e amém!

༺༻

Davi sente-se traído. Mesmo aqueles que eram mais próximos dele, aqueles com os quais compartilhava as refeições, voltaram-se contra ele (v. 9). Mas os desafios relacionais de Davi não são sua única dificuldade. Ele mesmo é culpado: "cura-me, pois pequei contra ti" (v. 4).

Os problemas de Davi não são exclusivos dele, mas adversidades universais. Reflita sobre a graça de Deus em nos dar o realismo dos Salmos. Essa porção das Escrituras não é um compilado de respostas banais e superficiais para os problemas mais densos da vida. Pelo contrário, o saltério nos leva ao mais profundo das dores desta vida, e então nos eleva novamente à renovação divina e à verdadeira esperança. Vemos isso quando o versículo 10 começa dizendo: "Mas...". As dores de Davi não são a soma total de sua vida. A realidade mais profunda de sua vida são as promessas de Deus: "Mas, tu, Senhor, tem misericórdia de mim; levanta-me" (v. 10).

Davi sabia apenas nas sombras o que sabemos em plena luz: mesmo morrendo e sendo enterrado, ele será de fato ressuscitado pela misericórdia de Deus. Ele será finalmente e invencivelmente ressuscitado, na forma física completa, um dia — assim como todo crente em Jesus Cristo, o grande Filho de Davi. Cristo suportou todas as dores deste mundo, mas sem pecado, e ressuscitou como as primícias da grande colheita que será colhida no último dia (1Coríntios 15:20-22).

SEGUNDO LIVRO

Salmos 42 — 72

SALMO 42

Para o mestre de música. Um poema dos coraítas.

¹ Como a corça anseia por águas correntes,
 a minha alma anseia por ti, ó Deus.
² A minha alma tem sede de Deus, do Deus vivo.
 Quando poderei entrar para apresentar-me a Deus?
³ Minhas lágrimas têm sido o meu alimento
 de dia e de noite,
 pois me perguntam o tempo todo:
 "Onde está o seu Deus?"
⁴ Quando me lembro dessas coisas,
 choro angustiado.
 Pois eu costumava ir com a multidão,
 conduzindo a procissão à casa de Deus,
 com cantos de alegria e de ação de graças
 em meio à multidão que festejava.
⁵ Por que você está assim tão triste, ó minha alma?
 Por que está assim tão perturbada dentro de mim?
 Ponha a sua esperança em Deus!
 Pois ainda o louvarei;
 ele é o meu Salvador e ⁶o meu Deus.
 A minha alma está profundamente triste;
 por isso de ti me lembro desde a terra do Jordão,
 das alturas do Hermom,
 desde o monte Mizar.

⁷ Abismo chama abismo
    ao rugir das tuas cachoeiras;
todas as tuas ondas e vagalhões
    se abateram sobre mim.
⁸ Conceda-me o SENHOR o seu fiel amor de dia;
    de noite esteja comigo a sua canção.
    É a minha oração ao Deus que me dá vida.
⁹ Direi a Deus, minha Rocha:
    "Por que te esqueceste de mim?
Por que devo sair vagueando e pranteando,
    oprimido pelo inimigo?"
¹⁰ Até os meus ossos sofrem agonia mortal
    quando os meus adversários zombam de mim,
perguntando-me o tempo todo:
    "Onde está o seu Deus?"
¹¹ Por que você está assim tão triste, ó minha alma?
    Por que está assim tão perturbada dentro de mim?
Ponha a sua esperança em Deus!
    Pois ainda o louvarei;
    ele é o meu Salvador e o meu Deus.

～⸻～

O salmista está profundamente desanimado. Ele diz a Deus: é como se "todas as tuas ondas e vagalhões se abateram sobre mim" (v. 7). Algumas adversidades são tão grandes, que não podem ser tratadas como o são outras decepções e frustrações menores da vida. Esse tipo específico de adversidade ultrapassa um limite que as experiências ordinárias de adversidade não alcançam. Imagine entrar no oceano e sentir as ondas do mar vindo contra você. Primeiro, elas batem nos tornozelos; depois, nos joelhos; e assim por diante. À medida que você continua na água, eventualmente chega uma onda que não pode ser superada. Ela se precipita sobre você, que agora está submerso e completamente apavorado.

O que alguém que professa fé em Cristo deve fazer quando as ondas da vida o atingem? Sua fé se provará genuína ou ele rejeitará a Cristo e correrá em direção aos falsos portos deste mundo?

Em tal momento de prova, somos forçados a uma de duas posições: ou cinismo e frieza de coração ou verdadeira profundidade com Deus. Um cônjuge trai. Um pecado habitual, não controlado, explode em nossa cara. Somos envergonhados publicamente de alguma forma que nos assombrará até o fim de nossas vidas. Um tumor maligno inoperável. Profunda desilusão de algum modo. Sentimo-nos como Davi no versículo 10: "os meus ossos sofrem agonia mortal" (v. 10).

Quando esse momento chegar, enviado pela mão de um Pai amoroso, acreditaremos que aquilo que confessamos sobre Deus é verdade? Ou suspeitaremos de que ele nos abandonou? As duas linhas de crença professada e de fé do coração, até esse ponto paralelas, são repentinamente forçadas a se sobrepor por completo ou se distanciarem. Não podemos prosseguir como antes, porque Deus não permitirá que continuemos a ser o tipo de pessoa que seríamos se as ondas se mantivessem atingindo apenas a nossa cintura. Ele deseja nos transformar em um povo capaz de resistir às ondas mais profundas.

Porém, quando a vida colapsar, lembre-se, acima de tudo, de que o próprio Filho amado de Deus passou ele mesmo pelo maior pesadelo, em nosso lugar. A onda da verdadeira separação do Pai atingiu outro alguém, a fim de que nenhum de nós fosse atingido por ela.

SALMO 43

¹ Faze-me justiça, ó Deus,
 e defende a minha causa contra um povo infiel;
 livra-me dos homens traidores e perversos.
² Pois tu, ó Deus, és a minha fortaleza.
 Por que me rejeitaste?
 Por que devo sair vagueando e pranteando,
 oprimido pelo inimigo?
³ Envia a tua luz e a tua verdade;
 elas me guiarão
 e me levarão ao teu santo monte,
 ao lugar onde habitas.
⁴ Então irei ao altar de Deus,
 a Deus, a fonte da minha plena alegria.
 Com a harpa te louvarei,
 ó Deus, meu Deus!
⁵ Por que você está assim tão triste, ó minha alma?
 Por que está assim tão perturbada dentro de mim?
 Ponha a sua esperança em Deus!
 Pois ainda o louvarei;
 ele é o meu Salvador e o meu Deus.

Esse salmo, talvez originalmente conectado ao anterior, continua a reflexão do salmista sobre seu profundo desânimo. Observe como, em ambos os salmos, o escritor fala consigo mesmo: "Por que você está assim tão triste, ó minha alma?" (v. 5; veja também 42:5,11). O grande pregador do século 20, Martyn Lloyd-Jones, fez a seguinte reflexão sobre essa passagem:

> Você já percebeu que a maior parte de sua infelicidade na vida se deve ao fato de estar ouvindo a si mesmo, em vez de estar falando consigo mesmo? Pegue aqueles pensamentos que vêm a você no momento em que acorda pela manhã. Você não os gerou, mas eles começam a falar com você, trazem de volta o problema de ontem etc. Alguém está falando. Mas quem? Seu eu está falando com você. Bem, este homem lidava com isso da seguinte maneira: em vez de permitir que seu eu falasse com ele, ele começa a falar com seu eu: "Por que você está assim tão triste, ó minha alma?", pergunta ele. Sua alma o estava reprimindo, esmagando. Então, ele se levanta e diz: "Ei, minha alma, ouça por um momento, vou falar com você".

Os Salmos nos ensinam como falar com nós mesmos — repreendendo os desânimos que sugam nossa esperança e que tendem a provocar instabilidade emocional. De que forma? Não por meio de conversas estimulantes de autoajuda. Não contando tudo de bom que há em nossa vida, esperando que o mal seja superado. Em vez disso, através da lembrança de quem é Deus: "Ponha a sua esperança em Deus! Pois ainda o louvarei; ele é o meu Salvador e o meu Deus" (Salmos 43:5).

Aqui a palavra hebraica para "salvação" significa, literalmente, "a salvação de minha face". Deus não me salva de uma maneira abstrata ou distante. Ele se aproxima de mim, tão próximo, que a Bíblia diz que ele é capaz de salvar nossa face. Em Jesus, vemos essa salvação se aproximar quando Deus "brilhou em nossos corações, para iluminação do conhecimento da glória de Deus na face de Cristo" (2Coríntios 4:6).

SALMO 44

Para o mestre de música. Dos coraítas. Um poema.

¹ Com os nossos próprios ouvidos ouvimos, ó Deus;
   os nossos antepassados nos contaram
os feitos que realizaste no tempo deles,
   nos dias da antiguidade.
² Com a tua própria mão expulsaste as nações
   para estabelecer os nossos antepassados;
arruinaste povos
   e fizeste prosperar os nossos antepassados.
³ Não foi pela espada que conquistaram a terra
   nem pela força do seu braço que alcançaram a
      vitória;
foi pela tua mão direita, pelo teu braço e pela luz do
   teu rosto,
   por causa do teu amor para com eles.
⁴ És tu, meu Rei e meu Deus!
   És tu que decretas vitórias para Jacó!
⁵ Contigo pomos em fuga os nossos adversários;
   pelo teu nome pisoteamos os que nos atacam.
⁶ Não confio em meu arco,
   minha espada não me concede a vitória;
⁷ mas tu nos concedes a vitória sobre os nossos
      adversários
   e humilhas os que nos odeiam.

⁸ Em Deus nos gloriamos o tempo todo,
   e louvaremos o teu nome para sempre.   *Pausa*
⁹ Mas agora nos rejeitaste e nos humilhaste;
   já não sais com os nossos exércitos.
¹⁰ Diante dos nossos adversários
   fizeste-nos bater em retirada,
   e os que nos odeiam nos saquearam.
¹¹ Tu nos entregaste para sermos devorados como ovelhas
   e nos dispersaste entre as nações.
¹² Vendeste o teu povo por uma ninharia,
   nada lucrando com a sua venda.
¹³ Tu nos fizeste motivo de vergonha dos nossos
      vizinhos,
   objeto de zombaria e menosprezo dos que nos
      rodeiam.
¹⁴ Fizeste de nós um provérbio entre as nações;
   os povos meneiam a cabeça quando nos veem.
¹⁵ Sofro humilhação o tempo todo,
   e o meu rosto está coberto de vergonha
¹⁶ por causa da zombaria dos que me censuram e me
      provocam,
   por causa do inimigo, que busca vingança.
¹⁷ Tudo isso aconteceu conosco,
   sem que nos tivéssemos esquecido de ti
   nem tivéssemos traído a tua aliança.
¹⁸ Nosso coração não voltou atrás
   nem os nossos pés se desviaram da tua vereda.

¹⁹ Todavia, tu nos esmagaste e fizeste de nós um covil de chacais,
 e de densas trevas nos cobriste.
²⁰ Se tivéssemos esquecido o nome do nosso Deus
 e tivéssemos estendido as nossas mãos a um deus estrangeiro,
²¹ Deus não o teria descoberto?
 Pois ele conhece os segredos do coração!
²² Contudo, por amor de ti enfrentamos a morte todos os dias;
 somos considerados como ovelhas destinadas ao matadouro.
²³ Desperta, Senhor! Por que dormes?
 Levanta-te! Não nos rejeites para sempre.
²⁴ Por que escondes o teu rosto
 e esqueces o nosso sofrimento e a nossa aflição?
²⁵ Fomos humilhados até o pó;
 nossos corpos se apegam ao chão.
²⁶ Levanta-te! Socorre-nos!
 Resgata-nos por causa da tua fidelidade.

⌒⌒⌒

Esse salmo é uma canção de lamento comunitário. Unido, o povo de Deus clama, perguntando-se por que Deus os deixou em tal abandono aparente. É profundamente desconcertante sentir-se abandonado por Deus, mas às vezes é essa a nossa experiência.

Observe, porém, o que o povo também afirma: eles concordam que qualquer favor que receberam de Deus foi uma dádiva. A libertação passada foi por pura misericórdia: "Não foi pela espada que conquistaram a terra, nem pela força do seu braço que alcançaram a vitória; foi pela tua mão direita, pelo teu braço" (v. 3). Essa é a mensagem fundamental da Bíblia. Homens e mulheres caídos precisam de uma salvação que vem totalmente de fora deles. Eles não contribuem com nada além de suas necessidades. Quando o povo de Deus precisa de uma nova libertação, portanto, isso é tudo o que eles podem implorar: "Levanta-te! Socorre-nos! Resgata-nos por causa da tua fidelidade" (v. 26).

Séculos depois de esse salmo ser escrito, Deus mostraria o quão longe iria para *não* abandonar seu povo. Em Jesus Cristo, Deus se aproximou dos pecadores para assegurar-lhes seu amor eterno, desde que eles largassem suas armas e fossem humildes o suficiente para recebê-lo. Quando você se sentir abandonado, olhe para Jesus e sua grande obra de expiação: sua obra de nos restaurar a Deus.

SALMO 45

Para o mestre de música. De acordo com a melodia Os lírios. *Dos coraítas. Poema. Cântico de casamento.*

¹ Com o coração vibrando de boas palavras
    recito os meus versos em honra ao rei;
    seja a minha língua como a pena de um hábil escritor.
² És dos homens o mais notável;
    derramou-se graça em teus lábios,
    visto que Deus te abençoou para sempre.
³ Prende a espada à cintura, ó poderoso!
    Cobre-te de esplendor e majestade.
⁴ Na tua majestade cavalga vitoriosamente
    pela verdade, pela misericórdia e pela justiça;
    que a tua mão direita realize feitos gloriosos.
⁵ Tuas flechas afiadas atingem o coração dos inimigos do rei;
    debaixo dos teus pés caem nações.
⁶ O teu trono, ó Deus, subsiste para todo o sempre;
    cetro de justiça é o cetro do teu reino.
⁷ Amas a justiça e odeias a iniquidade;
    por isso Deus, o teu Deus,
escolheu-te dentre os teus companheiros
    ungindo-te com óleo de alegria.

⁸ Todas as tuas vestes exalam aroma de mirra, aloés e
cássia;
nos palácios adornados de marfim
ressoam os instrumentos de corda que te alegram.
⁹ Filhas de reis estão entre as mulheres da tua corte;
à tua direita está a noiva real enfeitada de ouro puro
de Ofir.
¹⁰ Ouça, ó filha, considere e incline os seus ouvidos:
Esqueça o seu povo e a casa paterna.
¹¹ O rei foi cativado pela sua beleza;
honre-o, pois ele é o seu senhor.
¹² A cidade de Tiro trará seus presentes;
seus moradores mais ricos buscarão o seu favor.
¹³ Cheia de esplendor está a princesa em seus aposentos,
com vestes enfeitadas de ouro.
¹⁴ Em roupas bordadas é conduzida ao rei,
acompanhada de um cortejo de virgens;
são levadas à tua presença.
¹⁵ Com alegria e exultação
são conduzidas ao palácio do rei.
¹⁶ Os teus filhos ocuparão o trono dos teus pais;
por toda a terra os farás príncipes.
¹⁷ Perpetuarei a tua lembrança por todas as gerações;
por isso as nações te louvarão para todo o sempre.

O tema desse salmo é a magnificência do rei. Ele é magnífico em suas palavras (v. 2), sua virtude (v. 4), sua conquista militar (v. 5) e até, no auge do salmo, em sua vida romântica (vv. 13-15). Ele nunca será esquecido, de tão glorioso que é o seu governo (v. 17).

Esse é o rei ideal. Mesmo hoje, quando a maioria das nações não está sob o governo de uma monarquia pura, esse é o rei, o governante, pelo qual todo coração humano anseia. Um rei de justiça e virtude, de poder e beleza. No entanto, a história do Antigo Testamento fala do fracasso consistente dos reis de Israel em viver de acordo com esse ideal: não apenas ficaram aquém disso, mas muitos foram na outra direção, governando perversamente e encorajando a idolatria e a infidelidade ao Deus que os libertou do Egito e os levou para a Terra Prometida.

O livro de Hebreus nos ajuda a entender que o rei ideal finalmente veio — uma vez, e apenas uma vez. Hebreus 1 aplica esse salmo a Jesus Cristo como o herdeiro e rei final de Deus, seu verdadeiro e único Filho (Hebreus 1:8-9). Ele é o verdadeiro e último rei magnífico em palavras, falando apenas o que é certo e bom; em virtude, verdadeiramente andando na "verdade, pela misericórdia e pela justiça" (Salmos 45: 4); na conquista militar, triunfando sobre o diabo e suas forças (Colossenses 2:14-15); e sim, mesmo no amor romântico, pois ele tomou uma noiva para si em uma união em relação a qual todo romance é apenas um pequeno vislumbre (Efésios 5:31-32; Apocalipse 21:2).

SALMO 46

Para o mestre de música. Dos coraítas. Para vozes agudas. Um cântico.

¹ Deus é o nosso refúgio e a nossa fortaleza,
   auxílio sempre presente na adversidade.
² Por isso não temeremos, ainda que a terra trema
   e os montes afundem no coração do mar,
³ ainda que estrondem as suas águas turbulentas
   e os montes sejam sacudidos pela sua fúria.   *Pausa*
⁴ Há um rio cujos canais alegram a cidade de Deus,
   o Santo Lugar onde habita o Altíssimo.
⁵ Deus nela está! Não será abalada!
   Deus vem em seu auxílio desde o romper da
      manhã.
⁶ Nações se agitam, reinos se abalam;
   ele ergue a voz, e a terra se derrete.
⁷ O Senhor dos Exércitos está conosco;
   o Deus de Jacó é a nossa torre segura.   *Pausa*
⁸ Venham! Vejam as obras do Senhor,
   seus feitos estarrecedores na terra.
⁹ Ele dá fim às guerras até os confins da terra;
   quebra o arco e despedaça a lança;
   destrói os escudos com fogo.
¹⁰ "Parem de lutar! Saibam que eu sou Deus!
   Serei exaltado entre as nações,
   serei exaltado na terra."

¹¹ O Senhor dos Exércitos está conosco;
o Deus de Jacó é a nossa torre segura. *Pausa*

Ligar a televisão e o rádio ou dirigir por uma rodovia cheia de cartazes é ser bombardeado com a mensagem de que vários produtos e serviços são o segredo para alcançar a paz interior. Se você conseguir apenas o corpo ideal, a educação ideal, a estrutura financeira ideal, o sistema de entretenimento ideal, então terá alcançado aquele profundo "suspiro da alma" pelo qual todos anseiam. O salmo 46 oferece uma alternativa a tudo isso. Ele diz: Descanse. Fique tranquilo. Olhe para cima. Acalme-se. Deus reina.

Esse salmo não oferece uma visão de vida ingênua e irreal, como de Poliana, mas um realismo sóbrio. Mesmo que a terra fique descontrolada (vv. 2-3), mesmo que as nações se ataquem (v. 6), tudo isso está sob o controle sábio e abrangente de Deus.

O que incomoda você hoje? O que você acredita que precisa resolver, para sentir que a sua vida está sob controle? O que preocupa seu coração quando você fica acordado na cama de noite? Deus diz: Eu, não qualquer solução circunstancial, sou seu refúgio em meio às adversidades. Eu sou a ajuda bem presente em tempos de dificuldades. Eu sou Deus. Descanse.

SALMO 47

Para o mestre de música. Salmo dos coraítas.

¹ Batam palmas, vocês, todos os povos;
　　aclamem a Deus com cantos de alegria.
² Pois o Senhor Altíssimo é temível,
　　é o grande Rei sobre toda a terra!
³ Ele subjugou as nações ao nosso poder;
　　os povos, colocou debaixo de nossos pés
⁴ e escolheu para nós a nossa herança,
　　o orgulho de Jacó, a quem amou.　　　　*Pausa*
⁵ Deus subiu em meio a gritos de alegria;
　　o Senhor, em meio ao som de trombetas.
⁶ Ofereçam música a Deus, cantem louvores!
　　Ofereçam música ao nosso Rei, cantem louvores!
⁷ Pois Deus é o rei de toda a terra;
　　cantem louvores com harmonia e arte.
⁸ Deus reina sobre as nações;
　　Deus está assentado em seu santo trono.
⁹ Os soberanos das nações se juntam
　　ao povo do Deus de Abraão,
pois os governantes da terra pertencem a Deus;
　　ele é soberanamente exaltado.

Deus governa, mas não apenas sobre seu próprio povo, ou apenas sobre parte do universo. Ele governa sobre tudo. O salmista aqui conecta o reinado supremo de Deus às promessas específicas a Abraão, a saber, que todos os povos seriam abençoados nele (v. 9; veja também Gênesis 12:1-3). Desde o início, Deus tinha o plano de acolher todas as nações da terra. O Senhor chamou Abraão não apenas para abençoar seus descendentes, os judeus, mas para que *através* dos judeus ele pudesse abençoar o mundo inteiro.

Qual é a sua origem familiar? Você tem raízes escandinavas? Africanas? Filipinas? Holandesas? Mexicanas? Polonesas? Se é cristão, você faz parte do cumprimento das promessas feitas a Abraão no início da Bíblia, em Gênesis 12. É por isso que o salmista clama por louvor e alegria de "todos os povos" (Salmos 47:1).

Um dia, por meio da salvação operada em Jesus Cristo, o verdadeiro e último descendente de Abraão (Gálatas 3:16), Deus acolherá nos novos céus e na nova terra uma bela diversidade internacional de etnias. Como se dirá na sala do trono celestial de Jesus, o Cordeiro último: "Tu és digno de receber o livro e de abrir os seus selos, pois foste morto, e com teu sangue compraste para Deus gente de toda tribo, língua, povo e nação" (Apocalipse 5:9).

SALMO 48

Um cântico. Salmo dos coraítas.

¹ Grande é o Senhor,
 e digno de todo louvor na cidade do nosso Deus.
² Seu santo monte, belo e majestoso,
 é a alegria de toda a terra.
 Como as alturas do Zafom é o monte Sião,
 a cidade do grande Rei.
³ Nas suas cidadelas
 Deus se revela como sua proteção.
⁴ Vejam! Os reis somaram forças,
 e juntos avançaram contra ela.
⁵ Quando a viram, ficaram atônitos,
 fugiram aterrorizados.
⁶ Ali mesmo o pavor os dominou;
 contorceram-se como a mulher no parto.
⁷ Foste como o vento oriental
 quando destruiu os navios de Társis.
⁸ Como já temos ouvido,
 agora também temos visto
 na cidade do Senhor dos Exércitos,
 na cidade de nosso Deus:
 Deus a preserva firme para sempre. *Pausa*
⁹ No teu templo, ó Deus,
 meditamos em teu amor leal.

¹⁰ Como o teu nome, ó Deus,
  o teu louvor alcança os confins da terra;
  a tua mão direita está cheia de justiça.
¹¹ O monte Sião se alegra,
  as cidades de Judá exultam
  por causa das tuas decisões justas.
¹² Percorram Sião, contornando-a,
  contem as suas torres,
¹³ observem bem as suas muralhas,
  examinem as suas cidadelas,
  para que vocês falem à próxima geração
¹⁴ que este Deus é o nosso Deus para todo o sempre;
  ele será o nosso guia até o fim.

⚜

Esse salmo celebra Sião como a cidade especial de Deus, seu lugar escolhido; esse é o local onde ele escolheu morar. É impressionante considerar o papel das cidades em toda a Bíblia. A humanidade foi primeiramente colocada em um jardim, não em uma cidade. A primeira cidade, Babel, refletia o orgulho e a arrogância da humanidade. No entanto, no final de todas as coisas, não é um jardim, mas uma cidade que desce do céu — a Nova Jerusalém (Apocalipse 21:1-2). Deus utiliza a rebelião da humanidade para criar algo belo.

No salmo 48 encontramos uma reflexão sobre a cidade que Deus tomou como sua: Sião, nome da montanha sobre a qual Jerusalém foi construída. Em todo o Antigo Testamento, essa cidade passou a representar as promessas de Deus. É aqui que ele mora. Especificamente, Deus mora no templo, o edifício mais importante de Sião. Por essa razão, Davi fala sobre refletir a respeito do amor constante de Deus enquanto estava no templo (v. 9), pois ali era o lugar onde o Senhor podia ser encontrado.

Observe, porém, que no final do texto o salmista iguala Sião, a cidade na qual Deus colocou sua presença, com *o próprio Deus* (vv. 12-14). Os edifícios da cidade e a construção do templo representavam a presença divina de tal maneira, que podiam virtualmente ser chamados de Deus. Considere onde você e eu estamos agora na história da redenção. O Senhor veio à terra na pessoa de seu Filho, que se autodenominou "templo" (João 2:19-22) e afirmou que os pecadores que depositam confiança nele estão unidos a ele e, portanto, também passam a fazer parte desse templo (Efésios 2:19-22). Você mora em uma cidade? Uma vila? Deus não habita simplesmente na sua vizinhança, em algum edifício especial. Ele mora *em* você. Ele não poderia estar mais perto. Você nunca está sozinho.

SALMO 49

Para o mestre de música. Salmo dos coraítas.

¹ Ouçam isto vocês, todos os povos;
 escutem, todos os que vivem neste mundo,
² gente do povo, homens importantes,
 ricos e pobres igualmente:
³ A minha boca falará com sabedoria;
 a meditação do meu coração trará entendimento.
⁴ Inclinarei os meus ouvidos a um provérbio;
 com a harpa exporei o meu enigma:
⁵ Por que deverei temer, quando vierem dias maus,
 quando inimigos traiçoeiros me cercarem,
⁶ aqueles que confiam em seus bens
 e se gabam de suas muitas riquezas?
⁷ Homem algum pode redimir seu irmão
 ou pagar a Deus o preço de sua vida,
⁸ pois o resgate de uma vida não tem preço.
 Não há pagamento que o livre
⁹ para que viva para sempre
 e não sofra decomposição.
¹⁰ Pois todos podem ver que os sábios morrem,
 como perecem o tolo e o insensato
 e para outros deixam os seus bens.
¹¹ Seus túmulos serão sua morada para sempre,
 sua habitação de geração em geração,

ainda que tenham dado seu nome a terras.
¹² O homem, mesmo que muito importante,
não vive para sempre;
é como os animais, que perecem.
¹³ Este é o destino dos que confiam em si mesmos,
e dos seus seguidores, que aprovam o que eles dizem.

Pausa

¹⁴ Como ovelhas, estão destinados à sepultura,
e a morte lhes servirá de pastor.
Pela manhã os justos triunfarão sobre eles!
A aparência deles se desfará na sepultura,
longe das suas gloriosas mansões.
¹⁵ Mas Deus redimirá a minha vida da sepultura
e me levará para si. *Pausa*
¹⁶ Não se aborreça quando alguém se enriquece
e aumenta o luxo de sua casa;
¹⁷ pois nada levará consigo quando morrer;
não descerá com ele o seu esplendor.
¹⁸ Embora em vida ele se parabenize:
"Todos o elogiam, pois você está prosperando",
¹⁹ ele se juntará aos seus antepassados,
que nunca mais verão a luz.
²⁰ O homem, mesmo que muito importante, não tem
entendimento;
é como os animais, que perecem.

O salmo 49 é um salmo de sabedoria que ensina os crentes a andar diante de Deus em piedade e tem o objetivo de esclarecer que a segurança das riquezas mundanas é uma ilusão. Os pobres morrem; os ricos morrem. Um homem pode acumular riquezas, mas não poderá usá-las para comprar mais tempo: "Homem algum pode redimir seu irmão ou pagar a Deus o preço de sua vida" (v. 7).

Como, então, o salmista pode afirmar com tanta convicção que "Deus redimirá a minha vida da sepultura e me levará para si" (v. 15)? Evidentemente, ele afirma que não apenas Deus concederá a ele mais vida como também a estenderá além da morte ("redimirá a minha vida da sepultura"). A resposta a essa pergunta é o grande segredo no coração do universo: para aqueles que confiam em qualquer coisa que tenham, como riquezas ou o que quer que seja, não há oportunidade de redenção — isto é, de um preço a ser pago para obter mais vida.

Mas e se alguém que merecesse uma vida sem fim permitisse de boa vontade que ela fosse interrompida? E se alguém que nunca deveria ter passado pela experiência da sepultura suportasse exatamente isso?

Jesus Cristo deixou a beleza do céu para caminhar pela fragmentação deste mundo caído. Ele foi voluntariamente a uma cruz romana para redimir pecadores das garras da morte, do inferno e da condenação. O preço que foi pago — sua própria vida — é caro o suficiente para reconquistar a vida de todos aqueles que se arrependem e confiam nele. Essas são as boas-novas: o evangelho. Receba-o hoje mais uma vez.

SALMO 50

Salmo da família de Asafe.

¹ Fala o Senhor, o Deus supremo;
   convoca toda a terra, do nascente ao poente.
² Desde Sião, perfeita em beleza,
   Deus resplandece.
³ Nosso Deus vem!
   Certamente não ficará calado!
  À sua frente vai um fogo devorador,
   e, ao seu redor, uma violenta tempestade.
⁴ Ele convoca os altos céus e a terra,
   para o julgamento do seu povo:
⁵ "Ajuntem os que me são fiéis,
   que, mediante sacrifício, fizeram aliança comigo".
⁶ E os céus proclamam a sua justiça,
   pois o próprio Deus é o juiz.   *Pausa*
⁷ "Ouça, meu povo, pois eu falarei;
   vou testemunhar contra você, Israel,
   eu, que sou Deus, o seu Deus.
⁸ Não o acuso pelos seus sacrifícios,
   nem pelos holocaustos, que você sempre me
      oferece.
⁹ Não tenho necessidade de nenhum novilho dos seus
      estábulos
   nem dos bodes dos seus currais,

¹⁰ pois todos os animais da floresta são meus,
　　como são as cabeças de gado aos milhares nas colinas.
¹¹ Conheço todas as aves dos montes
　　e cuido das criaturas do campo.
¹² Se eu tivesse fome, precisaria dizer a você?
　　Pois o mundo é meu, e tudo o que nele existe.
¹³ Acaso como carne de touros
　　ou bebo sangue de bodes?
¹⁴ "Ofereça a Deus em sacrifício a sua gratidão,
　　cumpra os seus votos para com o Altíssimo,
¹⁵ e clame a mim no dia da angústia;
　　eu o livrarei, e você me honrará."
¹⁶ Mas ao ímpio Deus diz:
　　"Que direito você tem de recitar as minhas leis
　　ou de ficar repetindo a minha aliança?
¹⁷ Pois você odeia a minha disciplina
　　e dá as costas às minhas palavras!
¹⁸ Você vê um ladrão e já se torna seu cúmplice,
　　e com adúlteros se mistura.
¹⁹ Sua boca está cheia de maldade
　　e a sua língua formula a fraude.
²⁰ Deliberadamente você fala contra o seu irmão
　　e calunia o filho de sua própria mãe.
²¹ Ficaria eu calado diante de tudo o que você tem feito?
　　Você pensa que eu sou como você?

Mas agora eu o acusarei diretamente,
   sem omitir coisa alguma.
²² "Considerem isto, vocês que se esquecem de Deus;
   caso contrário os despedaçarei, sem que ninguém
   os livre.
²³ Quem me oferece sua gratidão como sacrifício
   honra-me,
   e eu mostrarei a salvação de Deus ao que anda nos
   meus caminhos".

༺༻

Bem no fundo do coração humano reside o desejo de subornar Deus. Nós sabemos que falhamos. Sabemos que não estamos à altura. Sabemos, no íntimo, que Deus existe e que ofendemos sua santidade. E fervendo em nosso íntimo, na esperança desesperada de fazer as pazes com ele, estão nossas esperanças silenciosas de endireitar as coisas. Certamente há algo que podemos fazer.

Todo o sistema de sacrifícios do Antigo Testamento foi a maneira de Deus ensinar ao seu povo sobre o horror do pecado e a importância de puni-lo — se não na pessoa do culpado, então através de um animal carregando essa culpa. No entanto, a história do Antigo Testamento é sobre o mau uso do sistema sacrificial de Israel. O povo passou a usá-lo para tentar subornar Deus de uma forma friamente transacional, em vez de permitir que tal sistema os levasse a uma contrição mais profunda e a confiar no Senhor. Esse é um tema repetido, por exemplo, no livro de Jeremias.

A ênfase desse salmo é que os sacrifícios que são mal-usados para apaziguar a Deus já são de Deus. Nunca podemos beneficiá-lo — apenas ele é quem pode nos beneficiar. Deus não quer um ritual vazio — ele quer nossos corações. Deus não nos pede presentes — ele nos pede nós mesmos. Deus não quer o aroma de animais em chamas — ele quer o aroma do coração que queima em gratidão sincera (vv. 14,23).

Deus, acima de tudo, quer que o honremos simplesmente clamando por ajuda: "clame a mim no dia da angústia; eu o livrarei, e você me honrará" (v. 15). Nós glorificamos a Deus sendo libertos por ele — o que nos lembra a razão mais profunda do sistema sacrificial. Todos os sacrifícios eram antecipações de um sacrifício final que realmente tiraria os pecados (Hebreus 10:1-7). Cada sacerdote era a preparação para um sacerdote final que nunca morreria (Hebreus 7:23-24). Todas as ofertas foram cumpridas em uma oferta final apresentada de uma vez por todas (Hebreus 10:10). Não ousemos tentar subornar Deus; ele cuidou de tudo sozinho, em seu próprio Filho.

SALMO 51

Para o mestre de música. Salmo de Davi. Escrito quando o profeta Natã veio falar com Davi, depois que este cometeu adultério com Bate-Seba.

¹ Tem misericórdia de mim, ó Deus, por teu amor;
    por tua grande compaixão apaga as minhas transgressões.
² Lava-me de toda a minha culpa
    e purifica-me do meu pecado.
³ Pois eu mesmo reconheço as minhas transgressões,
    e o meu pecado sempre me persegue.
⁴ Contra ti, só contra ti, pequei
    e fiz o que tu reprovas,
  de modo que justa é a tua sentença
    e tens razão em condenar-me.
⁵ Sei que sou pecador desde que nasci;
    sim, desde que me concebeu minha mãe.
⁶ Sei que desejas a verdade no íntimo;
    e no coração me ensinas a sabedoria.
⁷ Purifica-me com hissopo, e ficarei puro;
    lava-me, e mais branco do que a neve serei.
⁸ Faze-me ouvir de novo júbilo e alegria,
    e os ossos que esmagaste exultarão.
⁹ Esconde o rosto dos meus pecados
    e apaga todas as minhas iniquidades.

¹⁰ Cria em mim um coração puro, ó Deus,
e renova dentro de mim um espírito estável.
¹¹ Não me expulses da tua presença
nem tires de mim o teu Santo Espírito.
¹² Devolve-me a alegria da tua salvação
e sustenta-me com um espírito pronto a obedecer.
¹³ Então ensinarei os teus caminhos aos transgressores,
para que os pecadores se voltem para ti.
¹⁴ Livra-me da culpa dos crimes de sangue,
ó Deus, Deus da minha salvação!
E a minha língua aclamará a tua justiça.
¹⁵ Ó Senhor, dá palavras aos meus lábios,
e a minha boca anunciará o teu louvor.
¹⁶ Não te deleitas em sacrifícios nem te agradas em
holocaustos,
senão eu os traria.
¹⁷ Os sacrifícios que agradam a Deus são um espírito
quebrantado;
um coração quebrantado e contrito,
ó Deus, não desprezarás.
¹⁸ Por tua boa vontade faze Sião prosperar;
ergue os muros de Jerusalém.
¹⁹ Então te agradarás dos sacrifícios sinceros,
das ofertas queimadas e dos holocaustos;
e novilhos serão oferecidos sobre o teu altar.

Quem de nós não conhece a necessidade de ir ao salmo 51 e fazer dele sua própria oração? Davi orou esse salmo depois de cometer adultério com Bate-Seba, mas suas palavras e seu coração de arrependimento são universalmente relevantes para todos os que sentem o peso do pecado.

Observe a metáfora generalizada usada em todo o salmo: Davi se sente sujo. Ele precisa de Deus para torná-lo limpo. "Lava-me" (vv. 2,7), ele implora. "Purifica-me" (v. 2b,7). "Apaga todas as minhas iniquidades" (v. 9). Essa, porém, não é uma sujeira que pode ser lavada no chuveiro. É uma sujeira que está dentro de nós.

Você se sente sujo? A boa notícia do evangelho é que você pode ser completamente limpo e purificado. Davi implora a Deus que tenha misericórdia dele (v. 1). Seria esse um clamor vazio e sem esperança? De jeito nenhum. Veja as próximas palavras: "por teu amor" (v. 1). Davi está pedindo que Deus seja quem ele é. Está pedindo a Deus que aja de uma forma consistente consigo mesmo. Ele sabe que o Senhor é um Deus de "grande compaixão" (v. 1), então pede misericórdia de acordo com isso.

Você conhece Deus dessa maneira? Sente-se como Davi se sentia nesse salmo? Sabe que é sujo? Um pecador? Tudo o que Deus pede de você é que traga o sacrifício de um "coração quebrantado e contrito" (v. 17). Ele deu seu próprio Filho como sacrifício final para que seu quebrantamento fosse o único pré-requisito para receber a abundante misericórdia divina. Em meio à sua sujeira, você está livre para respirar novamente. Ele é o Deus de abundante misericórdia. Ele provou isso em Jesus. Esse é quem ele é. Em Cristo, você é lavado e purificado — definitiva, permanente e irreversivelmente.

SALMO 52

Para o mestre de música. Poema de Davi, quando o edomita Doegue foi a Saul e lhe contou: "Davi foi à casa de Aimeleque".

¹ Por que você se vangloria do mal
 e de ultrajar a Deus continuamente?, ó homem poderoso!
² Sua língua trama destruição;
 é como navalha afiada, cheia de engano.
³ Você prefere o mal ao bem;
 a falsidade, à verdade. *Pausa*
⁴ Você ama toda palavra maldosa,
 ó língua mentirosa!
⁵ Saiba que Deus o arruinará para sempre:
 ele o agarrará e o arrancará da sua tenda;
 ele o desarraigará da terra dos vivos. *Pausa*
⁶ Os justos verão isso e temerão;
 rirão dele, dizendo:
⁷ "Veja só o homem que rejeitou a Deus como refúgio;
 confiou em sua grande riqueza
 e buscou refúgio em sua maldade!"
⁸ Mas eu sou como uma oliveira
 que floresce na casa de Deus;
 confio no amor de Deus
 para todo o sempre.

⁹ Para sempre te louvarei pelo que fizeste;
>   na presença dos teus fiéis proclamarei o teu nome,
> porque tu és bom.

⁂

Nesse salmo, Davi usa imagens extraídas do reino botânico e reflete sobre como Deus está desenraizando o mal da terra (v. 5), enquanto compara a si mesmo com uma oliveira forte e verdejante (v. 8; veja também Salmos 1:3).

Mas por que Davi é uma "oliveira verdejante"? Seria porque ele realizou com disciplina a quantidade certa de exercícios? Ele tem sido cuidadoso com sua dieta? Recebeu algum dinheiro inesperado? Observe o que ele diz: "sou como uma oliveira que floresce na casa de Deus; confio no amor de Deus para todo o sempre " (Salmos 52:8). Ele prossegue explicando ainda que está esperando em Deus (v. 9), e esse é um dos grandes segredos da vida do crente. O avanço para a saúde e a calma interior não é, fundamentalmente, uma atividade de nossa parte, mas, de certo modo, olhar passivamente para Deus, confiar nele, apoiar-se nele.

Confiar em Deus significa viver a vida sabendo que *Deus realmente existe e é quem ele diz que é*. É conduzir sua existência de tal forma, que o que você diz acreditar sobre o Senhor se alinha com a forma como você usa as palavras, o dinheiro, o seu corpo e as outras pessoas. É deixar seu bem-estar final nas mãos de Deus, e não nas suas. Fazer o contrário disso é dar as boas-vindas à sua própria destruição (v. 7). Podemos confiar em nós mesmos e perecer eternamente, ou podemos confiar no Senhor e, por causa da obra redentora de Cristo, viver para todo o sempre.

SALMO 53

Para o mestre de música. De acordo com mahalath. *Poema davídico.*

¹ Diz o tolo em seu coração:
 "Deus não existe!"
 Corromperam-se e cometeram injustiças detestáveis;
 não há ninguém que faça o bem.
² Deus olha lá dos céus
 para os filhos dos homens,
 para ver se há alguém que tenha entendimento,
 alguém que busque a Deus.
³ Todos se desviaram,
 igualmente se corromperam;
 não há ninguém que faça o bem;
 nem um sequer.
⁴ Será que os malfeitores não aprendem?
 Eles devoram o meu povo como quem come pão
 e não clamam a Deus!
⁵ Olhem! Estão tomados de pavor,
 quando não existe motivo algum para temer!
 Pois foi Deus quem espalhou os ossos
 dos que atacaram você;
 você os humilhou porque Deus os rejeitou.
⁶ Ah, se de Sião viesse a salvação para Israel!
 Quando Deus restaurar o seu povo,
 Jacó exultará! Israel se regozijará!

Algumas pessoas recebem prêmios Nobel; outras são condenadas à prisão perpétua. Uma coisa é certa na sociedade atual: existe uma clara divisão entre pessoas boas e pessoas más, e em certo nível isso faz sentido. Alguns seguem a lei; outros não. Alguns respeitam a autoridade civil; outros a desprezam e são presos por causa disso.

A Bíblia, porém, fornece um diagnóstico mais profundo da condição humana. Devido à graça comum de Deus, muitas pessoas ao redor do mundo vivem vidas basicamente justas no que diz respeito às leis civis, mas as Escrituras ensinam que por trás da conformidade externa à lei civil existe uma doença profunda e sombria que infectou todos os seres humanos. A Bíblia chama essa doença de "pecado", e ensina que ele se manifesta em uma diversidade quase infinita de maneiras.

O salmo 53 enfatiza esse sério diagnóstico da pecaminosidade humana universal: "não há ninguém que faça o bem, nem um sequer" (v. 3). Por essa razão, não podemos, em última instância, dividir o mundo em "bom" e "mau". Como disse o escritor russo Aleksandr Solzhenitsyn, "a linha que divide o bem e o mal atravessa o coração de cada ser humano".

Você conhece isso a seu respeito? Sente sua profunda maldade, a forma como o seu coração naturalmente se curva em direção a si mesmo? Você se vê no salmo 53? ou enxerga nele apenas seus vizinhos, inimigos e outras pessoas? Se você acha que está sendo acusado por esse salmo, isso é tudo o que precisa para receber a misericórdia de Deus em Cristo Jesus. Na medida em que reconhece a profundidade do seu pecado, você também pode conhecer a profundidade da maravilhosa graça de Deus.

SALMO 54

Para o mestre de música. Com instrumentos de cordas.
Poema de Davi, quando os zifeus foram a Saul e disseram:
"Acaso Davi não está se escondendo entre nós?"

¹ Salva-me, ó Deus, pelo teu nome;
　　defende-me pelo teu poder.
² Ouve a minha oração, ó Deus;
　　escuta as minhas palavras.
³ Estrangeiros me atacam;
　　homens cruéis querem matar-me,
　homens que não se importam com Deus.　　　*Pausa*
⁴ Certamente Deus é o meu auxílio;
　　é o Senhor que me sustém.
⁵ Recaia o mal sobre os meus inimigos!
　　Extermina-os por tua fidelidade!
⁶ Eu te oferecerei um sacrifício voluntário;
　louvarei o teu nome, ó Senhor, porque tu és bom.
⁷ Pois ele me livrou de todas as minhas angústias,
　　e os meus olhos contemplaram a derrota dos meus
　　　inimigos.

⌒⌒⌒

Davi está se escondendo de Saul entre os zifeus, e os zifeus, em vez de proteger Davi, revelam sua localização a Saul. Foi com base nessa experiência que Davi escreveu esse salmo.

Uma coisa é ser maltratado por aqueles que você sabe que são seus inimigos. Outra coisa, que gera uma dor muito mais profunda, é ser maltratado por aqueles que você pensava serem seus amigos. Reflita sobre a sua própria vida. Você já foi traído? Por amigos? Talvez por sua família? Talvez até pelos seus próprios pais? Se sim, esse salmo é para você.

Considere para onde o coração de Davi se volta: "Certamente Deus é o meu auxílio; é o Senhor que me sustém" (v. 4). Em vez de procurar outra pessoa, ou grupo de pessoas, para protegê-lo da maneira que os zifeus deveriam tê-lo protegido, Davi se volta para Deus. Ele olha para cima, não para baixo.

Talvez você pense: "Não posso orar o que Davi orou no fim desse salmo, anunciando a libertação de todos os meus problemas". Contudo, se você está em Cristo, considere que, em meio a todos os seus problemas atuais, Deus o livrou do único inimigo que poderia realmente prejudicá-lo; o único que poderia prejudicar sua alma eternamente no inferno. Ele o libertou de Satanás e do aguilhão da morte. Você é livre. Está prometido que um dia — se não hoje, então muito em breve — você dirá, como Davi: "Meus olhos contemplaram a derrota dos meus inimigos" (v. 7).

SALMO 55

Para o mestre de música. Com instrumentos de cordas. Poema davídico.

¹ Escuta a minha oração, ó Deus,
  não ignores a minha súplica;
² ouve-me e responde-me!
  Os meus pensamentos me perturbam, e estou
    atordoado
³ diante do barulho do inimigo,
  diante da gritaria dos ímpios;
  pois eles aumentam o meu sofrimento
  e, irados, mostram seu rancor.
⁴ O meu coração está acelerado;
  os pavores da morte me assaltam.
⁵ Temor e tremor me dominam;
  o medo tomou conta de mim.
⁶ Então eu disse: Quem dera eu tivesse asas como a
    pomba;
  voaria até encontrar repouso!
⁷ Sim, eu fugiria para bem longe,
  e no deserto eu teria o meu abrigo.　　　　*Pausa*
⁸ Eu me apressaria em achar refúgio
  longe do vendaval e da tempestade.
⁹ Destrói os ímpios, Senhor, confunde a língua deles,
  pois vejo violência e brigas na cidade.

¹⁰ Dia e noite eles rondam por seus muros;
   nela permeiam o crime e a maldade.
¹¹ A destruição impera na cidade;
   a opressão e a fraude jamais deixam suas ruas.
¹² Se um inimigo me insultasse,
   eu poderia suportar;
 se um adversário se levantasse contra mim,
   eu poderia defender-me;
¹³ mas logo você, meu colega,
   meu companheiro, meu amigo chegado,
¹⁴ você, com quem eu partilhava
   agradável comunhão
 enquanto íamos com a multidão festiva
   para a casa de Deus!
¹⁵ Que a morte apanhe os meus inimigos de surpresa!
   Desçam eles vivos para a sepultura,
   pois entre eles o mal acha guarida.
¹⁶ Eu, porém, clamo a Deus,
   e o Senhor me salvará.
¹⁷ À tarde, pela manhã e ao meio-dia
   choro angustiado,
   e ele ouve a minha voz.
¹⁸ Ele me guarda ileso na batalha,
   sendo muitos os que estão contra mim.
¹⁹ Deus, que reina desde a eternidade,
   me ouvirá e os castigará.   *Pausa*

> Pois jamais mudam sua conduta
> e não têm temor de Deus.
> ²⁰ Aquele homem se voltou contra os seus aliados,
> violando o seu acordo.
> ²¹ Macia como manteiga é a sua fala,
> mas a guerra está no seu coração;
> suas palavras são mais suaves que o óleo,
> mas são afiadas como punhais.
> ²² Entregue suas preocupações ao SENHOR,
> e ele o susterá;
> jamais permitirá que o justo venha a cair.
> ²³ Mas tu, ó Deus, farás descer à cova da destruição
> aqueles assassinos e traidores,
> os quais não viverão a metade dos seus dias.
> Quanto a mim, porém, confio em ti.

Davi foi traído por uma pessoa que nunca deveria ter quebrado sua confiança — "logo você, meu colega, meu companheiro, meu amigo chegado" (v. 13). Esse não é, como no salmo anterior, um dos zifeus — um grupo de estranhos —, mas um aliado próximo de Davi, seu querido amigo.

Ah! A dor da traição! Muitos de nós podem atestar em primeira mão a expressão de dor de Davi: "O meu coração está acelerado; os pavores da morte me assaltam" (v. 4). Por que a traição de uma pessoa próxima dói tanto? É porque revelamos nosso coração a esse irmão ou irmã. Nós nos abrimos. Nós amamos. Revelamos quem somos por dentro. Arriscamos a abertura, a honestidade. Com o tempo, um vínculo profundo se forma e passamos a desfrutar a profunda alegria da comunhão humana, como aqueles feitos à imagem de Deus e criados para a comunhão com os outros. Nós nos tornamos *amigos*.

Esse tipo de traição acontece todos os dias nesta terra, mas há um Amigo que sabemos que nunca nos trairá: "Entregue suas preocupações ao Senhor, e ele o susterá" (v. 22). Abra seu coração para ele, tenha comunhão com ele e ele não o decepcionará. Deus provou isso ao enviar seu Filho, o amigo de pecadores, que experimentou a traição, mas nunca traiu nem jamais trairá a ninguém que vier a ele em busca de ajuda.

SALMO 56

Para o mestre de música. De acordo com a melodia Uma pomba em carvalhos distantes. *Poema epigráfico davídico. Quando os filisteus prenderam Davi em Gate.*

¹ Tem misericórdia de mim, ó Deus,
   pois os homens me pressionam;
   o tempo todo me atacam e me oprimem.
² Os meus inimigos pressionam-me sem parar;
   muitos atacam-me arrogantemente.
³ Mas eu, quando estiver com medo, confiarei em ti.
⁴ Em Deus, cuja palavra eu louvo,
  em Deus eu confio e não temerei.
   Que poderá fazer-me o simples mortal?
⁵ O tempo todo eles distorcem as minhas palavras;
   estão sempre tramando prejudicar-me.
⁶ Conspiram, ficam à espreita,
   vigiam os meus passos,
   na esperança de tirar-me a vida.
⁷ Deixarás escapar essa gente tão perversa?
   Na tua ira, ó Deus, derruba as nações.
⁸ Registra, tu mesmo, o meu lamento;
   recolhe as minhas lágrimas em teu odre;
   acaso não estão anotadas em teu livro?
⁹ Os meus inimigos retrocederão,
   quando eu clamar por socorro.

> Com isso saberei que Deus está a meu favor.
> ¹⁰ Confio em Deus, cuja palavra louvo,
> no Senhor, cuja palavra louvo,
> ¹¹ em Deus eu confio e não temerei.
> Que poderá fazer-me o homem?
> ¹² Cumprirei os votos que te fiz, ó Deus;
> a ti apresentarei minhas ofertas de gratidão.
> ¹³ Pois me livraste da morte
> e aos meus pés de tropeçar,
> para que eu ande diante de Deus
> na luz que ilumina os vivos.

~~~

Somos todos medrosos por natureza. Não existe uma pessoa naturalmente destemida e corajosa — se houvesse, essa pessoa não seria corajosa. Bravura é a *superação* do medo, não a ausência dele. Observe nesse salmo que o salmista é tentado a sentir medo. "Mas eu, quando estiver com medo" (v. 3); "não temerei" (vv. 4,11). À luz dessas tentações, como Davi responde?

O salmo 56 lista diferentes razões para não temer. Uma observação notável de Davi se refere à *terna proximidade* de Deus. Considere as belas imagens que ele usa: "Registra, tu mesmo, o meu lamento; recolhe as minhas lágrimas em teu odre" (v. 8). Essa imagem nos cativa. Considere cada lágrima que caiu do seu rosto. Cada uma. Todas elas foram registradas pelo céu. Deus anotou tudo.

Ele não é indiferente, distante ou desinteressado. Sabemos disso porque, um milênio depois de Davi ter escrito esse salmo, o Deus Encarnado entrou em nosso espaço e tempo. Ele próprio chorou (João 11:35). Ele mesmo suportou angústia (Mateus 26:37-39). Jesus Cristo é a prova viva, em carne e sangue, de que Deus se preocupa profundamente com nossos problemas, dores e lágrimas.

SALMO 57

Para o mestre de música. De acordo com a melodia Não destruas. *Poema epigráfico davídico. Quando Davi fugiu de Saul para a caverna.*

¹ Misericórdia, ó Deus; misericórdia,
   pois em ti a minha alma se refugia.
 Eu me refugiarei à sombra das tuas asas,
   até que passe o perigo.
² Clamo ao Deus Altíssimo,
   a Deus, que para comigo cumpre o seu propósito.
³ Dos céus ele me envia a salvação,
   põe em fuga os que me perseguem de perto;   *Pausa*
   Deus envia o seu amor e a sua fidelidade.
⁴ Estou em meio a leões,
   ávidos para devorar;
 seus dentes são lanças e flechas,
   sua língua é espada afiada.
⁵ Sê exaltado, ó Deus, acima dos céus!
   Sobre toda a terra esteja a tua glória!
⁶ Preparam armadilhas para os meus pés;
   fiquei muito abatido.
 Abriram uma cova no meu caminho,
   mas foram eles que nela caíram.   *Pausa*
⁷ Meu coração está firme, ó Deus,
   meu coração está firme;
   cantarei ao som de instrumentos!

⁸ Acorde, minha alma!
   Acordem, harpa e lira!
   Vou despertar a alvorada!
⁹ Eu te louvarei, ó Senhor, entre as nações;
   cantarei teus louvores entre os povos.
¹⁰ Pois o teu amor é tão grande que alcança os céus;
   a tua fidelidade vai até as nuvens.
¹¹ Sê exaltado, ó Deus, acima dos céus!
   Sobre toda a terra esteja a tua glória!

Davi foi forçado a fugir de Saul e está escondido em uma caverna. No entanto, sua oração nesse salmo testifica que *Deus* é sua caverna: "em ti a minha alma se refugia" (v. 1). Davi se refugiou em uma caverna solitária, mas ali sua mente é levada a descansar na verdade mais profunda de que Deus é o seu verdadeiro refúgio. Na escuridão daquele momento, seu coração se consola no Senhor.

E em que especificamente Davi está se consolando? Na glorificação de Deus. Ele afirma isso duas vezes, uma no meio e outra no final do salmo: "Sê exaltado, ó Deus, acima dos céus! Sobre toda a terra esteja a tua glória!" (vv. 5,11). O registro e a repetição dessas duas declarações deixam claro que esse é o ponto principal do salmo. Esse é o desejo mais profundo de Davi nesse momento sombrio: a exaltação de Deus.

Em meio às dificuldades, o Espírito Santo se deleita em nos levar a esse lugar estável de contentamento. Enquanto Deus for exaltado, tudo estará bem. Enquanto ele for conhecido, elevado e honrado, não preciso me preocupar tanto com meu próprio bem-estar.

Obviamente, o grande consolo do evangelho e da mensagem de toda a Bíblia é que Deus se agrada em glorificar a si mesmo na libertação de seu povo. As duas atividades são uma só. É por isso que Davi começa esse salmo clamando por misericórdia pessoal, mas termina clamando pela glória divina. Vemos isso de forma suprema na cruz de Cristo, onde Jesus é "elevado" na cruz, fisicamente falando, mas, mais profundamente, "elevado" no sentido de ser glorificado e honrado (João 3:14; 8:28; 12:32). Nessa elevação, a graciosa libertação para os pecadores é alcançada.

SALMO 58

*Para o mestre de música. De acordo com a melodia
Não destruas. Davídico. Poema epigráfico.*

¹ Será que vocês, poderosos, falam de fato com justiça?
  Será que vocês, homens, julgam retamente?
² Não! No coração vocês tramam a injustiça,
  e na terra as suas mãos espalham a violência.
³ Os ímpios erram o caminho desde o ventre;
  desviam-se os mentirosos desde que nascem.
⁴ Seu veneno é como veneno de serpente;
  tapam os ouvidos, como a cobra que se faz de surda
⁵ para não ouvir a música dos encantadores,
  que fazem encantamentos com tanta habilidade.
⁶ Quebra os dentes deles, ó Deus;
  arranca, SENHOR, as presas desses leões!
⁷ Desapareçam como a água que escorre!
  Quando empunharem o arco, caiam sem força as
    suas flechas!
⁸ Sejam como a lesma que se derrete pelo caminho;
  como feto abortado, não vejam eles o sol!
⁹ Os ímpios serão varridos antes que as suas panelas
  sintam o calor da lenha, esteja ela verde ou seca.
¹⁰ Os justos se alegrarão quando forem vingados,
  quando banharem seus pés no sangue dos ímpios.

¹¹ Então os homens comentarão:

"De fato os justos têm a sua recompensa;

com certeza há um Deus que faz justiça na terra".

―⁂―

As imagens gráficas — quase selvagens — desse salmo nos surpreendem, pois a Bíblia é um livro sagrado demais para conter uma retribuição tão violenta contra os ímpios nas mãos dos justos!

Embora essa reação seja compreensível, devemos crer na Escritura por inteiro — ou em nenhuma de suas partes —, mas nunca de forma parcial. Se recebêssemos apenas as partes do texto sagrado que consideramos palatáveis, estaríamos, na verdade, elevando nossa autoridade acima da Bíblia, tornando-nos o árbitro final do que Deus poderia dizer, ao invés de nos submetermos à autoridade dela. Nós nos tornaríamos o professor; Deus, o aluno. Além disso, se Deus nunca escrevesse coisas desse tipo na Bíblia, não seria *mais difícil* recebê-lo como uma palavra para nós em nosso mundo real? A glória de um salmo assim é seu realismo, sua realidade, sua absoluta honestidade sobre os horrores da vida neste mundo caído.

Acima de tudo, devemos reconhecer que o salmista está pedindo que o mal seja julgado não apenas por vingança mesquinha, mas por um clamor por justiça. Os erros devem ser corrigidos; isso é apropriado. Davi está sendo maltratado. Se Deus existe, esses maus-tratos devem ser julgados e resolvidos. Davi está chamando os ímpios para receberem o que merecem, e não pior do que eles merecem.

Você foi maltratado? Está sofrendo maus-tratos, inclusive agora? Ore com Davi: "com certeza há um Deus que faz justiça na terra" (v. 11). Deus corrigirá todos os erros. O julgamento final do Senhor é uma doutrina profundamente libertadora. Tudo vai ficar bem. Podemos nos libertar da necessidade de julgar agora. Podemos deixar isso em suas mãos sábias.

SALMO 59

Para o mestre de música. De acordo com a melodia Não destruas. *Poema epigráfico davídico, quando Saul enviou homens para vigiar a casa de Davi a fim de matá-lo.*

¹ Livra-me dos meus inimigos, ó Deus;
   põe-me fora do alcance dos meus agressores.
² Livra-me dos que praticam o mal
   e salva-me dos assassinos.
³ Vê como ficam à minha espreita!
   Homens cruéis conspiram contra mim,
 sem que eu tenha cometido qualquer delito ou pecado,
   ó Senhor.
⁴ Mesmo eu não tendo culpa de nada,
   eles se preparam às pressas para atacar-me.
 Levanta-te para ajudar-me;
   olha para a situação em que me encontro!
⁵ Ó Senhor, Deus dos Exércitos,
   ó Deus de Israel!
 Desperta para castigar todas as nações;
 não tenhas misericórdia dos traidores perversos. *Pausa*
⁶ Eles voltam ao cair da tarde,
   rosnando como cães
   e rondando a cidade.
⁷ Vê que ameaças saem de sua boca;
   seus lábios são como espadas

e dizem: "Quem nos ouvirá?"
⁸ Mas tu, S<small>ENHOR</small>, vais rir deles;
　　caçoarás de todas aquelas nações.
⁹ Ó tu, minha força, por ti vou aguardar;
　　tu, ó Deus, és o meu alto refúgio.
¹⁰ O meu Deus fiel virá ao meu encontro
　　e permitirá que eu triunfe sobre os meus inimigos.
¹¹ Mas não os mates, ó Senhor, nosso escudo,
　　se não, o meu povo o esquecerá.
　　Em teu poder faze-os vaguear, e abate-os.
¹² Pelos pecados de sua boca,
　　pelas palavras de seus lábios,
　　sejam apanhados em seu orgulho.
　Pelas maldições e mentiras que pronunciam,
¹³ consome-os em tua ira,
　　consome-os até que não mais existam.
　Então se saberá até os confins da terra
　que Deus governa Jacó.　　　　　　　　　　*Pausa*
¹⁴ Eles voltam ao cair da tarde,
　　rosnando como cães
　　e rondando a cidade.
¹⁵ À procura de comida perambulam
　　e, se não ficam satisfeitos, uivam.
¹⁶ Mas eu cantarei louvores à tua força;
　　de manhã louvarei a tua fidelidade,
　pois tu és o meu alto refúgio,
　　abrigo seguro nos tempos difíceis.

¹⁷ Ó minha força, canto louvores a ti;
　　tu és, ó Deus, o meu alto refúgio,
　　o Deus que me ama.

～～～

Em alguns salmos, Davi reconhece que sua aflição atual é resultado de seu próprio pecado. Em outros, como esse, ele testifica que sua adversidade não acontece por sua culpa (v. 4).

Isso também é verdade em nossas próprias vidas. Por estarmos sob a maldição da Queda, às vezes é difícil traçar uma linha clara entre uma coisa e outra, mas, das dores que suportamos, existem aquelas que vêm diretamente da nossa própria insensatez, e outras que não são provenientes do nosso próprio pecado. Quando você reflete sobre a dor que é causada pelas pessoas em sua vida, como lida com isso? Se você, como Davi, está sendo atacado verbalmente por outros (v. 7), o que faz? Como evita cair no sedutor alívio emocional da amargura?

A única solução final aqui é o evangelho — o ponto final do que Davi descreve nesse salmo como o amor fiel de Deus (vv. 10,17). Isso se refere à fidelidade pactual de Deus para com aqueles que confiam nele. A única forma de lutar contra o ressentimento é nos lembrarmos de que ofendemos profundamente a Deus, o *único* que não merecia qualquer ofensa. Fizemos a ele o que os agressores verbais fazem a nós. Se temos dores que não merecemos, quanto mais dores não merecidas tem o Deus santo por conta do nosso próprio fracasso em defendê-lo, louvá-lo e segui-lo de todo o coração?

Banhe seu coração no evangelho da graça imerecida e observe como o seu ressentimento derreterá.

SALMO 60

Para o mestre de música. De acordo com a melodia O lírio da aliança. *Didático. Poema epigráfico davídico. Quando Davi combateu Arã Naaraim e Arã Zobá, e quando Joabe voltou e feriu doze mil edomitas no vale do Sal.*

¹ Tu nos rejeitaste e dispersaste, ó Deus;
  tu derramaste a tua ira; restaura-nos agora!
² Sacudiste a terra e abriste-lhe fendas;
  repara suas brechas, pois ameaça desmoronar-se.
³ Fizeste passar o teu povo por tempos difíceis;
  deste-nos um vinho estonteante.
⁴ Mas aos que te temem deste um sinal
  para que fugissem das flechas. *Pausa*
⁵ Salva-nos com a tua mão direita e responde-nos,
  para que sejam libertos aqueles a quem amas.
⁶ Do seu santuário Deus falou:
  "No meu triunfo dividirei Siquém
  e repartirei o vale de Sucote.
⁷ Gileade é minha, Manassés também;
  Efraim é o meu capacete,
  Judá é o meu cetro.
⁸ Moabe é a pia em que me lavo,
  em Edom atiro a minha sandália;
  sobre a Filístia dou meu brado de vitória!"

⁹ Quem me levará à cidade fortificada?
   Quem me guiará a Edom?
¹⁰ Não foste tu, ó Deus, que nos rejeitaste
    e deixaste de sair com os nossos exércitos?
¹¹ Dá-nos ajuda contra os adversários,
    pois inútil é o socorro do homem.
¹² Com Deus conquistaremos a vitória,
    e ele pisoteará os nossos adversários.

Deus colocou Adão e Eva em uma pequena porção da terra, mas seu mandato era que eles se espalhassem e subjugassem todo o resto da criação (Gênesis 1:26-28). Eles, porém, se rebelaram contra Deus, que mais tarde chamou Abraão para ir para a terra que ele lhe mostraria (Gênesis 12:1-3). Os descendentes de Abraão, os israelitas, acabariam no cativeiro no Egito, mas Deus os traria de volta à terra por meio de Moisés. Mesmo depois de estabelecer a Terra Prometida, no entanto, Israel continuou a se rebelar contra Deus e a sofrer invasões e guerras, sendo, por fim, exilado fora da terra.

Esse salmo aborda todo o tema bíblico da terra. Davi está lutando contra os edomitas, um vizinho ao sul de Israel. Em jogo está a antiga promessa divina de que Deus daria ao povo de Abraão — sobre o qual Davi estava governando — a Terra Prometida.

Em última análise, é por meio de Jesus Cristo que Deus cumpre suas promessas a Abraão, e o Novo Testamento indica que a maneira de Deus continuar a cumprir suas promessas de terra se dá por meio do testemunho cristão fiel, estendendo-se não apenas à Terra Prometida de Israel, mas até os confins da terra (Mateus 28:18-20; Atos 1:8). Se você está em Cristo, um dia governará o globo inteiro. O cumprimento final da promessa a Abraão, que você também herdará se estiver em Cristo, é a herança do mundo inteiro (Mateus 5:5; Romanos 4:13). Todas as coisas são suas (1Coríntios 3:21).

SALMO 61

Para o mestre de música. Com instrumentos de cordas. Davídico.

¹ Ouve o meu clamor, ó Deus;
    atenta para a minha oração.
² Desde os confins da terra eu clamo a ti
    com o coração abatido;
    põe-me a salvo na rocha mais alta do que eu.
³ Pois tu tens sido o meu refúgio,
    uma torre forte contra o inimigo.
⁴ Para sempre anseio habitar na tua tenda
    e refugiar-me no abrigo das tuas asas.   *Pausa*
⁵ Pois ouviste os meus votos, ó Deus;
    deste-me a herança que concedes aos que temem o
    teu nome.
⁶ Prolonga os dias do rei,
    por muitas gerações os seus anos de vida.
⁷ Para sempre esteja ele em seu trono, diante de Deus;
    envia o teu amor e a tua fidelidade para protegê-lo.
⁸ Então sempre cantarei louvores ao teu nome,
    cumprindo os meus votos cada dia.

Quando estamos com problemas, sentimos frequentemente que Deus parece não nos ouvir. Observe que Davi diz que clama a Deus "desde os confins da terra" (v. 2). Ele está vagando longe do que é familiar, e Deus parece distante. Davi, porém, se lembra de sua história passada com o Senhor: "Tu tens sido o meu refúgio, uma torre forte contra o inimigo" (v. 3); "Pois ouviste os meus votos, ó Deus" (v. 5). Quando está angustiado, Davi se apega ao que ele sabe que é verdade a respeito de Deus e que ele revelou sobre si mesmo ao longo de sua vida.

Agora, portanto, Davi não se agarra a sentimentos de futilidade ou desesperança. Ele vai a Deus, confiando que sua voz será ouvida: "Ouve o meu clamor, ó Deus" (v. 1). Ele pede ao Senhor que o liberte: "põe-me a salvo na rocha mais alta do que eu" (v. 2). Em outras palavras, Davi está pedindo a Deus que o leve a um lugar seguro que ele mesmo não pode alcançar com suas próprias forças. Imagine uma enchente crescente. Davi precisa de Deus para guiá-lo até uma rocha que o deixe mais alto do que ele poderia alcançar, para que não se afogue.

Como você lida com as aflições da vida — emocionais, psicológicas, físicas, financeiras? Qual é o seu impulso imediato quando se sente inundado pela adversidade? Clame ao Senhor; ele o conduzirá a um lugar seguro. Talvez não seja a segurança que você espera; talvez não seja a libertação imediata de suas provações atuais. Contudo, ele garantirá a você sua segurança final e definitiva — nos braços de Jesus Cristo, a verdadeira rocha que é mais alta do que você mesmo poderia alcançar. Essa rocha não apenas o eleva acima das enchentes da sua adversidade terrena; ela o eleva até o céu, pela graça de Deus, e não pelo seu próprio esforço.

SALMO 62

Para o mestre de música. Ao estilo de Jedutum. Salmo davídico.

¹ A minha alma descansa somente em Deus;
  dele vem a minha salvação.
² Somente ele é a rocha que me salva;
  ele é a minha torre segura! Jamais serei abalado!
³ Até quando todos vocês atacarão um homem
  que está como um muro inclinado,
  como uma cerca prestes a cair?
⁴ Todo o propósito deles é derrubá-lo
  de sua posição elevada;
  eles se deliciam com mentiras.
 Com a boca abençoam,
  mas no íntimo amaldiçoam. *Pausa*
⁵ Descanse somente em Deus, ó minha alma;
  dele vem a minha esperança.
⁶ Somente ele é a rocha que me salva;
  ele é a minha torre alta! Não serei abalado!
⁷ A minha salvação e a minha honra de Deus
    dependem;
  ele é a minha rocha firme, o meu refúgio.
⁸ Confie nele em todos os momentos, ó povo;
  derrame diante dele o coração,
  pois ele é o nosso refúgio. *Pausa*

⁹ Os homens de origem humilde não passam de um
   sopro,
  os de origem importante
  não passam de mentira;
 pesados na balança,
  juntos não chegam ao peso de um sopro.
¹⁰ Não confiem na extorsão
   nem ponham a esperança em bens roubados;
  se as suas riquezas aumentam,
   não ponham nelas o coração.
¹¹ Uma vez Deus falou,
   duas vezes eu ouvi,
   que o poder pertence a Deus.
¹² Contigo também, Senhor, está a fidelidade.
   É certo que retribuirás a cada um
   conforme o seu procedimento.

~~~

O tema desse salmo refere-se ao fato de que Deus não é simplesmente nossa única esperança e segurança quando morremos; ele é nossa única esperança e segurança enquanto vivemos também. A convicção sobre a qual esse salmo está nos fundamentando é que o próprio Senhor é nosso mais profundo, mais confiável e único refúgio estável. Para onde você está levando todas as ansiedades do seu coração? No que você está apostando? Em que você gasta seu dinheiro extra?

Sobre o que você sonha? As respostas a essas perguntas revelam o nosso verdadeiro refúgio.

A dor tem uma maneira especial de expor em que realmente reside nossa confiança, mas ela também nos leva à nossa única confiança segura: o próprio Senhor. Há trezentos anos, a escritora de hinos Anne Steele (1716-1778) suportou uma série de horrores, especialmente no início de sua vida. Sua mãe morreu quando ela tinha três anos; quando ainda era nova, Anne sofreu um acidente que a deixou inválida para sempre; e seu noivo se afogou em um rio na véspera do casamento, quando ela tinha apenas 21 anos. Como continuar saindo da cama dia após dia em meio a tanta dor? A resposta é o salmo 62: "A minha salvação e a minha honra de Deus dependem; ele é a minha rocha firme, o meu refúgio" (v. 7). Um dos hinos de Anne Steele capta isso de forma extremamente bela:

> Caro refúgio de minh'alma cansada,
> Em Ti, quando as dores emergem,
> Em Ti, quando as ondas de aflições me atingem,
> Minha esperança vacilante repousa.
> A Ti eu conto cada uma das minhas tristezas crescentes
> Pois somente Tu podes curar;
> Para cada dor que me acomete
> A tua palavra traz doce alívio.
> Não ordenaste que eu busque tua face,
> Devo eu buscar em vão?
> Pode o ouvido da graça soberana

Estar surdo ao meu clamor?
Não, ainda o ouvido da graça soberana
Atende a oração do coração quebrantado.
Oh! Que eu possa sempre encontrar repouso ali
Para todas as minhas tristezas.

SALMO 63

Salmo de Davi, quando ele estava no deserto de Judá.

¹ Ó Deus, tu és o meu Deus,
   eu te busco intensamente;
   a minha alma tem sede de ti!
 Todo o meu ser anseia por ti,
   numa terra seca, exausta e sem água.
² Quero contemplar-te no santuário
   e avistar o teu poder e a tua glória.
³ O teu amor é melhor do que a vida!
   Por isso os meus lábios te exaltarão.
⁴ Enquanto eu viver te bendirei,
   e em teu nome levantarei as minhas mãos.
⁵ A minha alma ficará satisfeita
   como quando tem rico banquete;
   com lábios jubilosos a minha boca te louvará.
⁶ Quando me deito, lembro-me de ti;
   penso em ti durante as vigílias da noite.
⁷ Porque és a minha ajuda,
   canto de alegria à sombra das tuas asas.
⁸ A minha alma apega-se a ti;
   a tua mão direita me sustém.
⁹ Aqueles, porém, que querem matar-me serão
         destruídos;
   descerão às profundezas da terra.

¹⁰ Serão entregues à espada
   e devorados por chacais.
¹¹ Mas o rei se alegrará em Deus;
   todos os que juram pelo nome de Deus o louvarão,
   mas a boca dos mentirosos será tapada.

―――

Você foi feito para Deus.
O coração do cristianismo não é um conjunto de doutrinas nas quais se deve acreditar, embora a sã doutrina seja vital. Ele também não é uma atividade a ser buscada, embora a fé cristã seja necessariamente ativa. Muito menos é um conjunto de disciplinas, ainda que para crescermos na vida cristã seja necessário praticar as disciplinas de leitura da Bíblia e oração. O cerne do cristianismo é — para usar uma frase de John Bunyan, o velho pregador e escritor puritano — "viver para Deus". Você foi feito para Deus. Para conhecê-lo. Para desfrutá-lo. Reverenciá-lo. Extrair sua força dele. Confiar nele. Amá-lo.

Considere a linguagem do salmo 63. Davi fala de Deus como a água que mata a sede da sua alma seca e exausta (v. 1). Ele fala de Deus como uma refeição deliciosa para a sua alma faminta (v. 5). Ele fala de Deus como sua sombra e proteção, como as asas de um grande pássaro (v. 7). Davi precisa de uma única coisa na vida: Deus. Não de verdades *sobre* Deus, mas *do próprio* Deus.

E qual aspecto do conhecer a Deus dá vida e força a Davi? "O teu amor é melhor do que a vida! Por isso os meus lábios te exaltarão" (v. 3). É o amor inabalável de Deus que faz isso. A palavra hebraica é *hesed*: a fidelidade de Deus à aliança, sua recusa em desistir daqueles a quem ele salvou. E como você sabe que Deus nunca desistirá de você? Porque ele enviou seu Filho para provar isso.

SALMO 64

Para o mestre de música. Salmo davídico.

¹ Ouve-me, ó Deus, quando faço a minha queixa;
   protege a minha vida do inimigo ameaçador.
² Defende-me da conspiração dos ímpios
   e da ruidosa multidão de malfeitores.
³ Eles afiam a língua como espada
   e apontam, como flechas, palavras envenenadas.
⁴ De onde estão emboscados atiram no homem íntegro;
   atiram de surpresa, sem nenhum temor.
⁵ Animam-se uns aos outros com planos malignos,
   combinam como ocultar as suas armadilhas,
   e dizem: "Quem as verá?"
⁶ Tramam a injustiça e dizem:
   "Fizemos um plano perfeito!"
   A mente e o coração de cada um deles o escondem!
⁷ Mas Deus atirará neles suas flechas;
   repentinamente serão atingidos.
⁸ Pelas próprias palavras farão cair uns aos outros;
   menearão a cabeça e zombarão deles
   todos os que os virem.
⁹ Todos os homens temerão
   e proclamarão as obras de Deus,
   refletindo no que ele fez.

¹⁰ Alegrem-se os justos no Senhor
   e nele busquem refúgio;
   congratulem-se todos os retos de coração!

―――

Existem poucos lugares nas Escrituras nos quais o poder destrutivo da língua é mais vividamente descrito do que nesse salmo. As acusações estão sendo conjuradas em um plano sinistro para arruinar a reputação de um homem justo, mas observe o ritmo do texto: a primeira metade fala das palavras das pessoas más como flechas (vv. 3-4), enquanto a última metade fala das palavras de Deus como flechas (v. 7). O ponto geral é que não ousamos responder com nossas próprias flechas verbais. A justiça é dada por Deus. Podemos buscar a justiça agora e nos tornarmos ainda mais amargurados, ou podemos deixar que Deus exija a justiça em seu tempo e sermos tranquilizados agora em nossos próprios corações.

Considere o uso que fazemos das palavras. Como reagimos quando falam mal de nós? O que fazemos quando descobrimos que somos alvo de uma conspiração silenciosa? E quando a fofoca chega até nós e descobrimos que, na verdade, alguém que pensávamos ser um amigo de confiança não é amigo coisa nenhuma?

Nossas palavras revelam o que realmente está acontecendo em nossos corações, muito melhor do que qualquer radiografia. Quando nossa resposta verbal imediata é responder ao mal com o mal, demonstramos que não estamos em sintonia com o evangelho, pois ele é uma palavra de graça para nós, e é somente desfrutando dessa graça que podemos responder com palavras de graça aos outros. Deus trará justiça a todas as palavras que já foram proferidas um dia. Por enquanto, nossa tarefa é "Alegrem-se os justos no SENHOR e nele busquem refúgio (v. 10).

SALMO 65

Para o mestre de música. Salmo davídico. Um cântico.

¹ O louvor te aguarda em Sião, ó Deus;
   os votos que te fizemos serão cumpridos.
² Ó tu que ouves a oração,
   a ti virão todos os homens.
³ Quando os nossos pecados pesavam sobre nós,
   tu mesmo fizeste propiciação por nossas
      transgressões.
⁴ Como são felizes aqueles que escolhes
   e trazes a ti para que vivam nos teus átrios!
  Transbordamos de bênçãos da tua casa,
   do teu santo templo!
⁵ Tu nos respondes com temíveis feitos de justiça,
   ó Deus, nosso Salvador,
  esperança de todos os confins da terra
   e dos mais distantes mares.
⁶ Tu que firmaste os montes pela tua força,
   pelo teu grande poder.
⁷ Tu que acalmas o bramido dos mares,
   o bramido de suas ondas,
   e o tumulto das nações.
⁸ Tremem os habitantes das terras distantes
   diante das tuas maravilhas;

do nascente ao poente
>   despertas canções de alegria.
⁹ Cuidas da terra e a regas;
>   fartamente a enriqueces.
>   Os riachos de Deus transbordam
>   para que nunca falte o trigo,
>   pois assim ordenaste.
¹⁰ Encharcas os seus sulcos e aplainas os seus torrões;
>   tu a amoleces com chuvas e abençoas as suas
>   colheitas.
¹¹ Coroas o ano com a tua bondade,
>   e por onde passas emana fartura;
¹² fartura vertem as pastagens do deserto,
>   e as colinas se vestem de alegria.
¹³ Os campos se revestem de rebanhos,
>   e os vales se cobrem de trigo;
>   eles exultam e cantam de alegria!

Esse salmo explode de alegria e satisfação pela imensa produtividade da terra. Canaã está atuando como deveria, conforme foi prometido — como uma terra que mana leite e mel. Davi deve ter ficado muito feliz ao ver seu domínio transbordando com vida abundante.

No entanto, quão raramente a vida é assim hoje? Nossos trabalhos se tornam entediantes. Os brinquedos quebram.

Corpos se machucam. Obviamente, se buscarmos satisfação plena neste mundo, ficaremos frustrados. Em vez disso, devemos buscar a nova terra, quando festejaremos com o Senhor Jesus em sua presença e verdadeiramente viveremos "nos teus átrios! Transbordamos de bênçãos da tua casa, do teu santo templo!" (v. 4). Afinal, por causa de sua morte e ressurreição, Cristo está renovando todas as coisas e irá nos conduzir a uma terra transbordando de vida abundante, que a Bíblia descreve como uma grande festa (Apocalipse 19:6-9).

Resumindo, Deus cuida de você. Ele não se preocupa apenas com as nossas almas, embora isso seja o mais importante sobre nós. Ele também se preocupa com a nossa alimentação física. No entanto, por que ele nos deu comida, afinal? Não apenas para nossa alegria, mas mais profundamente para nos dizer quem ele é — nosso verdadeiro sustento, nossa satisfação mais profunda. Jesus disse: "Eu sou o pão da vida. Aquele que vem a mim nunca terá fome; aquele que crê em mim nunca terá sede" (João 6:35). Esse salmo abre nosso apetite para o banquete de Cristo que ainda está por vir.

SALMO 66

Para o mestre de música. Um cântico. Um salmo.

¹ Aclamem a Deus, povos de toda terra!
² Cantem louvores ao seu glorioso nome;
  louvem-no gloriosamente!
³ Digam a Deus: "Quão temíveis são os teus feitos!
  Tão grande é o teu poder
  que os teus inimigos rastejam diante de ti!
⁴ Toda a terra te adora
  e canta louvores a ti,
 canta louvores ao teu nome". *Pausa*
⁵ Venham e vejam o que Deus tem feito;
  como são impressionantes as suas obras em favor
    dos homens!
⁶ Ele transformou o mar em terra seca,
  e o povo atravessou as águas a pé;
  e ali nos alegramos nele.
⁷ Ele governa para sempre com o seu poder,
  seus olhos vigiam as nações;
 que os rebeldes não se levantem contra ele! *Pausa*
⁸ Bendigam o nosso Deus, ó povos,
  façam ressoar o som do seu louvor;
⁹ foi ele quem preservou a nossa vida
  impedindo que os nossos pés escorregassem.

¹⁰ Pois tu, ó Deus, nos submeteste à prova
e nos refinaste como a prata.
¹¹ Fizeste-nos cair numa armadilha
e sobre nossas costas puseste fardos.
¹² Deixaste que os inimigos cavalgassem sobre a nossa
cabeça;
passamos pelo fogo e pela água,
mas a um lugar de fartura nos trouxeste.
¹³ Para o teu templo virei com holocaustos
e cumprirei os meus votos para contigo,
¹⁴ votos que os meus lábios fizeram e a minha boca falou
quando eu estava em dificuldade.
¹⁵ Oferecerei a ti animais gordos em holocausto;
sacrificarei carneiros, cuja fumaça subirá a ti,
e também novilhos e cabritos. *Pausa*
¹⁶ Venham e ouçam, todos vocês que temem a Deus;
vou contar-lhes o que ele fez por mim.
¹⁷ A ele clamei com os lábios;
com a língua o exaltei.
¹⁸ Se eu acalentasse o pecado no coração,
o Senhor não me ouviria;
¹⁹ mas Deus me ouviu,
deu atenção à oração que lhe dirigi.
²⁰ Louvado seja Deus,
que não rejeitou a minha oração
nem afastou de mim o seu amor!

Essa canção é um hino ao Deus de Israel, louvando sua graciosa libertação no passado. O salmista lembra o Êxodo, por exemplo, quando Deus "transformou o mar em terra seca" (v. 6). O salmo também reconhece as experiências angustiantes na história de Israel —"passamos pelo fogo e pela água" (v. 12) —, mas em tudo isso reconhece: "a um lugar de fartura nos trouxeste" (v. 12).

Como isso é verdade para a vida dos fiéis! Deus nos leva a uma profundidade significativa com ele não através de uma vida fácil, mas das dificuldades. São as lágrimas, não os sorrisos, que formam a bigorna sobre a qual se forja a sólida alegria em Deus. Agradecemos a Deus pelas experiências no topo da montanha com ele, mas é no vale onde o encontramos da maneira mais próxima e íntima de nós.

Você está no vale agora? Sente, neste momento, que está lutando contra o seu caminho "pelo fogo e pela água" — emocional, relacional, paternal, conjugal, financeira, fisicamente? Não há uma resposta fácil e apropriada para isso. Nenhuma fórmula rápida. Mas há o consolo do salmo 66. Por meio das lágrimas, ele nos leva "a um lugar de fartura". Afinal, esse era o próprio padrão da vida de Cristo — por meio dos sofrimentos e lágrimas do Getsêmani para o lugar da abundância e da vida de ressurreição reinante. Se nosso Salvador trilhou esse caminho, não tenhamos medo de segui-lo.

SALMO 67

*Para o mestre de música. Com instrumentos
de cordas. Um salmo. Um cântico.*

¹ Que Deus tenha misericórdia de nós e nos abençoe,
e faça resplandecer o seu rosto sobre nós, *Pausa*
² para que sejam conhecidos na terra os teus caminhos,
ó Deus,
a tua salvação entre todas as nações.
³ Louvem-te os povos, ó Deus;
louvem-te todos os povos.
⁴ Exultem e cantem de alegria as nações,
pois governas os povos com justiça
e guias as nações na terra. *Pausa*
⁵ Louvem-te os povos, ó Deus;
louvem-te todos os povos.
⁶ Que a terra dê a sua colheita,
e Deus, o nosso Deus, nos abençoe!
⁷ Que Deus nos abençoe,
e o temam todos os confins da terra.

༄

Por que a graça de Deus veio até você? Em virtude da mesma razão pela qual veio aos israelitas da Antiguidade: para que essa graça possa fluir para as nações. Considere seus vizinhos. A menos que sejam judeus, essas pessoas ao seu redor são "as nações". Talvez até venham de etnias muito diferentes, apesar de viverem nas proximidades. Esse é um belo retrato daqueles que Deus agraciou com esse salmo, que começa, no versículo 1, com um eco da antiga bênção de Arão citada em Números 6:24-26:

> O Senhor te abençoe e te guarde;
> o Senhor faça resplandecer o seu rosto sobre ti e te conceda graça;
> o Senhor volte para ti o seu rosto e te dê paz.

No entanto, o salmo prossegue imediatamente, atraindo as nações da terra para essa antiga bênção. O Senhor é assim. Ele não é um Deus paroquial e de mente estreita. Suas boas-vindas aos pecadores são abrangentes. Ele pede apenas por nossa fé arrependida, nossa contrição confiante — tudo o que ele quer de nós é que nos humilhemos o suficiente para reconhecer que carecemos de sua misericórdia salvadora. O salmista ora para que "sejam conhecidos na terra os teus caminhos, a tua salvação entre todas as nações" (v. 2). Para nós hoje, esse poder salvador foi demonstrado de forma culminante no Senhor Jesus Cristo. Em Jesus e sua obra em nosso favor, vemos quão longe Deus iria para atrair homens e mulheres de todos os lugares para a bênção de desfrutar a face radiante de Deus brilhando sobre eles.

SALMO 68

Para o mestre de música. Davídico. Um salmo. Um cântico.

¹ Que Deus se levante!
 Sejam espalhados os seus inimigos,
  fujam dele os seus adversários.
² Que tu os dissipes assim como o vento leva a fumaça;
  como a cera se derrete na presença do fogo,
  assim pereçam os ímpios na presença de Deus.
³ Alegrem-se, porém, os justos!
  Exultem diante de Deus!
  Regozijem-se com grande alegria!
⁴ Cantem a Deus, louvem o seu nome,
  exaltem aquele que cavalga sobre as nuvens;
 seu nome é Senhor!
  Exultem diante dele!
⁵ Pai para os órfãos e defensor das viúvas
  é Deus em sua santa habitação.
⁶ Deus dá um lar aos solitários,
  liberta os presos para a prosperidade,
  mas os rebeldes vivem em terra árida.
⁷ Quando saíste à frente do teu povo, ó Deus,
  quando marchaste pelo ermo, *Pausa*
⁸ a terra tremeu, o céu derramou chuva
  diante de Deus, o Deus do Sinai;
  diante de Deus, o Deus de Israel.

⁹ Deste chuvas generosas, ó Deus;
 refrescaste a tua herança exausta.
¹⁰ O teu povo nela se instalou,
 e da tua bondade, ó Deus, supriste os pobres.
¹¹ O Senhor anunciou a palavra,
 e muitos mensageiros a proclamavam:
¹² "Reis e exércitos fogem em debandada;
 a dona de casa reparte os despojos.
¹³ Mesmo quando vocês dormem entre as fogueiras do acampamento,
 as asas da minha pomba estão recobertas de prata;
 as suas penas, de ouro reluzente".
¹⁴ Quando o Todo-poderoso espalhou os reis,
 foi como neve no monte Zalmom.
¹⁵ Os montes de Basã são majestosos;
 escarpados são os montes de Basã.
¹⁶ Por que, ó montes escarpados, estão com inveja do monte
 que Deus escolheu para sua habitação,
 onde o próprio SENHOR habitará para sempre?
¹⁷ Os carros de Deus são incontáveis,
 são milhares de milhares;
 neles o Senhor veio do Sinai para o seu Lugar Santo.
¹⁸ Quando subiste em triunfo às alturas, ó SENHOR Deus,
 levaste cativos muitos prisioneiros;
 recebeste homens como dádivas,
 até mesmo rebeldes, para estabeleceres morada.

¹⁹ Bendito seja o Senhor, Deus, nosso Salvador,
   que cada dia suporta as nossas cargas.   *Pausa*
²⁰ O nosso Deus é um Deus que salva;
   ele é o Soberano, ele é o Senhor que nos livra da
      morte.
²¹ Certamente Deus esmagará a cabeça dos seus
      inimigos,
   o crânio cabeludo dos que persistem em seus
      pecados.
²² "Eu os trarei de Basã", diz o Senhor,
   "eu os trarei das profundezas do mar,
²³ para que você encharque os pés no sangue dos
      inimigos,
   sangue do qual a língua dos cães terá a sua porção."
²⁴ Já se vê a tua marcha triunfal, ó Deus,
   a marcha do meu Deus e Rei adentrando o
      santuário.
²⁵ À frente estão os cantores, depois os músicos;
   com eles vão as jovens tocando tamborins.
²⁶ Bendigam a Deus na grande congregação!
   Bendigam o Senhor, descendentes de Israel!
²⁷ Ali está a pequena tribo de Benjamim, a conduzi-los,
      os príncipes de Judá acompanhados de suas tropas,
      e os príncipes de Zebulom e Naftali.
²⁸ A favor de vocês, manifeste Deus o seu poder!
   Mostra, ó Deus, o poder que já tens operado para
      conosco.

²⁹ Por causa do teu templo em Jerusalém,
   reis te trarão presentes.
³⁰ Repreende a fera entre os juncos,
   a manada de touros entre os bezerros das nações.
   Humilhados, tragam barras de prata.
   Espalha as nações que têm prazer na guerra.
³¹ Ricos tecidos venham do Egito;
   a Etiópia corra para Deus de mãos cheias.
³² Cantem a Deus, reinos da terra,
   louvem o Senhor,   *Pausa*
³³ aquele que cavalga os céus, os antigos céus.
   Escutem! Ele troveja com voz poderosa.
³⁴ Proclamem o poder de Deus!
   Sua majestade está sobre Israel,
   seu poder está nas altas nuvens.
³⁵ Tu és temível no teu santuário, ó Deus;
   é o Deus de Israel que dá poder e força ao seu povo.
   Bendito seja Deus!

Deus desafia nossas categorias. Considere esse salmo: nele o Senhor é mencionado tanto como terrivelmente poderoso quanto como gentilmente salvador. Ele é feroz e manso.

Ele é poderoso: "Que Deus se levante! Sejam espalhados os seus inimigos, fujam dele os seus adversários" (v. 1); "Quando saíste à frente do teu povo, ó Deus, quando marchaste pelo ermo, a terra tremeu" (vv. 7-8); "Reis e exércitos fogem em debandada" (v. 12); "Os carros de Deus são incontáveis, são milhares de milhares" (v. 17). Esse é um Deus diante do qual o universo treme.

No entanto, ele também é gentil: "Pai para os órfãos e defensor das viúvas" (v. 5). "Deus dá um lar aos solitários, liberta os presos para a prosperidade" (v. 6); "Bendito seja o Senhor, Deus, nosso Salvador, que cada dia suporta as nossas cargas" (v. 19); "é o Deus de Israel que dá poder e força ao seu povo" (v. 35). Esse é um Deus que se agrada em confortar os fracos.

Como devemos pensar sobre essas duas realidades? Que diferença faz que Deus seja, ao mesmo tempo, todo-poderoso e misericordioso, e onipotente e gentil? Faz toda a diferença do mundo. Significa que ele é *capaz* de nos livrar de todas as nossas dificuldades e pecados, e que ele *gosta* de nos libertar. Se ele fosse poderoso, mas não misericordioso, ele poderia nos salvar, mas não o faria. Se ele fosse misericordioso, mas não poderoso, ele até gostaria de nos salvar, mas não poderia.

Em Jesus, vemos essas duas realidades de quem Deus é fundidas de maneira maravilhosa. Jesus é leão e cordeiro; é onipotente e gracioso. Ele é confiável. Podemos depositar toda nossa confiança nele. Ele *pode* resgatá-lo e ele *quer* fazê-lo.

SALMO 69

Para o mestre de música. De acordo com a melodia Lírios. *Davídico.*

¹ Salva-me, ó Deus!,
   pois as águas subiram até o meu pescoço.
² Nas profundezas lamacentas eu me afundo;
   não tenho onde firmar os pés.
  Entrei em águas profundas;
   as correntezas me arrastam.
³ Cansei-me de pedir socorro;
   minha garganta se abrasa.
  Meus olhos fraquejam
   de tanto esperar pelo meu Deus.
⁴ Os que sem razão me odeiam
   são mais do que os fios de cabelo da minha cabeça;
  muitos são os que me prejudicam sem motivo;
   muitos, os que procuram destruir-me.
  Sou forçado a devolver o que não roubei.
⁵ Tu bem sabes como fui insensato, ó Deus;
   a minha culpa não te é encoberta.
⁶ Não se decepcionem por minha causa
   aqueles que esperam em ti,
  ó Senhor, Senhor dos Exércitos!
   Não se frustrem por minha causa
   os que te buscam, ó Deus de Israel!

⁷ Pois por amor a ti suporto zombaria,
 e a vergonha cobre-me o rosto.
⁸ Sou um estrangeiro para os meus irmãos,
 um estranho até para os filhos da minha mãe;
⁹ pois o zelo pela tua casa me consome,
 e os insultos daqueles que te insultam caem sobre mim.
¹⁰ Até quando choro e jejuo,
 tenho que suportar zombaria;
¹¹ quando ponho vestes de lamento,
 sou objeto de chacota.
¹² Os que se ajuntam na praça falam de mim,
 e sou a canção dos bêbados.
¹³ Mas eu, Senhor, no tempo oportuno,
 elevo a ti minha oração;
 responde-me, por teu grande amor, ó Deus,
 com a tua salvação infalível!
¹⁴ Tira-me do atoleiro,
 não me deixes afundar;
 liberta-me dos que me odeiam
 e das águas profundas.
¹⁵ Não permitas que as correntezas me arrastem
 nem que as profundezas me engulam,
 nem que a cova feche sobre mim a sua boca!
¹⁶ Responde-me, Senhor, pela bondade do teu amor;
 por tua grande misericórdia, volta-te para mim.

¹⁷ Não escondas do teu servo a tua face;
   responde-me depressa, pois estou em perigo.
¹⁸ Aproxima-te e resgata-me;
   livra-me por causa dos meus inimigos.
¹⁹ Tu bem sabes como sofro zombaria, humilhação e vergonha;
   conheces todos os meus adversários.
²⁰ A zombaria partiu-me o coração;
   estou em desespero!
  Supliquei por socorro, nada recebi;
   por consoladores, e a ninguém encontrei.
²¹ Puseram fel na minha comida
   e para matar-me a sede deram-me vinagre.
²² Que a mesa deles se lhes transforme em laço;
   torne-se retribuição e armadilha.
²³ Que se lhe escureçam os olhos para que não consigam ver;
   faze-lhes tremer o corpo sem parar.
²⁴ Despeja sobre eles a tua ira;
   que o teu furor ardente os alcance.
²⁵ Fique deserto o lugar deles;
   não haja ninguém que habite nas suas tendas.
²⁶ Pois perseguem aqueles que tu feres
   e comentam a dor daqueles a quem castigas.
²⁷ Acrescenta-lhes pecado sobre pecado;
   não os deixes alcançar a tua justiça.

²⁸ Sejam eles tirados do livro da vida
   e não sejam incluídos no rol dos justos.
²⁹ Grande é a minha aflição e a minha dor!
   Proteja-me, ó Deus, a tua salvação!
³⁰ Louvarei o nome de Deus com cânticos
   e proclamarei sua grandeza com ações de graças;
³¹ isso agradará o Senhor mais do que bois,
   mais do que touros com seus chifres e cascos.
³² Os necessitados o verão e se alegrarão;
   a vocês que buscam a Deus, vida ao seu coração!
³³ O Senhor ouve o pobre
   e não despreza o seu povo aprisionado.
³⁴ Louvem-no os céus e a terra,
   os mares e tudo o que neles se move,
³⁵ pois Deus salvará Sião
   e reconstruirá as cidades de Judá.
Então o povo ali viverá e tomará posse da terra;
³⁶ a descendência dos seus servos a herdará,
   e nela habitarão os que amam o seu nome.

⌒⊃⊂⌒

A Bíblia inteira é cumprida em nosso amoroso Salvador, Jesus Cristo, o amigo dos pecadores. Ele mesmo disse que todos os salmos se referiam a ele (Lucas 24:44). Como o salmo 69 se encaixa nisso?

Considere o apelo de Davi. Ele está profundamente angustiado, clamando a Deus por libertação. Ele se sente odiado, ridicularizado. Você vê que Jesus é a resposta final à oração de Davi? Percebe que, ao orar o salmo 69, Jesus Cristo é a resposta concreta que Davi esperava, mas que só pôde ver vagamente?

Ninguém jamais foi odiado sem razão mais do que Jesus (v. 4). Ninguém jamais suportou mais vergonha por amor a Deus do que Jesus (v. 7). Ele se tornou um estranho para sua própria família, assim como Davi se sentia nesse salmo e, talvez, como você se sente agora (v. 8; Mateus 12:49). Ele foi ridicularizado (Salmos 69:12; Mateus 27:29). Davi ora para não ser subjugado (Salmos 69:14-15) e para que Deus não esconda sua face dele (v. 17). Jesus pediu o mesmo (Mateus 26:39), mas veja a grande diferença entre o que Davi orou e o que Jesus orou. Embora Jesus tenha suportado todas as dificuldades de Davi e muito mais, a oração de Cristo por libertação não foi respondida da forma como ele gostaria.

Por que isso é importante para a sua vida? Considere o seguinte: em seu momento de angústia, você pode orar o salmo 69 e confiar que, de alguma forma, Deus responderá e libertará você, porque Jesus orou por libertação, mas enfrentou a cruz mesmo assim. Ele suportou a separação de Deus em nosso lugar para que nunca precisássemos passar por isso. Davi ora para ser resgatado (v. 18); você e eu realmente fomos resgatados, por meio da obra consumada de Cristo na cruz. Por isso, você pode abrir o coração para ele sem medo de rejeição ou silêncio.

SALMO 70

Para o mestre de música. Davídico. Uma petição.

¹ Livra-me, ó Deus!
   Apressa-te, Senhor, a ajudar-me!
² Sejam humilhados e frustrados
   os que procuram tirar-me a vida;
   retrocedam desprezados
   os que desejam a minha ruína.
³ Retrocedam em desgraça
   os que zombam de mim.
⁴ Mas regozijem-se e alegrem-se em ti
   todos os que te buscam;
   digam sempre os que amam a tua salvação:
   "Como Deus é grande!"
⁵ Quanto a mim, sou pobre e necessitado;
   apressa-te, ó Deus.
   Tu és o meu socorro e o meu libertador;
   Senhor, não te demores!

⊱⊰

Existem duas — e apenas duas — abordagens básicas para a vida: podemos tentar lidar com as adversidades da vida por meio de nossos próprios recursos autônomos ou olhar para além de nós mesmos em busca de libertação. Podemos olhar para dentro ou podemos olhar para fora.

Os salmos, especialmente os de lamentação, como esse, nos treinam a olhar para fora de nós mesmos, a olhar para Deus em busca de libertação. A nota sonora com a qual esse salmo começa e termina aponta para uma libertação além do que o próprio Davi pode expressar. "Apressa-te, Senhor, a ajudar-me!" (v. 1); "Tu és o meu socorro e o meu libertador; Senhor, não te demores!" (v. 5).

Considere sua própria vida. Em que você confia, momento a momento? A verdadeira comunhão com Deus é o processo contínuo de crescer cada vez mais profundamente na dependência de Deus: apoiar-se nele, confiar nele, esperar nele. Mas, para chegar lá, você deve se ver como Davi se via: "Sou pobre e necessitado" (v. 5). Se você se sente suficiente e competente para gerenciar sua própria vida, não clamará a Deus. Agora, se você se sente fraco e incapacitado, clamará pela ajuda e libertação de Deus — um clamor que nosso Senhor tem prazer em responder.

SALMO 71

¹ Em ti, Senhor, busquei refúgio;
 nunca permitas que eu seja humilhado.
² Resgata-me e livra-me por tua justiça;
 inclina o teu ouvido para mim e salva-me.
³ Peço-te que sejas a minha rocha de refúgio,
 para onde eu sempre possa ir;
 dá ordem para que me libertem,
 pois és a minha rocha e a minha fortaleza.
⁴ Livra-me, ó meu Deus, das mãos dos ímpios,
 das garras dos perversos e cruéis.
⁵ Pois tu és a minha esperança, ó Soberano Senhor,
 em ti está a minha confiança desde a juventude.
⁶ Desde o ventre materno dependo de ti;
 tu me sustentaste desde as entranhas de minha mãe.
 Eu sempre te louvarei!
⁷ Tornei-me um exemplo para muitos,
 porque tu és o meu refúgio seguro.
⁸ Do teu louvor transborda a minha boca,
 que o tempo todo proclama o teu esplendor.
⁹ Não me rejeites na minha velhice;
 não me abandones quando se vão as minhas forças.
¹⁰ Pois os meus inimigos me caluniam;
 os que estão à espreita juntam-se e planejam
 matar-me.

¹¹ "Deus o abandonou", dizem eles;
"persigam-no e prendam-no, pois ninguém o livrará."
¹² Não fiques longe de mim, ó Deus;
ó meu Deus, apressa-te em ajudar-me.
¹³ Pereçam humilhados os meus acusadores;
sejam cobertos de zombaria e vergonha
os que querem prejudicar-me.
¹⁴ Mas eu sempre terei esperança
e te louvarei cada vez mais.
¹⁵ A minha boca falará sem cessar da tua justiça
e dos teus incontáveis atos de salvação.
¹⁶ Falarei dos teus feitos poderosos, ó Soberano Senhor;
proclamarei a tua justiça, unicamente a tua justiça.
¹⁷ Desde a minha juventude, ó Deus, tens me ensinado,
e até hoje eu anuncio as tuas maravilhas.
¹⁸ Agora que estou velho, de cabelos brancos,
não me abandones, ó Deus,
para que eu possa falar da tua força aos nossos filhos,
e do teu poder às futuras gerações.
¹⁹ Tua justiça chega até as alturas, ó Deus,
tu, que tens feito coisas grandiosas.
Quem se compara a ti, ó Deus?
²⁰ Tu, que me fizeste passar muitas e duras tribulações,
restaurarás a minha vida,
e das profundezas da terra de novo me farás subir.

²¹ Tu me farás mais honrado
e mais uma vez me consolarás.
²² E eu te louvarei com a lira
por tua fidelidade, ó meu Deus;
cantarei louvores a ti com a harpa,
ó Santo de Israel.
²³ Os meus lábios gritarão de alegria
quando eu cantar louvores a ti,
pois tu me redimiste.
²⁴ Também a minha língua sempre falará
dos teus atos de justiça,
pois os que queriam prejudicar-me
foram humilhados e ficaram frustrados.

⁂

Essa é a oração de um santo em um momento de solidão, que na velhice se dá conta de que a vida está acabando para ele: "Não me rejeites na minha velhice" (v. 9), ele ora. "Agora que estou velho, de cabelos brancos, não me abandones, ó Deus" (v. 18). Esse salmo nos instrui sobre como andar com Deus à medida que envelhecemos.

Somos lembrados de que nosso tempo na terra é repleto de lutas; Deus trouxe para a vida do salmista "muitas e duras tribulações" (v. 20). Os salmistas são realistas. Eles não tentam se esquivar das adversidades, sorrindo o tempo todo, pois sabem o que é passar pelas "profundezas da terra" (v. 20).

Mesmo assim, apesar de todas as dores, o salmista não ficou cínico. O cinismo é uma grande tentação enquanto caminhamos pela vida e em direção à morte. Conforme as dificuldades se acumulam, os relacionamentos azedam, as esperanças e os objetivos deixam de se materializar, é fácil jogar a toalha emocionalmente e cair no cinismo de coração frio. O salmista, entretanto, nos ensina que a dor não serve para nos entorpecer e fazer com que nosso coração se retraia; seu propósito é atrair o nosso coração a Deus: "das profundezas da terra *de novo me farás subir*" (v. 20).

A adversidade não tem a intenção de diminuir nossa esperança em Deus. Pelo contrário, seu objetivo é aumentar nossa esperança nele. Somos levados a nos lembrar de que Deus é tudo o que temos e que ele é suficiente.

SALMO 72

De Salomão.

¹ Reveste da tua justiça o rei, ó Deus,
   e da tua retidão o filho do rei,
² para que ele julgue com retidão
   e com justiça os teus que sofrem opressão.
³ Que os montes tragam prosperidade ao povo
   e as colinas o fruto da justiça.
⁴ Defenda ele os oprimidos no meio do povo
   e liberte os filhos dos pobres;
   esmague ele o opressor!
⁵ Que ele perdure como o sol
   e como a lua por todas as gerações.
⁶ Seja ele como chuva sobre uma lavoura ceifada,
   como aguaceiros que regam a terra.
⁷ Floresçam os justos nos dias do rei,
   e haja grande prosperidade enquanto durar a lua.
⁸ Governe ele de mar a mar
   e desde o rio Eufrates até os confins da terra.
⁹ Inclinem-se diante dele as tribos do deserto,
   e os seus inimigos lambam o pó.
¹⁰ Que os reis de Társis e das regiões litorâneas
   lhe tragam tributo;
 os reis de Sabá e de Sebá
   lhe ofereçam presentes.

¹¹ Inclinem-se diante dele todos os reis,
e sirvam-no todas as nações.
¹² Pois ele liberta os pobres que pedem socorro,
os oprimidos que não têm quem os ajude.
¹³ Ele se compadece dos fracos e dos pobres
e os salva da morte.
¹⁴ Ele os resgata da opressão e da violência,
pois aos seus olhos a vida deles é preciosa.
¹⁵ Tenha o rei vida longa!
Receba ele o ouro de Sabá.
Que se ore por ele continuamente,
e todo o dia se invoquem bênçãos sobre ele.
¹⁶ Haja fartura de trigo por toda a terra,
ondulando no alto dos montes.
Floresçam os seus frutos como os do Líbano
e cresçam as cidades como as plantas no campo.
¹⁷ Permaneça para sempre o seu nome
e dure a sua fama enquanto o sol brilhar.
Sejam abençoadas todas as nações por meio dele,
e que elas o chamem bendito.
¹⁸ Bendito seja o Senhor Deus, o Deus de Israel,
o único que realiza feitos maravilhosos.
¹⁹ Bendito seja o seu glorioso nome para sempre;
encha-se toda a terra da sua glória.
Amém e amém.
²⁰ Encerram-se aqui as orações de Davi, filho de Jessé.

Davi escreveu a maioria dos salmos, mas esse foi escrito por seu filho, Salomão. O que ele está dizendo? Salomão pede a bênção divina para levar adiante as promessas feitas a Davi — as promessas da aliança de Deus de estar sempre com ele, de dar-lhe um reino sem fim, de dar-lhe bênçãos celestiais e de estabelecer seu governo sobre as nações.

Salomão tinha plena consciência das bênçãos prometidas a Davi e, sem dúvida, teria se sentido um tanto inadequado em ocupar o lugar de seu pai. De fato, a história de 1Reis nos fala do poderoso início do reinado de Salomão e de sua grande sabedoria, mas também relata como o seu reinado não terminou bem. Salomão caiu na idolatria no final de sua vida; com seus filhos, o reino começou a se dividir em dois, por conta da guerra civil.

Ao lermos esse salmo hoje, todavia, podemos levantar nossos olhos para além do reinado de Salomão e vislumbrar o reinado do herdeiro davídico — alguém "maior do que Salomão" (Lucas 11:31) e que viria mil anos depois. Salomão orou no salmo 72 para que ele reinasse em retidão (vv. 1-2), defendesse a causa dos necessitados (v. 4), desfrutasse do domínio "de mar a mar" (v. 8), visse as nações se curvando perante ele (vv. 9-11) e tivesse um nome que duraria para sempre (v. 17).

Apenas um rei fez jus a essa oração sublime. No Senhor Jesus, vemos as supremas promessas de Deus atingirem seu ápice.

TERCEIRO LIVRO

Salmos 73 — 89

SALMO 73

Salmo da família de Asafe.

¹ Certamente Deus é bom para Israel,
 para os puros de coração.
² Quanto a mim, os meus pés quase tropeçaram;
 por pouco não escorreguei.
³ Pois tive inveja dos arrogantes
 quando vi a prosperidade desses ímpios.
⁴ Eles não passam por sofrimento
 e têm o corpo saudável e forte.
⁵ Estão livres dos fardos de todos;
 não são atingidos por doenças como os outros homens.
⁶ Por isso o orgulho lhes serve de colar,
 e eles se vestem de violência.
⁷ Do seu íntimo brota a maldade;
 da sua mente transbordam maquinações.
⁸ Eles zombam e falam com más intenções;
 em sua arrogância ameaçam com opressão.
⁹ Com a boca arrogam a si os céus,
 e com a língua se apossam da terra.
¹⁰ Por isso o seu povo se volta para eles
 e bebe suas palavras até saciar-se.
¹¹ Eles dizem: "Como saberá Deus?
 Terá conhecimento o Altíssimo?"

¹² Assim são os ímpios;
   sempre despreocupados, aumentam suas riquezas.
¹³ Certamente me foi inútil manter puro o coração
   e lavar as mãos na inocência,
¹⁴ pois o dia inteiro sou afligido,
   e todas as manhãs sou castigado.
¹⁵ Se eu tivesse dito: "Falarei como eles",
   teria traído os teus filhos.
¹⁶ Quando tentei entender tudo isso,
   achei muito difícil para mim,
¹⁷ até que entrei no santuário de Deus,
   e então compreendi o destino dos ímpios.
¹⁸ Certamente os pões em terreno escorregadio
   e os fazes cair na ruína.
¹⁹ Como são destruídos de repente,
   completamente tomados de pavor!
²⁰ São como um sonho que se vai quando acordamos;
   quando te levantares, Senhor,
   tu os farás desaparecer.
²¹ Quando o meu coração estava amargurado
   e no íntimo eu sentia inveja,
²² agi como insensato e ignorante;
   minha atitude para contigo era a de um animal
   irracional.
²³ Contudo, sempre estou contigo;
   tomas a minha mão direita e me susténs.

²⁴ Tu me diriges com o teu conselho,
   e depois me receberás com honras.
²⁵ A quem tenho nos céus senão a ti?
   E, na terra, nada mais desejo além de estar junto a ti.
²⁶ O meu corpo e o meu coração poderão fraquejar,
   mas Deus é a força do meu coração
   e a minha herança para sempre.
²⁷ Os que te abandonam sem dúvida perecerão;
   tu destróis todos os infiéis.
²⁸ Mas, para mim, bom é estar perto de Deus;
   fiz do Soberano Senhor o meu refúgio;
   proclamarei todos os teus feitos.

Esse salmo, escrito por Asafe, expressa tristeza com a prosperidade dos ímpios. Como aqueles que agem com tamanha crueldade e maldade descarada podem desfrutar de tamanha riqueza em suas vidas? É somente quando Asafe levanta seus olhos para Deus que ele vê a história toda (v. 17). Quando a destruição final dos ímpios é considerada, sua prosperidade atual assume novas proporções: ela é vista como breve, passageira. Embora o mal esteja prosperando hoje, ele será extinguido após alguns segundos de existência desta curta vida.

Mesmo assim, ainda estamos presos ao presente, observando dia após dia enquanto os ímpios florescem. Como podemos sobreviver emocionalmente? Esse salmo nos oferece uma bela solução: "A quem tenho nos céus senão a ti? E na terra, nada mais desejo além de estar junto a ti. O meu corpo e o meu coração poderão fraquejar, mas Deus é a força do meu coração e a minha herança para sempre" (vv. 25-26).

Como você colocaria isso em suas próprias palavras? Considere o que Asafe está dizendo: com Deus, você é invencível. Nada pode tocá-lo. Seu maior prazer — Deus — nunca pode ser tirado de você. No céu, Deus é tudo o que você deseja e tudo de que precisa. Na terra, Deus é tudo o que você deseja e tudo de que precisa. Na morte ou na vida, na doença ou na saúde, mesmo quando seu corpo se deteriora em direção ao túmulo, Deus é tudo o que você deseja e tudo de que precisa.

Fique em paz. Sua verdadeira felicidade está além do alcance de qualquer mal que esta vida possa trazer.

SALMO 74

Poema da família de Asafe.

¹ Por que nos rejeitaste definitivamente, ó Deus?
    Por que se acende a tua ira contra as ovelhas da tua
        pastagem?
² Lembra-te do povo que adquiriste em tempos
        passados,
    da tribo da tua herança, que resgataste,
    do monte Sião, onde habitaste.
³ Volta os teus passos para aquelas ruínas irreparáveis,
    para toda a destruição que o inimigo causou em teu
        santuário.
⁴ Teus adversários gritaram triunfantes
    bem no local onde te encontravas conosco,
    e hastearam suas bandeiras em sinal de vitória.
⁵ Pareciam homens armados com machados
    invadindo um bosque cerrado.
⁶ Com seus machados e machadinhas
    esmigalharam todos os revestimentos de madeira
        esculpida.
⁷ Atearam fogo ao teu santuário;
    profanaram o lugar da habitação do teu nome.
⁸ Disseram no coração: "Vamos acabar com eles!"
    Queimaram todos os santuários do país.

⁹ Já não vemos sinais milagrosos;
>> não há mais profetas,
>> e nenhum de nós sabe até quando isso continuará.
¹⁰ Até quando o adversário irá zombar, ó Deus?
>> Será que o inimigo blasfemará o teu nome para sempre?
¹¹ Por que reténs a tua mão, a tua mão direita?
>> Não fiques de braços cruzados! Destrói-os!
¹² Mas tu, ó Deus, és o meu rei desde a antiguidade;
>> trazes salvação sobre a terra.
¹³ Tu dividiste o mar pelo teu poder;
>> quebraste as cabeças das serpentes das águas.
¹⁴ Esmagaste as cabeças do Leviatã
>> e o deste por comida às criaturas do deserto.
¹⁵ Tu abriste fontes e regatos;
>> secaste rios perenes.
¹⁶ O dia é teu, e tua também é a noite;
>> estabeleceste o sol e a lua.
¹⁷ Determinaste todas as fronteiras da terra;
>> fizeste o verão e o inverno.
¹⁸ Lembra-te de como o inimigo tem zombado de ti, ó Senhor,
>> como os insensatos têm blasfemado o teu nome.
¹⁹ Não entregues a vida da tua pomba aos animais selvagens;
>> não te esqueças para sempre da vida do teu povo indefeso.

²⁰ Dá atenção à tua aliança,
  porque de antros de violência se enchem os lugares
    sombrios do país.
²¹ Não deixes que o oprimido se retire humilhado!
  Faze que o pobre e o necessitado louvem o teu
    nome.
²² Levanta-te, ó Deus, e defende a tua causa;
  lembra-te de como os insensatos zombam de ti
    sem cessar.
²³ Não ignores a gritaria dos teus adversários,
  o crescente tumulto dos teus inimigos.

⁓⁓⁓

Esse salmo é um lamento da comunidade. Você já sofreu com outras pessoas por algo terrível? Uma morte inesperada na família? Uma traição na liderança da igreja? Um desastre natural? Na época desse salmo, o povo de Deus tinha acabado de suportar a destruição do próprio coração e do centro de sua vida comunitária — o templo. "Atearam fogo ao teu santuário; profanaram o lugar da habitação do teu nome" (v. 7).

O salmista clama pela libertação de Deus ao longo de todo o salmo (vv. 1-3,18,22), lembrando-se das promessas da aliança do Senhor e da libertação operada por ele no passado (vv. 12-15). Você e eu lemos esse salmo hoje com uma visão mais profunda dos caminhos de Deus e do que era possível para o povo escolhido, na época de Asafe, pois vemos que a maior destruição dirigida a eles não veio sobre o povo como um todo, mas sobre um israelita representativo. Na plenitude dos tempos, o templo foi novamente destruído — não o templo feito por mãos humanas, mas o templo verdadeiro e final; o templo do corpo de Jesus Cristo, no qual a presença de Deus se manifestou mais claramente (João 2:19-22).

E por quê? Por acaso, esse templo final foi destruído por capricho de um exército invasor? Não, esse era o plano pré-ordenado de Deus, posto em ação desde tempos imemoriais, para que as hostes do céu e do inferno ficassem admiradas diante da glória do seu amor. Na destruição de Jesus, nossa própria destruição foi seguramente deixada para trás, em vez de diante de nós. Quando você olha para a cruz, vê o castigo que deveria ser seu sendo executado sobre Jesus, de modo que diante de você só haja paz com Deus e uma eternidade com ele.

SALMO 75

Para o mestre de música. De acordo com a melodia Não destruas. *Salmo da família de Asafe. Um cântico.*

¹ Damos-te graças, ó Deus,
   damos-te graças, pois perto está o teu nome;
   todos falam dos teus feitos maravilhosos.
² Tu dizes: "Eu determino o tempo
   em que julgarei com justiça.
³ Quando treme a terra com todos os seus habitantes,
   sou eu que mantenho firmes as suas colunas.   *Pausa*
⁴ Aos arrogantes digo: Parem de vangloriar-se!
   E aos ímpios: Não se rebelem!
⁵ Não se rebelem contra os céus;
   não falem com insolência".
⁶ Não é do oriente nem do ocidente
   nem do deserto que vem a exaltação.
⁷ É Deus quem julga:
   Humilha a um, a outro exalta.
⁸ Na mão do SENHOR está um cálice
   cheio de vinho espumante e misturado;
  ele o derrama, e todos os ímpios da terra
   o bebem até a última gota.
⁹ Quanto a mim, para sempre anunciarei essas coisas;
   cantarei louvores ao Deus de Jacó.

¹⁰ Destruirei o poder de todos os ímpios,
mas o poder dos justos aumentará.

∞∞∞

Deus, e somente Deus, é o juiz supremo. Ninguém mais o é. Somente ele. Essa é a mensagem desse salmo. Como essa verdade se aplica à sua própria vida hoje?

Talvez você se encontre assombrado por um passado em que foi vítima de alguma forma de abuso. Deus vai julgar. Talvez sua vida hoje seja atormentada pela hostilidade de membros da família em relação a você. Deus vai julgar. Talvez você se sinta desanimado ao ler ou ouvir as notícias e ao ouvir a mídia e aqueles que eles entrevistam distorcendo a verdade. Deus vai julgar. Tudo vai ficar bem.

Talvez se sinta atormentado pela culpa de saber que você mesmo é o causador de algum mal — seja egoísmo, palavras más, retraimento relacional ou até algum tipo de engano. Se esse for o seu caso, arrependa-se e busque restituir aqueles a quem você ofendeu. Mas, além disso tudo, anime-se com a maravilhosa verdade do julgamento de Deus: ele julgou seu próprio Filho justo em vez de nós, rebeldes injustos, para que qualquer um que se refugie nele tenha o futuro que Jesus merece. Isso, acima de tudo, é motivo para dar graças a Deus por suas obras maravilhosas (v. 1).

SALMO 76

*Para o mestre de música. Com instrumentos de cordas.
Salmo da família de Asafe. Um cântico.*

¹ Em Judá Deus é conhecido;
 o seu nome é grande em Israel.
² Sua tenda está em Salém;
 o lugar da sua habitação está em Sião.
³ Ali quebrou ele as flechas reluzentes,
 os escudos e as espadas, as armas de guerra. *Pausa*
⁴ Resplendes de luz!
 És mais majestoso que os montes cheios de
  despojos.
⁵ Os homens valorosos jazem saqueados,
 dormem o sono final;
 nenhum dos guerreiros
  foi capaz de erguer as mãos.
⁶ Diante da tua repreensão, ó Deus de Jacó,
 o cavalo e o carro estacaram.
⁷ Somente tu és temível.
 Quem poderá permanecer diante de ti quando
  estiveres irado?
⁸ Dos céus pronunciaste juízo,
 e a terra tremeu e emudeceu,
⁹ quando tu, ó Deus, te levantaste para julgar,
 para salvar todos os oprimidos da terra. *Pausa*

¹⁰ Até a tua ira contra os homens redundará em teu louvor,
e os sobreviventes da tua ira se refrearão.
¹¹ Façam votos ao Senhor, ao seu Deus,
e não deixem de cumpri-los;
que todas as nações vizinhas tragam presentes
a quem todos devem temer.
¹² Ele tira o ânimo dos governantes
e é temido pelos reis da terra.

─────

Esse salmo começa falando sobre a morada de Deus, sua habitação (vv. 1-3). Deus habitava em "Salém", um antigo nome para Jerusalém e, portanto, no templo que estava em "Sião", a montanha onde ficava Jerusalém (v. 2). É em Israel e Judá que "Deus [era] conhecido" (v. 1).

É assim que Deus é conhecido hoje? Por sua presença em certa cidade do Oriente Médio, em um templo, em certa montanha? Não, pois, no momento certo, Deus veio na pessoa de Jesus Cristo, o templo final. Como resultado, o Novo Testamento ensina que ele agora não vive mais em um templo situado em uma montanha do outro lado do globo, mas em *você e em mim, que estamos unidos a Cristo*. Nós somos o templo no qual Deus habita, do qual Jesus é a pedra angular, o alicerce fundamental (Efésios 2:19-22).

Considere isso à luz do restante desse salmo, que continua contando sobre a temível majestade de Deus (vv. 4-9). É esse

Deus que está morando dentro de você. Como pode ser? É porque a ira feroz do Senhor foi derramada sobre Cristo, não em nós. Como resultado, Deus pode estabelecer residência em nós sem ameaçar sua santidade ou justiça. Um dia, essa ira se derramará sobre todo aquele que não se ajoelhar diante de Cristo como rei e libertador (vv. 10-12).

SALMO 77

Para o mestre de música. Ao estilo de Jedutum.
Salmo da família de Asafe.

¹ Clamo a Deus por socorro;
  clamo a Deus que me escute.
² Quando estou angustiado, busco o Senhor;
  de noite estendo as mãos sem cessar;
  a minha alma está inconsolável!
³ Lembro-me de ti, ó Deus, e suspiro;
  começo a meditar, e o meu espírito desfalece. *Pausa*
⁴ Não me permites fechar os olhos;
  tão inquieto estou que não consigo falar.
⁵ Fico a pensar nos dias que se foram,
  nos anos há muito passados;
⁶ de noite recordo minhas canções.
  O meu coração medita, e o meu espírito pergunta:
⁷ Irá o Senhor rejeitar-nos para sempre?
  Jamais tornará a mostrar-nos o seu favor?
⁸ Desapareceu para sempre o seu amor?
  Acabou-se a sua promessa?
⁹ Esqueceu-se Deus de ser misericordioso?
  Em sua ira refreou sua compaixão? *Pausa*
¹⁰ Então pensei: "A razão da minha dor
  é que a mão direita do Altíssimo não age mais".

¹¹ Recordarei os feitos do Senhor;
　　recordarei os teus antigos milagres.
¹² Meditarei em todas as tuas obras
　　e considerarei todos os teus feitos.
¹³ Teus caminhos, ó Deus, são santos.
　　Que deus é tão grande como o nosso Deus?
¹⁴ Tu és o Deus que realiza milagres;
　　mostras o teu poder entre os povos.
¹⁵ Com o teu braço forte resgataste o teu povo,
　　os descendentes de Jacó e de José.　　　　　　*Pausa*
¹⁶ As águas te viram, ó Deus,
　　as águas te viram e se contorceram;
　　até os abismos estremeceram.
¹⁷ As nuvens despejaram chuvas,
　　ressoou nos céus o trovão;
　　as tuas flechas reluziam em todas as direções.
¹⁸ No redemoinho, estrondou o teu trovão,
　　os teus relâmpagos iluminaram o mundo;
　　a terra tremeu e sacudiu-se.
¹⁹ A tua vereda passou pelo mar,
　　o teu caminho pelas águas poderosas,
　　e ninguém viu as tuas pegadas.
²⁰ Guiaste o teu povo como a um rebanho
　　pela mão de Moisés e de Arão.

O ritmo desse salmo vem dos problemas do presente considerados à luz das libertações do passado. A primeira metade do texto expressa os problemas de Asafe (vv. 1-9), enquanto a segunda metade lembra as salvações de Deus no passado (vv. 10-20).

Essa é uma estratégia vital quando você se encontra imerso em dificuldades. Um relacionamento distante. Um pecado habitual. Um constrangimento público. Uma depressão permanente. Uma doença física. Uma consciência atormentada. Quando essas realidades se fizerem presentes, olhe para seu passado. Você não viu Deus te ajudar? Não sentiu sua presença consoladora e fortalecedora por meio do Espírito Santo? Não experimentou momentos de doçura nas Escrituras?

Acima de tudo, não viu a libertação suprema que o Senhor realizou por você através do evangelho de Jesus Cristo, no qual Deus enviou seu Filho para sofrer e morrer em seu lugar? Observe o que Asafe escreveu no final desse salmo: "A tua vereda passou pelo mar" (v. 19). Quão implausível isso teria parecido a Israel enquanto eles ficavam de costas para o mar e os egípcios os perseguiam! Os caminhos de Deus, porém, vão contra nossas intuições. Ele age desafiando o que nossas mentes insignificantes podem prever. A cruz é o exemplo supremo disso. No Antigo Testamento, seu caminho era pelo mar. No Novo Testamento, seu caminho é pela cruz. A graciosa provisão de Deus nos confunde ao mesmo tempo que nos liberta.

SALMO 78

Poema da família de Asafe.

¹ Povo meu, escute o meu ensino;
  incline os ouvidos para o que eu tenho a dizer.
² Em parábolas abrirei a minha boca,
  proferirei enigmas do passado;
³ o que ouvimos e aprendemos,
  o que nossos pais nos contaram.
⁴ Não os esconderemos dos nossos filhos;
  contaremos à próxima geração
 os louváveis feitos do Senhor,
  o seu poder e as maravilhas que fez.
⁵ Ele decretou estatutos para Jacó,
  e em Israel estabeleceu a lei,
 e ordenou aos nossos antepassados
  que a ensinassem aos seus filhos,
⁶ de modo que a geração seguinte a conhecesse,
  e também os filhos que ainda nasceriam,
  e eles, por sua vez, contassem aos seus próprios
    filhos.
⁷ Então eles porão a confiança em Deus;
  não esquecerão os seus feitos
  e obedecerão aos seus mandamentos.
⁸ Eles não serão como os seus antepassados,
  obstinados e rebeldes,

povo de coração desleal para com Deus,
   gente de espírito infiel.
⁹ Os homens de Efraim, flecheiros armados,
   viraram as costas no dia da batalha;
¹⁰ não guardaram a aliança de Deus
   e se recusaram a viver de acordo com a sua lei.
¹¹ Esqueceram o que ele tinha feito,
   as maravilhas que lhes havia mostrado.
¹² Ele fez milagres diante dos seus antepassados,
   na terra do Egito, na região de Zoã.
¹³ Dividiu o mar para que pudessem passar;
   fez a água erguer-se como um muro.
¹⁴ Ele os guiou com a nuvem de dia
   e com a luz do fogo de noite.
¹⁵ Fendeu as rochas no deserto
   e deu-lhes tanta água como a que flui das
      profundezas;
¹⁶ da pedra fez sair regatos
   e fluir água como um rio.
¹⁷ Mas contra ele continuaram a pecar,
   revoltando-se no deserto contra o Altíssimo.
¹⁸ Deliberadamente puseram Deus à prova,
   exigindo o que desejavam comer.
¹⁹ Duvidaram de Deus, dizendo:
   "Poderá Deus preparar uma mesa no deserto?
²⁰ Sabemos que, quando ele feriu a rocha,
   a água brotou e jorrou em torrentes.

Mas conseguirá também dar-nos de comer?
Poderá suprir de carne o seu povo?"
²¹ O Senhor os ouviu e enfureceu-se;
com fogo atacou Jacó,
e sua ira levantou-se contra Israel,
²² pois eles não creram em Deus
nem confiaram no seu poder salvador.
²³ Contudo, ele deu ordens às nuvens
e abriu as portas dos céus;
²⁴ fez chover maná para que o povo comesse,
deu-lhe o pão dos céus.
²⁵ Os homens comeram o pão dos anjos;
enviou-lhes comida à vontade.
²⁶ Enviou dos céus o vento oriental
e pelo seu poder fez avançar o vento sul.
²⁷ Fez chover carne sobre eles como pó,
bandos de aves como a areia da praia.
²⁸ Levou-as a cair dentro do acampamento,
ao redor das suas tendas.
²⁹ Comeram à vontade,
e assim ele satisfez o desejo deles.
³⁰ Mas, antes de saciarem o apetite,
quando ainda tinham a comida na boca,
³¹ acendeu-se contra eles a ira de Deus;
e ele feriu de morte os mais fortes dentre eles,
matando os jovens de Israel.

³² A despeito disso tudo, continuaram pecando;
não creram nos seus prodígios.
³³ Por isso ele encerrou os dias deles como um sopro
e os anos deles em repentino pavor.
³⁴ Sempre que Deus os castigava com a morte, eles o buscavam;
com fervor se voltavam de novo para ele.
³⁵ Lembravam-se de que Deus era a sua Rocha,
de que o Deus Altíssimo era o seu Redentor.
³⁶ Com a boca o adulavam,
com a língua o enganavam;
³⁷ o coração deles não era sincero;
não foram fiéis à sua aliança.
³⁸ Contudo, ele foi misericordioso;
perdoou-lhes as maldades e não os destruiu.
Vez após vez conteve a sua ira,
sem despertá-la totalmente.
³⁹ Lembrou-se de que eram meros mortais,
brisa passageira que não retorna.
⁴⁰ Quantas vezes mostraram-se rebeldes contra ele no deserto
e o entristeceram na terra solitária!
⁴¹ Repetidas vezes puseram Deus à prova;
irritaram o Santo de Israel.
⁴² Não se lembravam da sua mão poderosa,
do dia em que os redimiu do opressor,

⁴³ do dia em que mostrou os seus prodígios no Egito,
 as suas maravilhas na região de Zoã,
⁴⁴ quando transformou os rios e os riachos dos egípcios
  em sangue,
 e eles não mais conseguiam beber das suas águas,
⁴⁵ e enviou enxames de moscas que os devoraram,
 e rãs que os devastaram;
⁴⁶ quando entregou as suas plantações às larvas,
 a produção da terra aos gafanhotos,
⁴⁷ e destruiu as suas vinhas com a saraiva
 e as suas figueiras bravas com a geada;
⁴⁸ quando entregou o gado deles ao granizo,
 os seus rebanhos aos raios;
⁴⁹ quando os atingiu com a sua ira ardente,
 com furor, indignação e hostilidade,
 com muitos anjos destruidores.
⁵⁰ Abriu caminho para a sua ira;
 não os poupou da morte,
 mas os entregou à peste.
⁵¹ Matou todos os primogênitos do Egito,
 as primícias do vigor varonil das tendas de Cam.
⁵² Mas tirou o seu povo como ovelhas
 e o conduziu como a um rebanho pelo deserto.
⁵³ Ele os guiou em segurança, e não tiveram medo;
 e os seus inimigos afundaram-se no mar.
⁵⁴ Assim os trouxe à fronteira da sua terra santa,
 aos montes que a sua mão direita conquistou.

⁵⁵ Expulsou nações que lá estavam,
　　distribuiu-lhes as terras por herança
　　e deu suas tendas às tribos de Israel para que nelas
　　　habitassem.
⁵⁶ Mas eles puseram Deus à prova
　　e foram rebeldes contra o Altíssimo;
　　não obedeceram aos seus testemunhos.
⁵⁷ Foram desleais e infiéis, como os seus antepassados,
　　confiáveis como um arco defeituoso.
⁵⁸ Eles o irritaram com os altares idólatras;
　　com os seus ídolos lhe provocaram ciúmes.
⁵⁹ Sabendo-o Deus, enfureceu-se
　　e rejeitou totalmente Israel;
⁶⁰ abandonou o tabernáculo de Siló,
　　a tenda onde habitava entre os homens.
⁶¹ Entregou o símbolo do seu poder ao cativeiro
　　e o seu esplendor nas mãos do adversário.
⁶² Deixou que o seu povo fosse morto à espada,
　　pois enfureceu-se com a sua herança.
⁶³ O fogo consumiu os seus jovens,
　　e as suas moças não tiveram canções de núpcias;
⁶⁴ os sacerdotes foram mortos à espada!
　　As viúvas já nem podiam chorar!
⁶⁵ Então o Senhor despertou como que de um sono,
　　como um guerreiro despertado do domínio do vinho.
⁶⁶ Fez retroceder a golpes os seus adversários
　　e os entregou a permanente humilhação.

⁶⁷ Também rejeitou as tendas de José
  e não escolheu a tribo de Efraim;
⁶⁸ ao contrário, escolheu a tribo de Judá
  e o monte Sião, o qual amou.
⁶⁹ Construiu o seu santuário como as alturas;
  como a terra o firmou para sempre.
⁷⁰ Escolheu o seu servo Davi
  e o tirou do aprisco das ovelhas,
⁷¹ do pastoreio de ovelhas,
  para ser o pastor de Jacó, seu povo,
  de Israel, sua herança.
⁷² E de coração íntegro Davi os pastoreou;
  com mãos experientes os conduziu.

⌘

Esse é um "salmo histórico", pois fala da fidelidade de Deus ao seu povo ao longo de muitas gerações e eventos. Asafe relata a entrega da lei, a peregrinação de Israel no deserto, a água da rocha, o maná do céu, os milagres no Egito e vários outros eventos. Em tudo isso, faz questão de destacar a graça de Deus, apesar da rebelião contínua do povo de Israel: "A despeito disso tudo, continuaram pecando; não creram nos seus prodígios" (v. 32).

Considere sua própria vida. Que eventos são evidências da graça abundante de Deus, apesar da sua própria pecaminosidade? Que mentores o Senhor providenciou para você? Qual igreja? Qual família? Quais livros? Quais sermões? Acima de tudo, considere sua própria conversão e seu novo nascimento, o grande acontecimento pelo qual você se tornou filho de Deus.

Considere os últimos 2 mil anos. Reflita sobre os grandes eventos da história e como Deus, vez após vez, libertou seu povo. Pense nos pastores, teólogos, missionários e nos milhares de cristãos fiéis desconhecidos que ele usou para estender o evangelho por todo o mundo e, a seu tempo, estender até você.

Finalmente, considere os eventos desse salmo. Pense nos eventos do Antigo Testamento. Acima de tudo, porém, pense no grande evento para o qual todo o Antigo Testamento, incluindo tudo o que é narrado nesse salmo, aponta: a vinda de Jesus Cristo. Ele é a rocha que, quando quebrada, jorra água (1Coríntios 10:4). Ele é o maná do céu que fornece a verdadeira nutrição (João 6:49-51). Ele é aquele em quem toda a lei do Antigo Testamento foi cumprida (Mateus 5:17). Nele você é restaurado ao seu verdadeiro eu. Seus pecados são perdoados. Você tem a promessa de uma eternidade na nova terra. Leia esse salmo e louve a Deus por sua bondade para com Israel — e para com você.

SALMO 79

Salmo da família de Asafe.

¹ Ó Deus, as nações invadiram a tua herança,
profanaram o teu santo templo,
reduziram Jerusalém a ruínas.
² Deram os cadáveres dos teus servos
às aves do céu por alimento;
a carne dos teus fiéis, aos animais selvagens.
³ Derramaram o sangue deles como água ao redor de
Jerusalém,
e não há ninguém para sepultá-los.
⁴ Somos objeto de zombaria para os nossos vizinhos,
de riso e menosprezo para os que vivem ao nosso
redor.
⁵ Até quando, Senhor? Ficarás irado para sempre?
Arderá o teu ciúme como o fogo?
⁶ Derrama a tua ira sobre as nações que não te
reconhecem,
sobre os reinos que não invocam o teu nome,
⁷ pois devoraram Jacó,
deixando em ruínas a sua terra.
⁸ Não cobres de nós as maldades dos nossos
antepassados;
venha depressa ao nosso encontro a tua misericórdia,
pois estamos totalmente desanimados!

⁹ Ajuda-nos, ó Deus, nosso Salvador,
  para a glória do teu nome;
livra-nos e perdoa os nossos pecados,
  por amor do teu nome.
¹⁰ Por que as nações haverão de dizer:
  "Onde está o Deus deles?"
Diante dos nossos olhos, mostra às nações
  a tua vingança pelo sangue dos teus servos.
¹¹ Cheguem à tua presença os gemidos dos prisioneiros.
  Pela força do teu braço preserva os condenados à
    morte.
¹² Retribui sete vezes mais aos nossos vizinhos
  as afrontas com que te insultaram, Senhor!
¹³ Então nós, o teu povo, as ovelhas das tuas pastagens,
  para sempre te louvaremos;
de geração em geração
  cantaremos os teus louvores.

―――

A comunidade clama por alívio nesse lamento comovente. "Até quando, Senhor? Ficarás irado para sempre?" (v. 5). O povo de Deus foi despedaçado e Jerusalém foi destruída, mas isso não é uma questão de mera vitimização. Asafe entende, em nome do povo, que o próprio Israel é culpado, e pede a Deus que não se lembre dos pecados dele (v. 8), mas que perdoe seus atos pecaminosos (v. 9).

Assim é a vida neste mundo caído confuso. Desastres acontecem. A dor nos engole de repente. No entanto, não somos meras vítimas. Temos plena consciência de muito da nossa própria pecaminosidade e do nosso fracasso. Não nos sentimos livres para pedir a Deus o alívio da dor que nos oprime; afinal, nós mesmos estamos carregados de erros. Certamente merecemos essa dor, não? Talvez, de alguma forma, Deus esteja nos retribuindo? Será que trouxemos a ira divina sobre nós nessa catástrofe?

Ao orarmos esse salmo hoje, temos uma vantagem ímpar sobre o povo de Deus na época de Asafe: vemos que, se estamos unidos a Cristo pela fé, qualquer desastre que ocorra em nossas vidas não é decorrente da ira frustrada de Deus, pois tudo isso foi derramado sobre Cristo na cruz. Deus pode estar nos disciplinando; nos castigando; nos testando. No entanto, é tudo por amor. Jesus eliminou qualquer motivo para Deus estar zangado conosco de forma punitiva.

Tudo em sua vida, seja bom ou doloroso, confortável ou sofrido, vem das mãos de um Pai amoroso.

SALMO 80

Para o mestre de música. De acordo com a melodia Os lírios da aliança. *Salmo da família de Asafe.*

¹ Escuta-nos, Pastor de Israel,
 tu, que conduzes José como um rebanho;
 tu, que tens o teu trono sobre os querubins,
  manifesta o teu esplendor
² diante de Efraim, Benjamim e Manassés.
 Desperta o teu poder e vem salvar-nos!
³ Restaura-nos, ó Deus!
 Faze resplandecer sobre nós o teu rosto,
 para que sejamos salvos.
⁴ Ó Senhor, Deus dos Exércitos,
 até quando arderá a tua ira
 contra as orações do teu povo?
⁵ Tu o alimentaste com pão de lágrimas
 e o fizeste beber copos de lágrimas.
⁶ Fizeste de nós um motivo de disputas entre as nações
  vizinhas,
 e os nossos inimigos caçoam de nós.
⁷ Restaura-nos, ó Deus dos Exércitos;
 faze resplandecer sobre nós o teu rosto,
 para que sejamos salvos.
⁸ Do Egito trouxeste uma videira;
 expulsaste as nações e a plantaste.

⁹ Limpaste o terreno,
ela lançou raízes e encheu a terra.
¹⁰ Os montes foram cobertos pela sua sombra
e os mais altos cedros pelos seus ramos.
¹¹ Seus ramos se estenderam até o Mar
e os seus brotos até o Rio.
¹² Por que derrubaste as suas cercas,
permitindo que todos os que passam apanhem as suas uvas?
¹³ Javalis da floresta a devastam
e as criaturas do campo dela se alimentam.
¹⁴ Volta-te para nós, ó Deus dos Exércitos!
Dos altos céus olha e vê!
Toma conta desta videira,
¹⁵ da raiz que a tua mão direita plantou,
do filho que para ti fizeste crescer!
¹⁶ Tua videira foi derrubada;
como lixo foi consumida pelo fogo.
Pela tua repreensão perece o teu povo!
¹⁷ Repouse a tua mão sobre aquele que puseste à tua mão direita,
o filho do homem que para ti fizeste crescer.
¹⁸ Então não nos desviaremos de ti;
vivifica-nos, e invocaremos o teu nome.
¹⁹ Restaura-nos, ó SENHOR, Deus dos Exércitos;
faze resplandecer sobre nós o teu rosto,
para que sejamos salvos.

O povo de Deus se sente abandonado. Seus olhos estão secos de tanto chorar (vv. 4-5). Eles são insultados por outras nações (v. 6). Sentem como se Deus estivesse profundamente desapontado com eles (v. 4).

O salmista investiga a adversidade presente para refletir sobre o que Deus fez ao libertar o povo do Egito. A metáfora usada na segunda metade do salmo é a de uma videira. Israel é descrito como uma videira que Deus tomou e plantou na terra prometida para espalhar e abençoar as regiões vizinhas com sua sombra; no entanto, ela foi derrubada e outros colheram seus frutos. O salmista pede a Deus que olhe novamente para essa videira — Israel — e faça com que ela floresça.

Deus de fato fez isso, mas de uma forma diferente daquela que qualquer humano jamais poderia ter sonhado. Deus insistia para que seu povo prosperasse, mas este povo nunca poderia ter feito isso se fosse abandonado à própria sorte. Eles precisavam de uma libertação profunda — não apenas do cativeiro egípcio, mas do cativeiro do pecado. Quando Jesus Cristo veio à terra, ele chamou a *si mesmo* de videira (João 15:1). Em outras palavras, ele veio para fazer o que Israel falhou em fazer. Veio para espalhar a sombra de sua bênção por toda parte. Unidos a ele pela fé, nós também nos tornamos parte dessa videira que dá vida e, assim, podemos dar frutos (João 15:4-5).

Você se sente abandonado, como se continuasse decepcionando Deus? Se está em Cristo, considere o que o Senhor fez por você. Você está vitalmente conectado com a vida celestial. Confie nele. Desfrute-o. Frutifique. Isso é quem você é agora.

SALMO 81

Para o mestre de música. De acordo com a melodia
Os lagares. *Da família de Asafe.*

¹ Cantem de alegria a Deus, nossa força;
   aclamem o Deus de Jacó!
² Comecem o louvor, façam ressoar o tamborim,
   toquem a lira e a harpa melodiosa.
³ Toquem a trombeta na lua nova
   e no dia de lua cheia, dia da nossa festa;
⁴ porque este é um decreto para Israel,
   uma ordenança do Deus de Jacó,
⁵ que ele estabeleceu como estatuto para José,
   quando atacou o Egito.
Ali ouvimos uma língua que não conhecíamos.
⁶ Ele diz: "Tirei o peso dos seus ombros;
   suas mãos ficaram livres dos cestos de cargas.
⁷ Na sua aflição vocês clamaram e eu os livrei,
   do esconderijo dos trovões lhes respondi;
   eu os pus à prova nas águas de Meribá.   *Pausa*
⁸ "Ouça, meu povo, as minhas advertências;
   se tão somente você me escutasse, ó Israel!
⁹ Não tenha deus estrangeiro no seu meio;
   não se incline perante nenhum deus estranho.
¹⁰ Eu sou o SENHOR, o seu Deus,
   que o tirei da terra do Egito.

Abra a sua boca, e eu o alimentarei.
¹¹ "Mas o meu povo não quis ouvir-me;
Israel não quis obedecer-me.
¹² Por isso os entreguei ao seu coração obstinado,
para seguirem os seus próprios planos.
¹³ "Se o meu povo apenas me ouvisse,
se Israel seguisse os meus caminhos,
¹⁴ com rapidez eu subjugaria os seus inimigos
e voltaria a minha mão contra os seus adversários!
¹⁵ Os que odeiam o SENHOR se renderiam diante dele
e receberiam um castigo perpétuo.
¹⁶ Mas eu sustentaria Israel com o melhor trigo,
e com o mel da rocha eu o satisfaria".

⁂

A longa e triste história da humanidade é a busca interminável do homem para encontrar algo que não seja Deus para satisfazer seus anseios mais profundos. Conquistas, poder, bens materiais, liberdade sexual e até religião — nós nos agarramos a qualquer coisa que nos faça sentir que estamos no controle e que nos permita evitar ser confrontados por aquele que nos criou.

Contudo, é somente nos perdendo em Deus que podemos encontrar nosso verdadeiro eu. Apenas ele pode satisfazer nossos anseios mais profundos. Veja como o salmista diz: "Abra a sua boca, e eu [Deus] o alimentarei" (v. 10); "eu sustentaria Israel com o melhor trigo, e com o mel da rocha eu o satisfaria" (v. 16). Essa é a sua visão de Deus? Quando Cristo veio, ele disse que veio para dar vida (João 10:10); disse que ele era a fonte de água viva (João 4:14), o pão do céu (João 6:38). *Você foi feito para ele.*

Agostinho, o famoso teólogo do quinto século, colocou isso da seguinte forma:

> Então, o que devemos fazer ao compartilhar o amor de Deus, cujo gozo pleno constitui a vida feliz? Todos aqueles que o amam derivam sua existência e seu amor do próprio Deus. É Deus quem nos liberta de qualquer medo de que ele possa falhar em satisfazer aquele a quem ele se torna conhecido. É Deus quem quer ser amado, não para ganhar alguma recompensa para si mesmo, mas para dar àqueles que o amam uma recompensa eterna — a saber, ele mesmo.

Ande com Deus. Desfrute-o. Reflita sobre seu amor. Essa é a verdadeira e plena humanidade.

SALMO 82

Para o mestre de música. Salmo da família de Asafe.

¹ É Deus quem preside a assembleia divina;
no meio dos deuses, ele é o juiz.
² "Até quando vocês vão absolver os culpados
e favorecer os ímpios? *Pausa*
³ Garantam justiça para os fracos e para os órfãos;
mantenham os direitos dos necessitados e dos
oprimidos.
⁴ Livrem os fracos e os pobres;
libertem-nos das mãos dos ímpios.
⁵ "Eles nada sabem, nada entendem.
Vagueiam pelas trevas;
todos os fundamentos da terra estão abalados.
⁶ "Eu disse: 'Vocês são deuses,
todos vocês são filhos do Altíssimo'.
⁷ Mas vocês morrerão como simples homens;
cairão como qualquer outro governante."
⁸ Levanta-te, ó Deus, julga a terra,
pois todas as nações te pertencem.

Em meio a uma visão elevada da autoridade de Deus e do direito divino de governar e julgar, esse salmo considera os mais fracos e necessitados da comunidade. O salmo sobe muito alto e, depois, desce muito baixo.

Como sua vida se encaixa com o chamado dos versículos 3 e 4: "Garantam justiça para os fracos e para os órfãos [...] Livrem os fracos e os pobres"? Alguns podem atribuir tais atividades aos "ministérios de misericórdia" — e elas de fato podem ser atribuídas dessa forma —, mas tal ministério não deve ser considerado um elemento opcional da vida cristã. Ao ajudar os mais fracos em nossas comunidades, estamos refletindo em pequena escala o que Deus fez por nós em Cristo. *Nós* somos fracos — espiritualmente. Nós sabemos o que é ser pobre, destituído e necessitado. Estávamos acorrentados pelo pecado, mas Deus enviou seu Filho para quebrar essas correntes.

Tendo sido libertos da maior escravidão possível — a escravidão espiritual —, nos tornamos encantados e privilegiados por cuidar daqueles que estão em uma escravidão menor, mas real: a escravidão física e material.

SALMO 83

Uma canção. Salmo da família de Asafe.

¹ Ó Deus, não te emudeças;
 não fiques em silêncio nem te detenhas, ó Deus.
² Vê como se agitam os teus inimigos,
 como os teus adversários te desafiam de cabeça erguida.
³ Com astúcia conspiram contra o teu povo;
 tramam contra aqueles que são o teu tesouro.
⁴ Eles dizem: "Venham, vamos destruí-los como nação,
 para que o nome de Israel não seja mais lembrado!"
⁵ Com um só propósito tramam juntos;
 é contra ti que fazem acordo
⁶ as tendas de Edom e os ismaelitas,
 Moabe e os hagarenos,
⁷ Gebal, Amom e Amaleque,
 a Filístia, com os habitantes de Tiro.
⁸ Até a Assíria aliou-se a eles,
 e trouxe força aos descendentes de Ló.　　　　*Pausa*
⁹ Trata-os como trataste Midiã,
 como trataste Sísera e Jabim no rio Quisom,
¹⁰ os quais morreram em En-Dor
 e se tornaram esterco para a terra.

¹¹ Faze com os seus nobres o que fizeste com Orebe e Zeebe,
e com todos os seus príncipes o que fizeste com Zeba e Zalmuna,
¹² que disseram:
"Vamos apossar-nos das pastagens de Deus".
¹³ Faze-os como folhas secas levadas no redemoinho, ó meu Deus,
como palha ao vento.
¹⁴ Assim como o fogo consome a floresta
e as chamas incendeiam os montes,
¹⁵ persegue-os com o teu vendaval
e aterroriza-os com a tua tempestade.
¹⁶ Cobre-lhes de vergonha o rosto
até que busquem o teu nome, Senhor.
¹⁷ Sejam eles humilhados e aterrorizados para sempre;
pereçam em completa desgraça.
¹⁸ Saibam eles que tu, cujo nome é Senhor,
somente tu, és o Altíssimo sobre toda a terra.

༺༻

Deus às vezes esconde seu rosto do mundo, mas seu ocultamento não significa que ele esteja ausente. Nesse salmo, o silêncio de Deus atrai dez nações, simbolizando todos os oponentes do povo de Deus, para que ele possa destruir essas nações com um só golpe (vv. 3-8; veja também

2Crônicas 20:13-23). Ao mesmo tempo, apesar de todos os esforços do mundo para exterminar seu povo, Deus sempre preservou seus escolhidos (vv. 4-5; veja também Romanos 11:1-6). Sendo enxertados em sua oliveira, os gentios agora são herdeiros das mesmas promessas de proteção (Romanos 11:24). Eles são sua propriedade "preciosa" (vv. 3,12; veja também Romanos 9:23).

Deus não apenas promete preservar seu povo desfavorecido como também tem prazer em prevalecer sobre seus oponentes para o bem da libertação de seu povo. O primeiro exemplo de uma vitória improvável mencionado por Asafe é a derrota de Midiã para Gideão, o líder mais jovem da tribo mais fraca de Israel (Juízes 6:1-40). O segundo é a derrota de Sísera, poderoso comandante do exército de Jabim, rei de Canaã, que atormentou Israel por vinte anos, morto por uma dona de casa (Juízes 4:17-22).

A razão final para viver com confiança em um mundo hostil é que Jesus Cristo prevaleceu sobre os nossos maiores inimigos: o pecado, a culpa, Satanás e a morte. Em Cristo somos invencíveis, pois Jesus ressuscitou fisicamente e agora estamos unidos a ele pela fé. Nosso futuro não poderia ser mais promissor, qualquer que seja a adversidade que nos assalte neste mundo caído.

SALMO 84

Para o mestre de música. De acordo com a melodia
Os lagares. *Salmo dos coraítas.*

¹ Como é agradável o lugar da tua habitação,
Senhor dos Exércitos!
² A minha alma anela, e até desfalece,
pelos átrios do Senhor;
o meu coração e o meu corpo
cantam de alegria ao Deus vivo.
³ Até o pardal achou um lar
e a andorinha um ninho para si,
para abrigar os seus filhotes,
um lugar perto do teu altar,
ó Senhor dos Exércitos, meu Rei e meu Deus.
⁴ Como são felizes os que habitam em tua casa;
louvam-te sem cessar! *Pausa*
⁵ Como são felizes os que em ti encontram força
e os que são peregrinos de coração!
⁶ Ao passarem pelo vale de Baca,
fazem dele um lugar de fontes;
as chuvas de outono também o enchem de
cisternas.
⁷ Prosseguem o caminho de força em força,
até que cada um se apresente a Deus em Sião.

⁸ Ouve a minha oração, ó S<small>ENHOR</small> Deus dos
  Exércitos;
 escuta-me, ó Deus de Jacó.   *Pausa*
⁹ Olha, ó Deus, que és nosso escudo;
  trata com bondade o teu ungido.
¹⁰ Melhor é um dia nos teus átrios
   do que mil noutro lugar;
  prefiro ficar à porta da casa do meu Deus
   a habitar nas tendas dos ímpios.
¹¹ O S<small>ENHOR</small> Deus é sol e escudo;
 o S<small>ENHOR</small> concede favor e honra;
 não recusa nenhum bem
  aos que vivem com integridade.
¹² Ó S<small>ENHOR</small> dos Exércitos,
  como é feliz aquele que em ti confia!

Em seu livro *The Saints' Knowledge of Christ's Love* [O conhecimento dos santos sobre o amor de Cristo], o pregador puritano John Bunyan escreve: "Tenho visto muitas vezes que os aflitos são sempre o melhor tipo de cristãos". Ele continua explicando que o que vemos como boas providências — saúde, sucesso, conforto — frequentemente têm valor espiritual mínimo, ao passo que o que vemos como más providências — dor, provação, escuridão — frequentemente são nossas fontes mais profundas de nutrição e crescimento espiritual.

Cristãos experientes sabem que isso é verdade. Vemos isso aqui no salmo 84: o salmista clama, procurando habitar com Deus (vv. 1-4), pois sua presença é a nossa verdadeira força (v. 5). Em seguida, observe o que o salmista diz: "Ao passarem pelo vale de Baca, fazem dele um lugar de fontes [...] Prosseguem o caminho de força em força" (vv. 6-7). Não sabemos exatamente onde ficava o vale de Baca, mas sabemos que era um vale! Os vales na Bíblia geralmente simbolizam solidão, escuridão e adversidade — lembre-se de Salmos 23:4. No entanto, aqueles cuja força está em Deus "fazem dele um lugar de fontes" (v. 6). Quando Deus é o seu valor supremo, o seu bem mais precioso — quando você prefere estar em um lugar difícil *com* Deus do que em um lugar confortável *sem* ele (v. 10) —, não importa a dor que penetre em sua vida, sua alegria mais profunda não pode ser ameaçada. Você está seguro. Nada pode te tocar. Até os vales da vida tornam-se locais de florescimento.

Mas e se você não sentir que Deus é o seu maior tesouro? Todos nós passamos por momentos como esse, e é por isso que textos como o versículo 11 estão na Bíblia — para recalibrar nossos corações: "O Senhor Deus é sol e escudo; o Senhor concede favor e honra; não recusa nenhum bem aos que vivem com integridade". Deus está acima de você, iluminando-o — ele é "sol". Deus está diante de você, protegendo-o — ele é "escudo". Deus é por você, dignificando-o — ele "concede favor e honra". Deus está com você, abençoando-o ricamente — ele "não recusa nenhum bem".

SALMO 85

Para o mestre de música. Salmo dos coraítas.

¹ Foste favorável à tua terra, ó Senhor;
 trouxeste restauração a Jacó.
² Perdoaste a culpa do teu povo
 e cobriste todos os seus pecados. *Pausa*
³ Retiraste todo o teu furor
 e te afastaste da tua ira tremenda.
⁴ Restaura-nos mais uma vez, ó Deus, nosso Salvador,
 e desfaze o teu furor para conosco.
⁵ Ficarás indignado conosco para sempre?
 Prolongarás a tua ira por todas as gerações?
⁶ Acaso não nos renovarás a vida,
 a fim de que o teu povo se alegre em ti?
⁷ Mostra-nos o teu amor, ó Senhor,
 e concede-nos a tua salvação!
⁸ Eu ouvirei o que Deus, o Senhor, disse;
 ele promete paz ao seu povo, aos seus fiéis!
 Não voltem eles à insensatez!
⁹ Perto está a salvação que ele trará aos que o temem,
 e a sua glória habitará em nossa terra.
¹⁰ O amor e a fidelidade se encontrarão;
 a justiça e a paz se beijarão.
¹¹ A fidelidade brotará da terra,
 e a justiça descerá dos céus.

¹² O Senhor nos trará bênçãos,
    e a nossa terra dará a sua colheita.
¹³ A justiça irá adiante dele
    e preparará o caminho para os seus passos.

༄༅༅༅

A vida cristã não é estática, como uma estrada espiritual plana e elevada. Antes, ela tem altos e baixos. Em um momento, nos encontramos confiando em Deus de todo coração, adorando-o, desfrutando sua presença. Contudo, no momento seguinte, às vezes sem motivo aparente, nosso coração fica frio e rígido. Sabemos as coisas certas a dizer e continuamos a fazer isso, mas tudo parece morto e seco.

O salmo 85 está na Bíblia para que você possa orar nesses períodos de vazio espiritual. O salmista reflete sobre a bondade passada de Deus (vv. 1-3) e, então, pede uma obra divina de renovação (vv. 4-9). Ele sabe o que é amar a Deus de forma ricamente sincera, mas algo secou dentro dele e ele deseja que isso volte. Ao orar por essa renovação, o salmista nos leva a reconhecer que não podemos fabricar a renovação interior por nós mesmos. Precisamos que Deus intervenha em nós. Precisamos que ele opere tal renovo.

Você está se sentindo morto e seco? Ore o salmo 85. Medite nele de manhã e à noite, pois Deus provou que não deixará tal oração ficar sem resposta. Como ele provou isso? Mostrando, na plenitude dos tempos, exatamente como "a justiça e a paz" se beijaram (v. 10). Ele enviou Jesus Cristo, seu único Filho, para satisfazer os requisitos justos da lei e, ao fazê-lo, proporcionar paz verdadeira e duradoura para qualquer um que se humilhe o suficiente para recebê-la. Jesus anulou qualquer razão para Deus reter sua graça renovadora de você.

SALMO 86

Oração davídica.

¹ Inclina os teus ouvidos, ó Senhor, e responde-me,
   pois sou pobre e necessitado.
² Guarda a minha vida, pois sou fiel a ti.
   Tu és o meu Deus;
      salva o teu servo que em ti confia!
³ Misericórdia, Senhor,
   pois clamo a ti sem cessar.
⁴ Alegra o coração do teu servo,
   pois a ti, Senhor, elevo a minha alma.
⁵ Tu és bondoso e perdoador, Senhor,
   rico em graça para com todos os que te invocam.
⁶ Escuta a minha oração, Senhor;
   atenta para a minha súplica!
⁷ No dia da minha angústia clamarei a ti,
   pois tu me responderás.
⁸ Nenhum dos deuses é comparável a ti, Senhor,
   nenhum deles pode fazer o que tu fazes.
⁹ Todas as nações que tu formaste
   virão e te adorarão, Senhor,
   e glorificarão o teu nome.
¹⁰ Pois tu és grande e realizas feitos maravilhosos;
   só tu és Deus!

¹¹ Ensina-me o teu caminho, Senhor,
>   para que eu ande na tua verdade;
> dá-me um coração inteiramente fiel,
>   para que eu tema o teu nome.
¹² De todo o meu coração te louvarei, Senhor, meu Deus;
>   glorificarei o teu nome para sempre.
¹³ Pois grande é o teu amor para comigo;
>   tu me livraste das profundezas do Sheol.
¹⁴ Os arrogantes estão me atacando, ó Deus;
>   um bando de homens cruéis,
>   gente que não faz caso de ti procura tirar-me a
>   vida.
¹⁵ Mas tu, Senhor, és Deus compassivo e misericordioso,
>   muito paciente, rico em amor e em fidelidade.
¹⁶ Volta-te para mim! Tem misericórdia de mim!
>   Concede a tua força a teu servo
>   e salva o filho da tua serva.
¹⁷ Dá-me um sinal da tua bondade,
>   para que os meus inimigos vejam e sejam
>   humilhados,
> pois tu, Senhor, me ajudaste e me consolaste.

Esse salmo é um apelo contínuo para que a graça e a misericórdia de Deus purifiquem o salmista. Observe a natureza do apelo: o salmista apela não para a sua própria bondade como aquilo que acionará a graça de Deus, mas para a bondade de Deus. "Tu és bondoso e perdoador, Senhor" (v. 5). "Mas tu, Senhor, és Deus compassivo e misericordioso, muito paciente, rico em amor e em fidelidade" (v. 15).

Como você pensa sobre sua própria vida? Reflita sobre suas fraquezas, suas falhas, sua inconstância, seus erros — seus pecados. Nossas vidas são assombradas por uma profunda ruptura, uma doença de longo alcance que nos curva sobre nós mesmos e obscurece nossos pensamentos em relação a Deus e aos outros. Você sente sua pecaminosidade? Quão estranho é, então, o fato de que muitas vezes procuramos sutilmente influenciar a visão que Deus tem sobre nós com nossa própria obediência ou moralidade?

A mensagem da Bíblia é que Deus salva pecadores e realiza a sua salvação. E ele salva apenas aqueles que se reconhecem como pecadores. Quando Jesus Cristo nasceu, a história humana começou a ver de forma concreta o que antes era visto apenas de forma obscura no salmo 86, pois ele era a graça e a misericórdia de Deus *encarnadas em um ser humano*. Em Jesus, a bondade de Deus pôde ser tocada, vista, abraçada. E ele foi para a cruz e pereceu a fim de conquistar para cada pecador arrependido o amor pleno e gratuito de Deus, em suprimento infinito em meio a todas as nossas fraquezas.

Ao ponderar sobre sua pecaminosidade, pondere sobre a graciosidade de Deus — uma graça que sempre supera até mesmo o seu pecado.

SALMO 87

Dos coraítas. Um salmo. Um cântico.

¹ O Senhor edificou sua cidade sobre o monte
   santo;
² ele ama as portas de Sião
   mais do que qualquer outro lugar de Jacó.
³ Coisas gloriosas são ditas de ti,
   ó cidade de Deus!   *Pausa*
⁴ "Entre os que me reconhecem
   incluirei Raabe e Babilônia,
  além da Filístia, de Tiro, e também da Etiópia,
   como se tivessem nascido em Sião."
⁵ De fato, acerca de Sião se dirá:
   "Todos estes nasceram em Sião,
   e o próprio Altíssimo a estabelecerá".
⁶ O Senhor escreverá no registro dos povos:
   "Este nasceu ali".   *Pausa*
⁷ Com danças e cânticos, dirão:
   "Em Sião estão as nossas origens!"

Em 1779, o pastor inglês John Newton escreveu um hino baseado nesse salmo. A primeira estrofe é assim:

> Coisas gloriosas de ti são ditas,
> Sião, cidade do nosso Deus;
> Ele, cuja Palavra não pode ser quebrada,
> Te formou para sua própria morada:
> Fundada na Rocha dos Séculos,
> O que pode abalar o teu repouso seguro?
> Com os muros da salvação cercados,
> Você pode sorrir para todos os seus inimigos.

Newton captura exatamente o que esse salmo está celebrando. Em toda a Bíblia, a cidade de Deus representa um lugar de segurança e refúgio. Na verdade, a cidade de Deus se torna uma das principais metáforas para a própria salvação. "Coisas gloriosas" não são ditas acerca de Sião simplesmente por causa da sua beleza arquitetônica ou da sua localização geográfica. Sião representa o próprio Deus, em toda a sua misericórdia, oferecido aos pecadores. Nele nos refugiamos. Newton termina seu hino apenas com esta nota:

> Abençoados habitantes de Sião,
> Lavados no sangue do Redentor!
> Jesus, em quem suas almas confiam,
> Faz deles reis e sacerdotes para Deus;
> É a partir do seu amor que o seu povo cresce
> Sobre ti para reinar como reis,
> E como sacerdotes, seus louvores solenes
> Cada um uma oferta de ação de graça traz.

SALMO 88

*Um cântico. Salmo dos coraítas. Para o mestre de música.
Conforme mahalath leannoth. Poema do ezraíta Hemã.*

¹ Ó Senhor, Deus que me salva,
    a ti clamo dia e noite.
² Que a minha oração chegue diante de ti;
    inclina os teus ouvidos ao meu clamor.
³ Tenho sofrido tanto que a minha vida
    está à beira da sepultura!
⁴ Sou contado entre os que descem à cova;
    sou como um homem que já não tem forças.
⁵ Fui colocado junto aos mortos,
    sou como os cadáveres que jazem no túmulo,
  dos quais já não te lembras,
    pois foram tirados de tua mão.
⁶ Puseste-me na cova mais profunda,
    na escuridão das profundezas.
⁷ Tua ira pesa sobre mim;
    com todas as tuas ondas me afligiste.   *Pausa*
⁸ Afastaste de mim os meus melhores amigos
    e me tornaste repugnante para eles.
  Estou como um preso que não pode fugir;
⁹ minhas vistas já estão fracas de tristeza.
  A ti, Senhor, clamo cada dia;
    a ti ergo as minhas mãos.

¹⁰ Acaso mostras as tuas maravilhas aos mortos?
   Acaso os mortos se levantam e te louvam? *Pausa*
¹¹ Será que o teu amor é anunciado no túmulo
   e a tua fidelidade no Abismo da Morte?
¹² Acaso são conhecidas as tuas maravilhas na região das trevas
   e os teus feitos de justiça na terra do esquecimento?
¹³ Mas eu, Senhor, a ti clamo por socorro;
   já de manhã a minha oração chega à tua presença.
¹⁴ Por que, Senhor, me rejeitas
   e escondes de mim o teu rosto?
¹⁵ Desde moço tenho sofrido e ando perto da morte;
   os teus terrores levaram-me ao desespero.
¹⁶ Sobre mim se abateu a tua ira;
   os pavores que me causas me destruíram.
¹⁷ Cercam-me o dia todo como uma inundação;
   envolvem-me por completo.
¹⁸ Tiraste de mim os meus amigos e os meus companheiros;
   as trevas são a minha única companhia.

Uma das grandes maravilhas da Bíblia é que ela acomoda as experiências mais sombrias pelas quais qualquer um de nós poderia passar. Jamais enfrentaremos uma dificuldade mais profunda do que aquelas que são abordadas pela Bíblia. Cada dor é contabilizada e reconhecida nas Escrituras. Temos até, como aqui nesse salmo, palavras para orar em tempos tão emocionalmente debilitantes.

No salmo 88, vemos as profundezas da angústia de um coração atormentado pelos sentimentos da ira e da raiva de Deus. A ira divina parece uma inundação na qual o salmista está submerso (vv. 16-17). Sua desilusão é tão profunda, que até mesmo seus amigos mais queridos o abandonaram (v. 18). Ele sente como se Deus tivesse se afastado totalmente (v. 14). Ele está sozinho. Sente-se como se estivesse morto (vv. 3-5). De fato, esse é o único salmo que termina com uma nota de escuridão, em vez de uma nota de louvor ou esperança.

O que devemos fazer com isso? O salmista perdeu toda a sua fé em Deus? Podemos lembrar que ele se dirige a Deus como o "Deus que me salva", e usa o nome da aliança, Yahweh ("Senhor"), ao se dirigir a ele (vv. 1,13). Na verdade, o próprio fato de o salmista se sentar e escrever essa oração a Deus significa uma confiança fundamental no Senhor e em sua bondade.

Hoje vemos com toda clareza quão longe Deus estava disposto a ir para garantir que nunca estivéssemos realmente sozinhos, independentemente de nossa tolice, de nossa estupidez, pois Jesus suportou o salmo 88. Ele *realmente* suportou. Em nosso favor. Ele foi abandonado por seus companheiros, os discípulos. Ele não era apenas *como* um morto; ele de fato *morreu*. Ele, porém, irrompeu do outro lado, na aurora da vida ressurreta. Unidos a ele pela fé, nós também nos unimos a ele agora na vida de ressurreição (Efésios 2:6) e na esperança prometida da ressurreição física final, quando ele vier novamente (1Coríntios 15:53).

SALMO 89

Poema do ezraíta Etã.

¹ Cantarei para sempre o amor do Senhor;
  com minha boca anunciarei a tua fidelidade
  por todas as gerações.
² Sei que firme está o teu amor para sempre,
  e que firmaste nos céus a tua fidelidade.
³ Tu disseste: "Fiz aliança com o meu escolhido,
  jurei ao meu servo Davi:
⁴ 'Estabelecerei a tua linhagem para sempre
  e firmarei o teu trono por todas as gerações'". *Pausa*
⁵ Os céus louvam as tuas maravilhas, Senhor,
  e a tua fidelidade na assembleia dos santos.
⁶ Pois quem nos céus poderá comparar-se ao Senhor?
 Quem entre os seres celestiais assemelha-se ao
    Senhor?
⁷ Na assembleia dos santos Deus é temível,
  mais do que todos os que o rodeiam.
⁸ Ó Senhor, Deus dos Exércitos, quem é semelhante
    a ti?
 És poderoso, Senhor, envolto em tua fidelidade.
⁹ Tu dominas o revolto mar;
  quando se agigantam as suas ondas, tu as acalmas.
¹⁰ Esmagaste e mataste o Monstro dos Mares;
  com teu braço forte dispersaste os teus inimigos.

¹¹ Os céus são teus, e tua também é a terra;
>fundaste o mundo e tudo o que nele existe.
¹² Tu criaste o Norte e o Sul;
>o Tabor e o Hermom cantam de alegria pelo teu nome.
¹³ O teu braço é poderoso;
>a tua mão é forte, exaltada é tua mão direita.
¹⁴ A retidão e a justiça são os alicerces do teu trono;
>o amor e a fidelidade vão à tua frente.
¹⁵ Como é feliz o povo que aprendeu a aclamar-te, SENHOR,
>e que anda na luz da tua presença!
¹⁶ Sem cessar exultam no teu nome,
>e alegram-se na tua retidão,
¹⁷ pois tu és a nossa glória e a nossa força,
>e pelo teu favor exaltas a nossa força.
¹⁸ Sim, SENHOR, tu és o nosso escudo,
>ó Santo de Israel, tu és o nosso rei.
¹⁹ Numa visão falaste um dia,
>e aos teus fiéis disseste:
"Cobri de forças um guerreiro,
>exaltei um homem escolhido dentre o povo.
²⁰ Encontrei o meu servo Davi;
>ungi-o com o meu óleo sagrado.
²¹ A minha mão o susterá,
>e o meu braço o fará forte.
²² Nenhum inimigo o sujeitará a tributos;
>nenhum injusto o oprimirá.

²³ Esmagarei diante dele os seus adversários
   e destruirei os seus inimigos.
²⁴ A minha fidelidade e o meu amor o acompanharão,
   e pelo meu nome aumentará o seu poder.
²⁵ A sua mão dominará até o mar;
   sua mão direita, até os rios.
²⁶ Ele me dirá: 'Tu és o meu Pai,
   o meu Deus, a Rocha que me salva'.
²⁷ Também o nomearei meu primogênito,
   o mais exaltado dos reis da terra.
²⁸ Manterei o meu amor por ele para sempre,
   e a minha aliança com ele jamais se quebrará.
²⁹ Firmarei a sua linhagem para sempre,
   e o seu trono durará enquanto existirem céus.
³⁰ "Se os seus filhos abandonarem a minha lei
   e não seguirem as minhas ordenanças,
³¹ se violarem os meus decretos
   e deixarem de obedecer aos meus mandamentos,
³² com a vara castigarei o seu pecado,
   e a sua iniquidade com açoites;
³³ mas não afastarei dele o meu amor;
   jamais desistirei da minha fidelidade.
³⁴ Não violarei a minha aliança
   nem modificarei as promessas dos meus lábios.
³⁵ De uma vez para sempre jurei pela minha santidade
   e não mentirei a Davi,

³⁶ que a sua linhagem permanecerá para sempre,
e o seu trono durará como o sol;
³⁷ será estabelecido para sempre como a lua,
a fiel testemunha no céu." *Pausa*
³⁸ Mas tu o rejeitaste, recusaste-o
e te enfureceste com o teu ungido.
³⁹ Revogaste a aliança com o teu servo
e desonraste a sua coroa, lançando-a ao chão.
⁴⁰ Derrubaste todos os seus muros
e reduziste a ruínas as suas fortalezas.
⁴¹ Todos os que passam o saqueiam;
tornou-se objeto de zombaria para os seus vizinhos.
⁴² Tu exaltaste a mão direita dos seus adversários
e encheste de alegria todos os seus inimigos.
⁴³ Tiraste o fio da sua espada
e não o apoiaste na batalha.
⁴⁴ Deste fim ao seu esplendor
e atiraste ao chão o seu trono.
⁴⁵ Encurtaste os dias da sua juventude;
com um manto de vergonha o cobriste. *Pausa*
⁴⁶ Até quando, Senhor? Para sempre te esconderás?
Até quando a tua ira queimará como fogo?
⁴⁷ Lembra-te de como é passageira a minha vida.
Terás criado em vão todos os homens?
⁴⁸ Que homem pode viver e não ver a morte,
ou livrar-se do poder da sepultura? *Pausa*

⁴⁹ Ó Senhor, onde está o teu antigo amor,
>   que com fidelidade juraste a Davi?
⁵⁰ Lembra-te, Senhor, das afrontas que o teu servo tem sofrido,
>   das zombarias que no íntimo tenho que suportar de todos os povos,
⁵¹ das zombarias dos teus inimigos, SENHOR,
>   com que afrontam a cada passo o teu ungido.
⁵² Bendito seja o SENHOR para sempre!
>   Amém e amém.

Talvez, ao ler os salmos que contam as promessas de Deus a Davi, você se sinta um pouco distante de tudo isso. *Como as ações de Deus para com um único rei séculos atrás falam comigo? Talvez eu veja quem Deus é e como ele age e me sinta encorajado por isso, mas eu mesmo não desfruto das promessas e bênçãos de Davi"*, você pode pensar.

Uma chave para entender o Antigo Testamento, entretanto, é o princípio da solidariedade corporativa. Colocado de forma simples, na visão de mundo bíblica, um representa muitos e os muitos são representados por um. O rei de Israel, em outras palavras, representava o povo; como foi o rei, assim foi o povo. Toda a nação de Israel tinha grande interesse, portanto, no florescimento de seu rei.

Esse princípio de solidariedade corporativa se estende do tempo do antigo Israel para toda a história humana. Todos nascem em Adão. Na conversão, nossa identidade fundamental é transferida para Cristo, e aquilo que acontece com Cristo acontece conosco também. Considere, portanto, o significado do salmo 89 e a maneira como ele clama para que a realeza davídica seja abençoada (vv. 1-37) em meio à grande angústia nacional (vv. 38-52). Consegue ver como o trono davídico é profundamente relevante para a sua própria vida? Jesus foi o herdeiro davídico final (Mateus 1:1; 2Timóteo 2:8), aquele em quem todas as promessas davídicas foram cumpridas de forma decisiva. Ele é o rei, o líder do povo de Deus cujo trono realmente nunca terá fim. E, se você confia em Cristo, o destino dele também pertence a você. Você compartilhará de sua ressurreição, de sua glória e de seu governo.

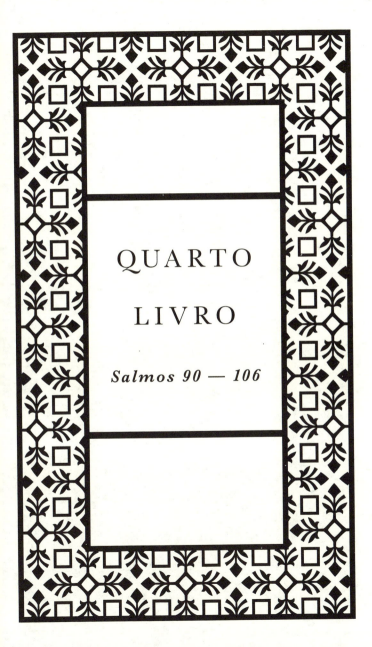

QUARTO LIVRO

Salmos 90 — 106

SALMO 90

Oração de Moisés, homem de Deus.

¹ Senhor, tu és o nosso refúgio, sempre,
de geração em geração.
² Antes de nascerem os montes
e de criares a terra e o mundo,
de eternidade a eternidade tu és Deus.
³ Fazes os homens voltarem ao pó,
dizendo: "Retornem ao pó, seres humanos!"
⁴ De fato, mil anos para ti
são como o dia de ontem que passou,
como as horas da noite.
⁵ Como uma correnteza, tu arrastas os homens;
são breves como o sono;
são como a relva que brota ao amanhecer;
⁶ germina e brota pela manhã,
mas, à tarde, murcha e seca.
⁷ Somos consumidos pela tua ira
e aterrorizados pelo teu furor.
⁸ Conheces as nossas iniquidades;
não escapam os nossos pecados secretos à luz da
tua presença.
⁹ Todos os nossos dias passam debaixo do teu furor;
vão-se como um murmúrio.

¹⁰ Os anos de nossa vida chegam a setenta,
   ou a oitenta para os que têm mais vigor;
entretanto, são anos difíceis e cheios de sofrimento,
   pois a vida passa depressa, e nós voamos!
¹¹ Quem conhece o poder da tua ira?
   Pois o teu furor é tão grande como o temor que te
   é devido.
¹² Ensina-nos a contar os nossos dias
   para que o nosso coração alcance sabedoria.
¹³ Volta-te, Senhor! Até quando será assim?
   Tem compaixão dos teus servos!
¹⁴ Satisfaze-nos pela manhã com o teu amor leal,
   e todos os nossos dias cantaremos felizes.
¹⁵ Dá-nos alegria pelo tempo que nos afligiste,
   pelos anos em que tanto sofremos.
¹⁶ Sejam manifestos os teus feitos aos teus servos,
   e aos filhos deles o teu esplendor!
¹⁷ Esteja sobre nós a bondade do nosso Deus Soberano.
   Consolida, para nós, a obra de nossas mãos;
   consolida a obra de nossas mãos!

~~~

A transitoriedade da vida humana é o tema desse salmo, que tem como pano de fundo a existência eterna de Deus. Podemos viver setenta ou oitenta anos (v. 10) enquanto nossa vida vem e, depois, se esvai com uma velocidade assustadora.

Para Deus, porém, que existia antes da formação do primeiro monte (v. 2), mil anos são como um único dia (v. 4).

Esse salmo é um lembrete sóbrio da loucura de depositar todas as nossas esperanças neste mundo passageiro. Para os jovens, a vida nesta terra parece que se estenderá para sempre. Os de meia-idade se deparam de repente com sua própria mortalidade ao perceberem que agora já se passaram mais da metade de seu tempo nesta terra. Os idosos refletem, e frequentemente comentam, sobre a velocidade desconcertante com que suas vidas vêm e vão. Deus, por outro lado, é autoexistente e infinitamente vivo e ativo. Ele não teve começo e não terá fim. Sua eternidade desafia o próprio tempo.

Mas como isso nos ajuda? Primeiro, a oração nos ensina que precisamos usar bem o pouco tempo que temos: "Ensina-nos a contar os nossos dias" (v. 12). O tempo é um bem precioso, que não deve ser desperdiçado. Em segundo lugar, mais profundamente, esse salmo nos instrui a pedir ao Senhor que nos conceda, por sua graça, um significado que transcende e ultrapassa nossas breves vidas. Esta é a nota com a qual o salmo termina: "Esteja sobre nós a bondade do nosso Deus Soberano. Consolida, para nós, a obra de nossas mãos; consolida a obra de nossas mãos!" (v. 17). Deus tem o prazer de dignificar, com significado eterno, as breves vidas de quem confia nele.

Ame aqueles que você vê hoje. Dignifique-os. Alegre-se com eles. Você está plantando sementes que crescerão e florescerão na eternidade.

SALMO 91

¹ Aquele que habita no abrigo do Altíssimo
 e descansa à sombra do Todo-poderoso
² pode dizer ao Senhor:
 "Tu és o meu refúgio e a minha fortaleza,
 o meu Deus, em quem confio".
³ Ele o livrará do laço do caçador
 e do veneno mortal.
⁴ Ele o cobrirá com as suas penas,
 e sob as suas asas você encontrará refúgio;
 a fidelidade dele será o seu escudo protetor.
⁵ Você não temerá o pavor da noite
 nem a flecha que voa de dia,
⁶ nem a peste que se move sorrateira nas trevas,
 nem a praga que devasta ao meio-dia.
⁷ Mil poderão cair ao seu lado;
 dez mil, à sua direita,
 mas nada o atingirá.
⁸ Você simplesmente olhará,
 e verá o castigo dos ímpios.
⁹ Se você fizer do Altíssimo o seu abrigo,
 do Senhor o seu refúgio,
¹⁰ nenhum mal o atingirá,
 desgraça alguma chegará à sua tenda.

¹¹ Porque a seus anjos ele dará ordens a seu respeito,
 para que o protejam em todos os seus caminhos;
¹² com as mãos eles o segurarão,
 para que você não tropece em alguma pedra.
¹³ Você pisará o leão e a cobra;
 pisoteará o leão forte e a serpente.
¹⁴ "Porque ele me ama, eu o resgatarei;
 eu o protegerei, pois conhece o meu nome.
¹⁵ Ele clamará a mim, e eu lhe darei resposta,
 e na adversidade estarei com ele;
 vou livrá-lo e cobri-lo de honra.
¹⁶ Vida longa eu lhe darei,
 e lhe mostrarei a minha salvação."

⁂

Esse salmo é um cântico de profunda consolação para quem busca descanso em Deus em meio às adversidades da vida. Seu tema consistente é o descanso e a paz que o Senhor dá. Nas tempestades da vida, ele é um porto seguro e sereno. Você já experimentou isso, ou é internamente inquieto e frenético? Você vê o próprio Senhor, seu Pai Celestial, governando sobre tudo o que se precipita em sua vida, seja difícil ou fácil, bom ou ruim? Vê o Pai cuidando de você ao longo da vida, amando-o, protegendo-o, fazendo com que tudo coopere para o seu bem? Descanse nele novamente hoje.

O Senhor Jesus provou que Deus é assim. Jesus disse: "Venham a mim, todos os que estão cansados e sobrecarregados, e eu lhes darei descanso" (Mateus 11:28). Morar no abrigo do Altíssimo retarda o giro frenético de nossos corações. A vida com Deus cobre nossa vida agitada e acelerada com *shalom* interior. Ele é o Deus de paz (Romanos 15:33;16,20; 1Coríntios 14:33). Essa é a razão pela qual Jesus veio, conforme anunciado pelos anjos em seu nascimento (Lucas 2:14).

O escritor de hinos do século 18, Charles Wesley, captou bem isso em seu hino *Thou Hidden Source of Calm Reppose* [Tu, fonte oculta de repouso tranquilo]:

> Jesus, meu tudo em tudo que és;
> Meu descanso na labuta, minha tranquilidade na dor,
> A cura do meu coração partido.
> Na guerra, minha paz; na perda, meu ganho;
> Meu sorriso sob a carranca do tirano,
> Na vergonha, minha glória e minha coroa.
>
> Na necessidade, meu suprimento abundante;
> Na fraqueza, meu poder onipotente,
> Em prisões, minha liberdade perfeita.
> Minha luz na hora mais escura de Satanás;
> Na dor, minha alegria indescritível,
> Minha vida na morte; meu paraíso no inferno.

SALMO 92

Salmo. Um cântico. Para o dia de sábado.

¹ Como é bom render graças ao Senhor
 e cantar louvores ao teu nome, ó Altíssimo;
² anunciar de manhã o teu amor leal
 e de noite a tua fidelidade,
³ ao som da lira de dez cordas e da cítara,
 e da melodia da harpa.
⁴ Tu me alegras, Senhor, com os teus feitos;
 as obras das tuas mãos levam-me a cantar de
  alegria.
⁵ Como são grandes as tuas obras, Senhor,
 como são profundos os teus propósitos!
⁶ O insensato não entende,
 o tolo não vê
⁷ que, embora os ímpios brotem como a erva
 e floresçam todos os malfeitores,
 eles serão destruídos para sempre.
⁸ Pois tu, Senhor, és exaltado para sempre.
⁹ Mas os teus inimigos, Senhor,
 os teus inimigos perecerão;
 serão dispersos todos os malfeitores!
¹⁰ Tu aumentaste a minha força como a do boi selvagem;
 derramaste sobre mim óleo novo.

¹¹ Os meus olhos contemplaram a derrota dos meus
   inimigos;
  os meus ouvidos escutaram a debandada dos meus
   maldosos agressores.
¹² Os justos florescerão como a palmeira,
  crescerão como o cedro do Líbano;
¹³ plantados na casa do Senhor,
  florescerão nos átrios do nosso Deus.
¹⁴ Mesmo na velhice darão fruto,
  permanecerão viçosos e verdejantes,
¹⁵ para proclamar que o Senhor é justo.
  Ele é a minha Rocha; nele não há injustiça.

༺༒༻

A epígrafe desse salmo nos diz que ele se destina ao *Shabat*, o dia do descanso para os judeus. O que vem à sua mente quando você ouve a palavra *Shabat*? Talvez pense simplesmente no domingo, ou na igreja. Talvez pense nos cristãos que tratam o sábado de uma forma muito estrita e têm o cuidado de não trabalhar. Talvez não pense em nada; você sabe que essa palavra está associada ao antigo judaísmo, mas nada além disso.

O *Shabat* é algo fundamentado na própria criação do mundo; vemos o primeiro *Shabat* nos primeiros dois capítulos da Bíblia, quando o próprio Deus descansa no sétimo dia. Ele foi estabelecido para o povo de Deus, a fim de nos mostrar que o Senhor é um Deus de descanso e que, ao confiar nele, nós mesmos encontramos nosso verdadeiro descanso. O *Shabat* não foi instituído meramente para ser outra regra a ser guardada pelo povo de Deus (Marcos 2:27). É uma dádiva graciosa para que o seu povo tenha um antegozo do descanso final nos novos céus e na nova terra que um dia desfrutaremos. Lá é onde experimentaremos a descrição conclusiva desse salmo: "Os justos florescerão como a palmeira [...] plantados na casa do Senhor, florescerão nos átrios do nosso Deus. Mesmo na velhice darão fruto, permanecerão viçosos e verdejantes" (vv. 12-14).

Você está com pressa? Está frenético e inquieto por dentro? Tenta disfarçar sua angústia interna com sorrisos forçados? Não é isso que Cristo veio oferecer: ele veio para dar descanso eterno (Hebreus 4:9), que antecipamos a cada dia do Senhor enquanto descansamos de nossos labores mundanos. Leve a Jesus suas preocupações, seus cuidados. Descarregue seus fardos sobre ele. Acima de tudo, entregue seus pecados a ele. Ele morreu e ressuscitou para dar descanso às nossas almas agora e, um dia, descanso para alma e corpo. Perfeitamente. Para sempre. Eternamente.

SALMO 93

¹ O Senhor reina! Vestiu-se de majestade;
   de majestade vestiu-se o Senhor e armou-se de poder!
      O mundo está firme e não se abalará.
² O teu trono está firme desde a antiguidade;
   tu existes desde a eternidade.
³ As águas se levantaram, Senhor,
   as águas levantaram a voz;
   as águas levantaram seu bramido.
⁴ Mais poderoso do que o estrondo das águas
         impetuosas,
   mais poderoso do que as ondas do mar
   é o Senhor nas alturas.
⁵ Os teus mandamentos permanecem firmes e fiéis;
   a santidade, Senhor,
      é o ornamento perpétuo da tua casa.

༺༻

Qualquer um de nós poderia facilmente se sentar e começar a listar em um pedaço de papel vários desastres potencialmente esmagadores: terremoto, inundação, fogo, calor, frio, doença, acidente, queda de raio. O propósito desse pequeno salmo é nos lembrar que, qualquer que seja a catástrofe mais assustadora que possamos imaginar, Deus é maior.

"As águas se levantaram" (v. 3), mas o próprio Deus é o criador da água. "As ondas do mar" são intimidantes (v. 4), mas Deus fez os oceanos.

Esse salmo fala até mesmo da terra como o trono de Deus. Nela ele se senta, governando, confortável, emitindo comandos e decretos. Ele manda no mundo; o mundo não manda nele. Como aqueles que pertencem a ele, podemos confiar hoje em sua supervisão paternal de nossas vidas, pois seus "mandamentos permanecem firmes e fiéis" (v. 5). Ele não faz as coisas levianamente ou por impulso. Na verdade, a expressão suprema de quão confiável ele é pode ser vista no envio de seu próprio Filho em favor de seu povo, para redimi-lo e conceder-lhe uma vida cheia do amor de Deus.

SALMO 94

¹ Ó Senhor, Deus vingador;
   Deus vingador! Intervém!
² Levanta-te, Juiz da terra;
   retribui aos orgulhosos o que merecem.
³ Até quando os ímpios, Senhor,
   até quando os ímpios exultarão?
⁴ Eles despejam palavras arrogantes;
   todos esses malfeitores enchem-se de vanglória.
⁵ Massacram o teu povo, Senhor,
   e oprimem a tua herança;
⁶ matam as viúvas e os estrangeiros,
   assassinam os órfãos
⁷ e ainda dizem: "O Senhor não nos vê;
   o Deus de Jacó nada percebe".
⁸ Insensatos, procurem entender!
   E vocês, tolos, quando se tornarão sábios?
⁹ Será que quem fez o ouvido não ouve?
   Será que quem formou o olho não vê?
¹⁰ Aquele que disciplina as nações os deixará sem
     castigo?
   Não tem sabedoria aquele que dá ao homem o
     conhecimento?
¹¹ O Senhor conhece os pensamentos do homem,
   e sabe como são fúteis.

¹² Como é feliz o homem a quem disciplinas, Senhor,
   aquele a quem ensinas a tua lei;
¹³ tranquilo, enfrentará os dias maus,
   enquanto, para os ímpios, uma cova se abrirá.
¹⁴ O Senhor não desamparará o seu povo;
   jamais abandonará a sua herança.
¹⁵ Voltará a haver justiça nos julgamentos,
   e todos os retos de coração a seguirão.
¹⁶ Quem se levantará a meu favor contra os ímpios?
   Quem ficará a meu lado contra os malfeitores?
¹⁷ Não fosse a ajuda do Senhor,
   eu já estaria habitando no silêncio.
¹⁸ Quando eu disse: Os meus pés escorregaram,
   o teu amor leal, Senhor, me amparou!
¹⁹ Quando a ansiedade já me dominava no íntimo,
   o teu consolo trouxe alívio à minha alma.
²⁰ Poderá um trono corrupto estar em aliança contigo?,
   um trono que faz injustiças em nome da lei?
²¹ Eles planejam contra a vida dos justos
   e condenam os inocentes à morte.
²² Mas o Senhor é a minha torre segura;
   o meu Deus é a rocha em que encontro refúgio.
²³ Deus fará cair sobre eles os seus crimes,
   e os destruirá por causa dos seus pecados;
   o Senhor, o nosso Deus, os destruirá!

Até que os crentes cheguem aos novos céus e à nova terra, sofreremos ostracismo, ridicularização, rejeição e até mesmo violência física. É nosso privilégio seguir o Senhor Jesus dessa forma, como ele mesmo prometeu (João 15:18-25). Isso, porém, sempre foi verdade para o povo de Deus, desde a perseguição do fiel Abel pelo infiel Caim (Gênesis 4).

Aqui, no salmo 94, vemos o salmista lamentando a violência e a injustiça dirigidas aos fiéis. Ele clama a Deus por justiça e, ao fazer isso, nos concede as palavras apropriadas para nos dirigirmos a Deus hoje, quando passamos por angústias semelhantes.

A promessa fundamental à qual o salmista se apega é que "O Senhor não desamparará o seu povo" (v. 14). Até mesmo o uso que o salmo faz do nome pactual de Deus, "Senhor" ("Yahweh"), expressa a fidelidade e o compromisso da aliança pela qual Deus se vinculou ao seu povo. É nessas promessas da aliança que o salmista encontra alívio: "Quando a ansiedade já me dominava no íntimo, o teu consolo trouxe alívio à minha alma" (v. 19).

Você sente seu coração angustiado hoje? Parece que seu pé está escorregando (v. 18) — como se a própria terra abaixo de você estivesse se tornando instável devido às muitas preocupações e ansiedades que o pressionam? Deixe o salmista guiá-lo ao considerar as consolações de Deus. Se você está em Cristo, tem em plena vista a suprema consolação de Deus — a vinda de Jesus Cristo para amá-lo e libertá-lo de todos os seus pecados, e seu Espírito que habita em você para confortá-lo e direcioná-lo todos os dias.

SALMO 95

¹ Venham! Cantemos ao Senhor com alegria!
　Aclamemos a Rocha da nossa salvação.
² Vamos à presença dele com ações de graças;
　vamos aclamá-lo com cânticos de louvor.
³ Pois o Senhor é o grande Deus,
　o grande Rei acima de todos os deuses.
⁴ Nas suas mãos estão as profundezas da terra,
　os cumes dos montes lhe pertencem.
⁵ Dele também é o mar, pois ele o fez;
　as suas mãos formaram a terra seca.
⁶ Venham! Adoremos prostrados
　e ajoelhemos diante do Senhor, o nosso Criador;
⁷ pois ele é o nosso Deus,
　e nós somos o povo do seu pastoreio,
　o rebanho que ele conduz.
　Hoje, se vocês ouvirem a sua voz,
⁸ não endureçam o coração, como em Meribá,
　como aquele dia em Massá, no deserto,
⁹ onde os seus antepassados me tentaram,
　pondo-me à prova, apesar de terem visto o que eu fiz.
¹⁰ Durante quarenta anos fiquei irado contra aquela
　geração e disse:
　　"Eles são um povo de coração ingrato;
　　não reconheceram os meus caminhos".

¹¹ Por isso jurei na minha ira:
"Jamais entrarão no meu descanso".

⚜

Você aprende com os erros daqueles que vieram antes de você?

Esse é o apelo do salmo 95. O salmista lembra o povo de Deus de "Meribá" e "Massá" (v. 8), onde os israelitas reclamaram contra Moisés — e, em última instância, contra Deus — por falta de água (Êxodo 17:1-7). O salmista encoraja o povo de Deus a ir até ele em contrição e adoração, reconhecendo-o como seu Criador e Libertador — afinal, eles viram as obras do Senhor (v. 9).

Você está reclamando hoje? Murmurando? Pega-se lambendo suas feridas, perguntando-se por que Deus tornou sua vida tão difícil? Arrependa-se. Considere que o Senhor é aquele que formou a terra e criou você. Acima de tudo, considere a "obra" divina que você experimentou: a entrega graciosa de seu próprio Filho para sofrer por seus pecados e restaurá-lo para si mesmo. Conforme encoraja o escritor de Hebreus, deixe o salmo 95 acalmar suas reclamações e despertá-lo para a alegria de conhecer tanto o descanso que vem do evangelho agora quanto o descanso final que virá um dia em breve na nova terra (Hebreus 3:7-11).

SALMO 96

¹Cantem ao Senhor um novo cântico;
 cantem ao Senhor, todos os habitantes da terra!
²Cantem ao Senhor, bendigam o seu nome;
 cada dia proclamem a sua salvação!
³Anunciem a sua glória entre as nações,
 seus feitos maravilhosos entre todos os povos!
⁴Porque o Senhor é grande e digno de todo louvor,
 mais temível do que todos os deuses!
⁵Todos os deuses das nações não passam de ídolos,
 mas o Senhor fez os céus.
⁶Majestade e esplendor estão diante dele;
 poder e dignidade, no seu santuário.
⁷Deem ao Senhor, ó famílias das nações,
 deem ao Senhor glória e força.
⁸Deem ao Senhor a glória devida ao seu nome
 e entrem nos seus átrios trazendo ofertas.
⁹Adorem o Senhor no esplendor da sua santidade;
 tremam diante dele todos os habitantes da terra.
¹⁰Digam entre as nações: "O Senhor reina!"
 Por isso firme está o mundo e não se abalará,
 e ele julgará os povos com justiça.
¹¹Regozijem-se os céus e exulte a terra!
 Ressoe o mar e tudo o que nele existe!
¹²Regozijem-se os campos e tudo o que neles há!

> Cantem de alegria todas as árvores da floresta,
> ¹³ cantem diante do Senhor, porque ele vem,
> vem julgar a terra;
> julgará o mundo com justiça
> e os povos com a sua fidelidade!

"Majestade e esplendor estão diante dele, poder e dignidade, no seu santuário" (v. 6). Esse salmo exulta no governo supremo de Deus sobre toda a terra, convidando os gentios ("as nações", "os povos", v. 3) a se juntarem ao seu povo na celebração de seu poder e reinado. Ao lermos e orarmos esse salmo, também somos levados à adoração. Nossos corações são acalmados e elevados.

Nós nos lembramos de quem é Deus e nos lembramos do ponto em que o salmo conclui — o poderoso governo de Deus um dia chegará ao seu clímax final, ao estabelecer para sempre o que é certo. Todos os erros serão corrigidos. Todas as dívidas serão pagas. Ele "julgará o mundo com justiça" (v. 13). Cada memória dolorosa, cada ferida profunda será restaurada. As próprias árvores se alegrarão naquele dia (v. 12).

Esse julgamento final e purificador pode ser uma realidade de esperança para você, em vez de uma ameaça, porque, na cruz de Jesus Cristo, Deus já lidou com os seus pecados e com a necessidade de julgamento. O julgamento final agora deve ser esperado com entusiasmo, e não temido com ansiedade.

SALMO 97

¹ O Senhor reina! Exulte a terra
 e alegrem-se as regiões costeiras distantes.
² Nuvens escuras e espessas o cercam;
 retidão e justiça são a base do seu trono.
³ Fogo vai adiante dele
 e devora os adversários ao redor.
⁴ Seus relâmpagos iluminam o mundo;
 a terra os vê e estremece.
⁵ Os montes se derretem como cera diante do Senhor,
 diante do Soberano de toda a terra.
⁶ Os céus proclamam a sua justiça,
 e todos os povos contemplam a sua glória.
⁷ Ficam decepcionados todos os que adoram imagens
 e se vangloriam de ídolos.
 Prostram-se diante dele todos os deuses!
⁸ Sião ouve e se alegra,
 e as cidades de Judá exultam,
 por causa das tuas sentenças, Senhor.
⁹ Pois tu, Senhor, és o Altíssimo sobre toda a terra!
 És exaltado muito acima de todos os deuses!
¹⁰ Odeiem o mal, vocês que amam o Senhor,
 pois ele protege a vida dos seus fiéis
 e os livra das mãos dos ímpios.

¹¹ A luz nasce sobre o justo
   e a alegria sobre os retos de coração.
¹² Alegrem-se no S<small>ENHOR</small>, justos,
   e louvem o seu santo nome.

~~~

Quão pequeno Deus pode parecer! Quão grande o mal pode parecer! Neste mundo caído, muitas vezes é difícil acreditar que Deus é tão grande quanto acreditamos que seja. Salmos como esse reorientam nossos corações na medida em que somos levados de volta a uma visão elevada de Deus: "Pois tu, S<small>ENHOR</small>, és o Altíssimo sobre toda a terra" (v. 9). Esse é um Deus que consome seus inimigos como fogo (v. 3) e diante de quem as montanhas são como velas de cera que derretem (v. 5).

Sua visão de Deus está diminuindo? Você sente que a glória de Deus não te parece mais tão grande quanto um dia foi? Confesse sua fraqueza a Deus e talvez também a um amigo cristão de confiança. Reflita sobre quem Deus é. Glorie-se nele novamente. Reflita sobre ele todas as manhãs. Ao fazer isso, você percebe o que está acontecendo? Ele não está apenas preservando sua vida a cada dia que passa (v. 10); a luz está nascendo sobre você (v. 11). Em outras palavras, seu brilho e glória finais estão criando raízes à medida que você busca a Deus cada vez mais. Um dia, seu resplendor deslumbrará os anjos. Em seu ensaio *O peso da glória*, C. S. Lewis colocou isso da seguinte forma: "[A] pessoa mais chata e desinteressante com quem você pode conversar poderá um dia ser uma criatura que, se você a visse agora, seria fortemente tentado a adorar". Lewis prossegue dizendo: "Não existem pessoas *comuns*. Você nunca conversou com um mero mortal".

SALMO 98

Salmo.

¹Cantem ao Senhor um novo cântico,
   pois ele fez coisas maravilhosas;
  a sua mão direita e o seu braço santo
   lhe deram a vitória!
²O Senhor anunciou a sua vitória
   e revelou a sua justiça às nações.
³Ele se lembrou do seu amor leal
   e da sua fidelidade para com a casa de Israel;
  todos os confins da terra viram
   a vitória do nosso Deus.
⁴Aclamem o Senhor todos os habitantes da terra!
   Louvem-no com cânticos de alegria e ao som de música!
⁵Ofereçam música ao Senhor com a harpa,
   com a harpa e ao som de canções,
⁶com cornetas e ao som da trombeta;
  exultem diante do Senhor, o Rei!
⁷Ressoe o mar e tudo o que nele existe,
   o mundo e os seus habitantes!
⁸Batam palmas os rios,
   e juntos cantem de alegria os montes;
⁹cantem diante do Senhor, porque ele vem,
   vem julgar a terra;

julgará o mundo com justiça
e os povos com retidão.

◈

Entre as muitas divindades e religiões pagãs dos tempos do Antigo Testamento, o Deus dos judeus se destaca, pelo menos por dois motivos.

Primeiro, ele não é um Deus paroquial e regional. Ele não é um Deus entre muitos. Ele é o Senhor de toda a terra: "Aclamem o Senhor todos os habitantes da terra!" (v. 4); "todos os confins da terra viram a vitória do nosso Deus" (v. 3); ele "julgará o mundo com justiça e os povos, com retidão" (v. 9).

Em segundo lugar, ele desafia todas as outras religiões ao garantir a segurança de seu povo de forma unilateral e soberana; ou seja, é o poder de Deus que realiza a salvação, e não o de seus seguidores. Todas as outras religiões são transacionais: o seguidor age de certa forma por lealdade ao seu deus, e então esse deus responde com um favor. Rastreie cada religião até a raiz e é isso que você encontrará. Quando chegamos ao Deus da Bíblia, porém, "a sua mão direita e o seu braço santo lhe deram a vitória! O Senhor anunciou a sua vitória" (vv. 1-2). Aqueles que creem nesse Deus não podem manipulá-lo. Nós apenas recebemos.

Você sabe disso e sente que é verdade em sua própria vida em Cristo? Se você não é etnicamente judeu, então é uma evidência viva de que ele é o Deus de toda a terra e de todos os povos. Você foi acolhido. Você também sabe e sente que ele, e somente ele, realizou o seu gracioso resgate? Como diz o antigo hino: "Nada em minhas mãos eu trago; somente à tua cruz eu me agarro". A graça global do Senhor é motivo de profundo encorajamento. Qualquer um pode recebê-la — desde que não tente negociar com Deus; antes, humilhe-se o suficiente para simplesmente receber seu amor gratuito.

SALMO 99

¹ O Senhor reina!
   As nações tremem!
  O seu trono está sobre os querubins!
   Abala-se a terra!
² Grande é o Senhor em Sião;
   ele é exaltado acima de todas as nações!
³ Seja louvado o teu grande e temível nome,
   que é santo.
⁴ Rei poderoso, amigo da justiça!
   Estabeleceste a equidade
   e fizeste em Jacó o que é direito e justo.
⁵ Exaltem o Senhor, o nosso Deus,
   prostrem-se diante do estrado dos seus pés.
   Ele é santo!
⁶ Moisés e Arão estavam entre os seus sacerdotes,
   Samuel, entre os que invocavam o seu nome;
  eles clamavam pelo Senhor,
   e ele lhes respondia.
⁷ Falava-lhes da coluna de nuvem,
   e eles obedeciam aos seus mandamentos
   e aos decretos que ele lhes dava.
⁸ Tu lhes respondeste, Senhor, nosso Deus;
   para eles, tu eras um Deus perdoador,
   embora os tenhas castigado por suas rebeliões.

⁹Exaltem o SENHOR, o nosso Deus;
　　prostrem-se, voltados para o seu santo monte,
　porque o SENHOR, o nosso Deus, é santo.

~~~

Esse salmo exalta o Senhor em sua glória e esplendor, refletindo sobre sua presença viva no templo, onde "seu trono está sobre os querubins" — isto é, na arca que estava assentada no templo (v. 1). O salmista se lembra de Moisés e Aarão, que "estavam entre os seus sacerdotes" (v. 6). Samuel também atuou em uma função sacerdotal ao mediar a palavra e a presença de Deus para o povo em seu tempo (v. 6).

Tudo isso pode parecer muito estranho e antigo para nós, mas considere o que é verdade sobre nós hoje, se estamos em Cristo. O Novo Testamento diz que somos sacerdotes, ou seja, qualquer um dentre nós tem o elevado cargo de mediar a Palavra e a presença de Deus para o mundo ao seu redor. Os sacerdotes no Antigo Testamento faziam parte do povo, mediando Deus para os demais, mas tudo isso acontecia dentro dos contornos de Israel. Os cristãos hoje são uma parte do povo do mundo, mediando Deus para o resto da nação. O Antigo Testamento nos dá essas categorias e nos ajuda a ver quem realmente somos.

Hoje somos guiados pelo salmista a exaltar "o SENHOR nosso Deus" (v. 9), mas o fazemos com maior conhecimento de que somos sacerdotes para o mundo, e isso só é verdade porque Deus enviou seu próprio Filho para se tornar o verdadeiro e último grande sumo sacerdote, o sacerdote que ofereceu o último sacrifício de sua própria vida (Hebreus 7:27). Como resultado, temos prazer em contar ao mundo sobre o grande amor de Deus.

SALMO 100

Salmo. Para ação de graças.

¹ Aclamem o Senhor todos os habitantes da terra!
² Prestem culto ao Senhor com alegria;
   entrem na sua presença com cânticos alegres.
³ Reconheçam que o Senhor é o nosso Deus.
   Ele nos fez e somos dele:
   somos o seu povo, e rebanho do seu pastoreio.
⁴ Entrem por suas portas com ações de graças
   e em seus átrios com louvor;
   deem-lhe graças e bendigam o seu nome.
⁵ Pois o Senhor é bom e o seu amor leal é eterno;
   a sua fidelidade permanece por todas as gerações.

~~~

Um cristão miserável é uma contradição em termos.

A vida certamente é difícil. A dor que se acumula ao longo da sua jornada neste mundo é uma forte tentação ao cinismo. A vida cristã não se trata de sorrisos estampados constantes, fingindo que está tudo bem no mundo quando, na verdade, há horrores por toda parte. Às vezes, a dor na vida é tão grande, que pensamentos de alegria parecem não apenas distantes, mas uma zombaria do nosso verdadeiro estado emocional.

No entanto, devemos receber o que a Bíblia diz em passagens como o salmo 100, uma vez que ela própria reconhece a profunda dor da vida — não apenas em outros livros, como Eclesiastes, mas até mesmo em Salmos. Mais do que isso, a Bíblia nos dá recursos para lidar com a dor da vida com uma alegria e uma calma que transcendem as trevas. Como esse salmo conclui, "o SENHOR é bom e o seu amor leal é eterno; a sua fidelidade permanece por todas as gerações" (v. 5). Sua dor nunca supera o amor dele. Sua dificuldade está cercada pela realidade mais profunda de sua bondade. Ele provou isso ao enviar seu próprio Filho por você. Mesmo na dor da vida, elevamos nosso coração e nossa voz ao Senhor.

SALMO 101

Salmo davídico.

¹ Cantarei a lealdade e a justiça.
A ti, Senhor, cantarei louvores!
² Seguirei o caminho da integridade;
quando virás ao meu encontro?
Em minha casa viverei de coração íntegro.
³ Repudiarei todo mal.
Odeio a conduta dos infiéis;
jamais me dominará!
⁴ Longe estou dos perversos de coração;
não quero envolver-me com o mal.
⁵ Farei calar ao que difama o próximo às ocultas.
Não vou tolerar o homem de olhos arrogantes
e de coração orgulhoso.
⁶ Meus olhos aprovam os fiéis da terra,
e eles habitarão comigo.
Somente quem tem vida íntegra me servirá.
⁷ Quem pratica a fraude não habitará no meu santuário;
o mentiroso não permanecerá na minha presença.
⁸ Cada manhã fiz calar todos os ímpios desta terra;
eliminei todos os malfeitores da cidade do Senhor.

Andar com Deus é crescer em integridade pessoal. Mais do que isso, é *amar* essa integridade. Quanto mais alguém cresce em Cristo e caminha por este mundo em comunhão com ele, mais profundo será o seu desejo de ser um ser humano integrado — alinhando paixões, palavras, pensamentos, finanças, e assim por diante.

E qual é a raiz do desejo do salmista? Um anseio por Deus: "quando virás ao meu encontro?" (v. 2). É impossível passar pela vida com um foco primário nas coisas deste mundo e ainda assim crescer em integridade. Contudo, quando alguém mantém os olhos fixos em Deus — em seu caráter, suas promessas, seu governo poderoso, seu coração gracioso em prol de pecadores —, tudo na vida entra em foco. As coisas se encaixam. Os amores desordenados do nosso coração naturalmente idólatra tornam-se ordenados. E agora, unidos a Cristo e habitados pelo Espírito, passamos a amar a nobre vida da verdade, honra, justiça e virtude.

SALMO 102

*Oração de um aflito que, quase desfalecido, derrama
o seu lamento diante do Senhor.*

¹ Ouve a minha oração, Senhor!
  Chegue a ti o meu grito de socorro!
² Não escondas de mim o teu rosto
  quando estou atribulado.
 Inclina para mim os teus ouvidos;
  quando eu clamar, responde-me depressa!
³ Esvaem-se os meus dias como fumaça;
  meus ossos queimam como brasas vivas.
⁴ Como a relva ressequida está o meu coração;
  esqueço até de comer!
⁵ De tanto gemer
  estou reduzido a pele e osso.
⁶ Sou como a coruja do deserto,
  como uma coruja entre as ruínas.
⁷ Não consigo dormir;
  pareço um pássaro solitário no telhado.
⁸ Os meus inimigos zombam de mim o tempo todo;
  os que me insultam usam o meu nome para lançar
    maldições.
⁹ Cinzas são a minha comida,
  e com lágrimas misturo o que bebo,

¹⁰ por causa da tua indignação e da tua ira,
  pois me rejeitaste e me expulsaste para longe de ti.
¹¹ Meus dias são como sombras crescentes;
  sou como a relva que vai murchando.
¹² Tu, porém, Senhor, no trono reinarás para sempre;
  o teu nome será lembrado de geração em geração.
¹³ Tu te levantarás e terás misericórdia de Sião,
  pois é hora de lhe mostrares compaixão;
  o tempo certo é chegado.
¹⁴ Pois as suas pedras são amadas pelos teus servos,
  as suas ruínas os enchem de compaixão.
¹⁵ Então as nações temerão o nome do Senhor
  e todos os reis da terra a sua glória.
¹⁶ Porque o Senhor reconstruirá Sião
  e se manifestará na glória que ele tem.
¹⁷ Responderá à oração dos desamparados;
  as suas súplicas não desprezará.
¹⁸ Escreva-se isto para as futuras gerações,
  e um povo que ainda será criado
 louvará o Senhor, proclamando:
¹⁹ "Do seu santuário nas alturas o Senhor olhou;
  dos céus observou a terra,
²⁰ para ouvir os gemidos dos prisioneiros
  e libertar os condenados à morte".
²¹ Assim o nome do Senhor será anunciado em Sião
  e o seu louvor em Jerusalém,

²² quando os povos e os reinos
 se reunirem para adorar o Senhor.
²³ No meio da minha vida ele me abateu com sua força;
 abreviou os meus dias.
²⁴ Então pedi:
 "Ó meu Deus, não me leves no meio dos meus dias.
 Os teus dias duram por todas as gerações!"
²⁵ No princípio firmaste os fundamentos da terra,
 e os céus são obras das tuas mãos.
²⁶ Eles perecerão, mas tu permanecerás;
 envelhecerão como vestimentas.
 Como roupas tu os trocarás
 e serão jogados fora.
²⁷ Mas tu permaneces o mesmo,
 e os teus dias jamais terão fim.
²⁸ Os filhos dos teus servos terão uma habitação;
 os seus descendentes serão estabelecidos na tua
 presença.

Esse salmo, como o título diz, é uma "oração de um aflito que, quase desfalecido, derrama o seu lamento diante do Senhor". Essa é a sua condição atual? Talvez pudéssemos colocar a pergunta da seguinte forma: Em qual momento essa *não é* a sua condição? Certamente, tempos de adversidade constante chegam. Nesse salmo, alguma tragédia se abateu sobre o salmista no auge de sua vida (vv. 23-24). No entanto, a dor não é algo que experimentamos *algumas vezes*. A dor é algo que experimentamos em alguma parte da vida *o tempo todo*.

O consolo para o qual esse salmo nos atrai é a permanência e a estabilidade do próprio Deus. Em todo o salmo, lemos sobre a transitoriedade da humanidade em relação à realidade estabelecida e duradoura de Deus: "Eles perecerão, mas tu permanecerás" (v. 26).

No entanto, não é a mera permanência de Deus que é o conforto nesse salmo. É a permanência de Deus canalizada para o futuro do seu povo, um futuro que não pode ser ameaçado por nossa mortalidade ou prejudicado pelo que pode acontecer conosco. Como o salmo termina: "Os filhos dos teus servos terão uma habitação; os seus descendentes serão estabelecidos na tua presença" (v. 28). A graça de Deus concede um significado que transcende nossas vidas tão breves, pois fomos unidos a Cristo. Seu futuro agora determina o nosso.

SALMO 103

Davídico.

¹ Bendiga o Senhor a minha alma!
 Bendiga o Senhor todo o meu ser!
² Bendiga o Senhor a minha alma!
 Não esqueça nenhuma de suas bênçãos!
³ É ele que perdoa todos os seus pecados
 e cura todas as suas doenças,
⁴ que resgata a sua vida da sepultura
 e o coroa de bondade e compaixão,
⁵ que enche de bens a sua existência,
 de modo que a sua juventude se renova como a águia.
⁶ O Senhor faz justiça
 e defende a causa dos oprimidos.
⁷ Ele manifestou os seus caminhos a Moisés;
 os seus feitos, aos israelitas.
⁸ O Senhor é compassivo e misericordioso,
 mui paciente e cheio de amor.
⁹ Não acusa sem cessar
 nem fica ressentido para sempre;
¹⁰ não nos trata conforme os nossos pecados
 nem nos retribui conforme as nossas iniquidades.
¹¹ Pois como os céus se elevam acima da terra,
 assim é grande o seu amor para com os que o
 temem;

¹² e como o Oriente está longe do Ocidente,
assim ele afasta para longe de nós as nossas transgressões.
¹³ Como um pai tem compaixão de seus filhos,
assim o Senhor tem compaixão dos que o temem;
¹⁴ pois ele sabe do que somos formados;
lembra-se de que somos pó.
¹⁵ A vida do homem é semelhante à relva;
ele floresce como a flor do campo,
¹⁶ que se vai quando sopra o vento;
tampouco se sabe mais o lugar que ocupava.
¹⁷ Mas o amor leal do Senhor,
o seu amor eterno, está com os que o temem
e a sua justiça com os filhos dos seus filhos,
¹⁸ com os que guardam a sua aliança
e se lembram de obedecer aos seus preceitos.
¹⁹ O Senhor estabeleceu o seu trono nos céus,
e como rei domina sobre tudo o que existe.
²⁰ Bendigam o Senhor,
vocês, seus anjos poderosos, que obedecem à sua palavra.
²¹ Bendigam o Senhor todos os seus exércitos,
vocês, seus servos, que cumprem a sua vontade.
²² Bendigam o Senhor todas as suas obras
em todos os lugares do seu domínio.
Bendiga o Senhor a minha alma!

Quem é Deus? Quem ele realmente é? O que está no centro de seu coração? Esse salmo, tanto quanto qualquer outro texto da Bíblia, revela quem ele é mais profundamente.

Do que mais os pecadores cansados — principalmente eles — precisam saber? O que é oxigênio para nós em nossas vidas angustiadas e repletas de dor? O sol radiante do favor divino, brilhando sobre os filhos de Deus. Embora as nuvens do pecado e do fracasso possam obscurecer nossos sentimentos desse favor, ele não pode ser diminuído mais do que uma nuvem minúscula e fina pode ameaçar a existência do sol. Ele está brilhando. Não pode ser parado. Fique em paz.

O Senhor olha para seus filhos com uma afeição absolutamente imperturbável (v. 13). Considere a afeição do coração paternal de Deus. Deixe esse salmo banhar você. O crescimento na vida cristã é o processo de alinhar o seu senso de identidade — o seu mundo interno turbulento e cheio de pânico, devido à falta do evangelho — com a verdade mais fundamental de que "O Senhor é compassivo e misericordioso, mui paciente e cheio de amor" (v. 8). Em Cristo, Deus provou isso.

Somos pecadores. Nós pecamos. Em Cristo, porém, nossa identidade básica não é a de pecadores, mas de purificados, íntegros. E, quando saímos para um novo dia com a alma tranquila por causa desse dom gratuito de purificação, descobrimos que, estranhamente, surpreendentemente, começamos a "obedecer aos seus preceitos" (v. 18).

SALMO 104

¹ Bendiga o Senhor a minha alma!
 Ó Senhor, meu Deus, tu és tão grandioso!
  Estás vestido de majestade e esplendor!
² Envolto em luz como numa veste,
  ele estende os céus como uma tenda,
³ e põe sobre as águas dos céus as vigas dos seus
  aposentos.
 Faz das nuvens a sua carruagem
  e cavalga nas asas do vento.
⁴ Faz dos ventos seus mensageiros
  e dos clarões reluzentes seus servos.
⁵ Firmaste a terra sobre os seus fundamentos
  para que jamais se abale;
⁶ com as torrentes do abismo a cobriste,
  como se fossem uma veste;
  as águas subiram acima dos montes.
⁷ Diante das tuas ameaças as águas fugiram,
  puseram-se em fuga ao som do teu trovão;
⁸ subiram pelos montes e escorreram pelos vales,
  para os lugares que tu lhes designaste.
⁹ Estabeleceste um limite que não podem ultrapassar;
  jamais tornarão a cobrir a terra.
¹⁰ Fazes jorrar as nascentes nos vales
  e correrem as águas entre os montes;

¹¹ delas bebem todos os animais selvagens,
  e os jumentos selvagens saciam a sua sede.
¹² As aves do céu fazem ninho junto às águas
  e entre os galhos põem-se a cantar.
¹³ Dos teus aposentos celestes regas os montes;
  sacia-se a terra com o fruto das tuas obras!
¹⁴ É o Senhor que faz crescer o pasto para o gado,
  e as plantas que o homem cultiva,
  para da terra tirar o alimento:
¹⁵ o vinho, que alegra o coração do homem;
  o azeite, que lhe faz brilhar o rosto,
  e o pão, que sustenta o seu vigor.
¹⁶ As árvores do Senhor são bem regadas,
  os cedros do Líbano que ele plantou;
¹⁷ nelas os pássaros fazem ninho,
  e nos pinheiros a cegonha tem o seu lar.
¹⁸ Os montes elevados pertencem aos bodes
      selvagens,
  e os penhascos são um refúgio para os coelhos.
¹⁹ Ele fez a lua para marcar estações;
  o sol sabe quando deve se pôr.
²⁰ Trazes trevas, e cai a noite,
  quando os animais da floresta vagueiam.
²¹ Os leões rugem à procura da presa,
  buscando de Deus o alimento,
²² mas ao nascer do sol eles se vão
  e voltam a deitar-se em suas tocas.

²³ Então o homem sai para o seu trabalho,
para o seu labor até o entardecer.
²⁴ Quantas são as tuas obras, Senhor!
Fizeste todas elas com sabedoria!
A terra está cheia de seres que criaste.
²⁵ Eis o mar, imenso e vasto.
Nele vivem inúmeras criaturas,
seres vivos, pequenos e grandes.
²⁶ Nele passam os navios,
e também o Leviatã, que formaste para com ele
brincar.
²⁷ Todos eles dirigem seu olhar a ti,
esperando que lhes dês o alimento no tempo
certo;
²⁸ tu lhes dás, e eles o recolhem;
abres a tua mão, e saciam-se de coisas boas.
²⁹ Quando escondes o rosto,
entram em pânico;
quando lhes retiras o fôlego,
morrem e voltam ao pó.
³⁰ Quando sopras o teu fôlego,
eles são criados,
e renovas a face da terra.
³¹ Perdure para sempre a glória do Senhor!
Alegre-se o Senhor em seus feitos!
³² Ele olha para a terra, e ela treme;
toca os montes, e eles fumegam.

³³ Cantarei ao Senhor toda a minha vida;
   louvarei ao meu Deus enquanto eu viver.
³⁴ Seja-lhe agradável a minha meditação,
   pois no Senhor tenho alegria.
³⁵ Sejam os pecadores eliminados da terra
   e deixem de existir os ímpios.
   Bendiga o Senhor a minha alma!
   Aleluia!

※

O mundo em que vivemos despreza a Deus. Em todos os lugares que olhamos, vemos anúncios, *outdoors*, marketing, discursos políticos, conselhos financeiros, filmes e muitos outros elementos da vida cotidiana atraindo nossas mentes do céu à terra, de Deus a nós mesmos, da verdadeira alegria ao emocionalismo banal.

O salmo 104 nos treina a fazer o oposto. Nossas mentes são atraídas da terra para o céu, do mundano para o divino. Vemos Deus e somos cativados por seu poder. Esse salmo, especificamente, celebra sua obra no mundo natural. Considere o que é mencionado como estando sob o governo de Deus: água, nuvens, vento, fogo, montanhas, trovões, vales, nascentes, colinas, feras, pássaros, galhos, frutas, gado, comida, vinho, óleo, pão, árvores, cabras selvagens, texugos, sol, leões... Nada debaixo do Sol está fora da supervisão divina!

Considere sua vida. Você compartimentalizou o Senhor do céu? Reduziu Deus a uma simples parte de sua vida, assim como suas finanças, seu trabalho, seu lazer, e assim por diante? Volte ao que você sabe ser verdade. Alegre-se, com o salmista, no esplendor e governo de Deus sobre todas as áreas da nossa vida; tudo para nosso bem e glória. "Bendiga o Senhor a minha alma!" (v. 35).

SALMO 105

¹Deem graças ao Senhor,
 proclamem o seu nome;
 divulguem os seus feitos entre as nações.
²Cantem para ele e louvem-no;
 relatem todas as suas maravilhas.
³Gloriem-se no seu santo nome;
 alegre-se o coração dos que buscam o Senhor.
⁴Recorram ao Senhor e ao seu poder;
 busquem sempre a sua presença.
⁵Lembrem-se das maravilhas que ele fez,
 dos seus prodígios e das sentenças de juízo que
  pronunciou,
⁶ó descendentes de Abraão, seu servo,
 ó filhos de Jacó, seus escolhidos.
⁷Ele é o Senhor, o nosso Deus;
 seus decretos são para toda a terra.
⁸Ele se lembra para sempre da sua aliança,
 por mil gerações, da palavra que ordenou,
⁹da aliança que fez com Abraão,
 do juramento que fez a Isaque.
¹⁰Ele o confirmou como decreto a Jacó,
 a Israel como aliança eterna, quando disse:
¹¹"Darei a você a terra de Canaã,
 a herança que lhe pertence".

¹² Quando ainda eram poucos,
um punhado de peregrinos na terra,
¹³ e vagueavam de nação em nação,
de um reino a outro,
¹⁴ ele não permitiu que ninguém os oprimisse,
mas a favor deles repreendeu reis, dizendo:
¹⁵ "Não toquem nos meus ungidos;
não maltratem os meus profetas".
¹⁶ Ele mandou vir fome sobre a terra
e destruiu todo o seu sustento;
¹⁷ mas enviou um homem adiante deles,
José, que foi vendido como escravo.
¹⁸ Machucaram-lhe os pés com correntes
e com ferros prenderam-lhe o pescoço,
¹⁹ até cumprir-se a sua predição
e a palavra do Senhor confirmar o que dissera.
²⁰ O rei mandou soltá-lo,
o governante dos povos o libertou.
²¹ Ele o constituiu senhor de seu palácio
e administrador de todos os seus bens,
²² para instruir os seus oficiais como desejasse
e ensinar a sabedoria às autoridades do rei.
²³ Então Israel foi para o Egito,
Jacó viveu como estrangeiro na terra de Cam.
²⁴ Deus fez proliferar o seu povo,
tornou-o mais poderoso do que os seus
adversários

²⁵ e mudou o coração deles para que odiassem o seu povo,
   para que tramassem contra os seus servos.
²⁶ Então enviou seu servo Moisés,
   e Arão, a quem tinha escolhido,
²⁷ por meio dos quais realizou os seus sinais milagrosos
   e as suas maravilhas na terra de Cam.
²⁸ Ele enviou trevas, e houve trevas,
   e eles não se rebelaram contra as suas palavras.
²⁹ Ele transformou as águas deles em sangue,
   causando a morte dos seus peixes.
³⁰ A terra deles ficou infestada de rãs,
   até mesmo os aposentos reais.
³¹ Ele ordenou, e enxames de moscas e piolhos
   invadiram o território deles.
³² Deu-lhes granizo, em vez de chuva,
   e raios flamejantes por toda a sua terra;
³³ arrasou as suas videiras e figueiras
   e destruiu as árvores do seu território.
³⁴ Ordenou, e vieram enxames de gafanhotos,
   gafanhotos inumeráveis,
³⁵ e devoraram toda a vegetação daquela terra,
   e consumiram tudo o que a lavoura produziu.
³⁶ Depois matou todos os primogênitos da terra deles,
   todas as primícias da sua virilidade.
³⁷ Ele tirou de lá Israel, que saiu cheio de prata e ouro.
   Não havia em suas tribos quem fraquejasse.

³⁸ Os egípcios alegraram-se quando eles saíram,
  pois estavam com verdadeiro pavor dos israelitas.
³⁹ Ele estendeu uma nuvem para lhes dar sombra,
  e fogo para iluminar a noite.
⁴⁰ Pediram, e ele enviou codornizes
  e saciou-os com pão do céu.
⁴¹ Ele fendeu a rocha, e jorrou água,
  que escorreu como um rio pelo deserto.
⁴² Pois ele se lembrou da santa promessa
  que fizera ao seu servo Abraão.
⁴³ Fez o seu povo sair cheio de júbilo
  e os seus escolhidos com cânticos alegres.
⁴⁴ Deu-lhes as terras das nações,
  e eles tomaram posse do fruto do trabalho de
  outros povos,
⁴⁵ para que obedecessem aos seus decretos
  e guardassem as suas leis.
 Aleluia!

~~~

A Bíblia está repleta de "indicativos" e "imperativos". Indicativos são declarações do que Deus fez graciosamente para nos libertar. Imperativos são exortações de como devemos viver como resultado. Indicativos são o que Deus faz; imperativos são o que nós fazemos. Em muitas das cartas de Paulo, por exemplo, o apóstolo começa relembrando os indicativos do evangelho (veja Efésios 1—3) e depois fala sobre os imperativos (veja Efésios 4—6). Os Dez Mandamentos são outro exemplo: porque Deus libertou o povo do Egito (indicativo: Êxodo 20:1-2), o povo deve viver de determinada maneira (imperativo: Êxodo 20:3-17).

Isso, porém, nunca é uma "barganha" com o Senhor, como se ele tivesse coçado minhas costas e, então, eu coço as dele. Não retribuímos a Deus. O próprio significado da graça é que não podemos retribuir. Considere o salmo 105. Dos seus 45 versículos, 44 versículos são de indicativo e somente um versículo é imperativo. Em 44 versículos, o salmista relata os livramentos salvadores de Deus ao longo da história de Israel. Vez após vez, Deus misericordiosamente supriu as necessidades do seu povo, embora fossem "poucos, um punhado de peregrinos na terra" (v. 12). É apenas no final do salmo que o salmista lembra aos israelitas sua resposta de gratidão: "para que obedecessem aos seus decretos e guardassem as suas leis" (v. 45).

Esse é o ritmo bíblico. A graça de Deus e a nossa obediência não medem o mesmo em uma escala. A graça de Deus é inesgotável, infinita. Ela sempre supera qualquer resposta de gratidão de nossa parte. É precisamente por isso que temos prazer em viver em santidade e reverência. Deus tem sido muito bom para nós — supremamente em Cristo e no evangelho, o maior indicativo de todos.

SALMO 106

¹ Aleluia!
 Deem graças ao Senhor porque ele é bom;
  o seu amor dura para sempre.
² Quem poderá descrever os feitos poderosos do
  Senhor,
  ou declarar todo o louvor que lhe é devido?
³ Como são felizes os que perseveram na retidão,
  que sempre praticam a justiça!
⁴ Lembra-te de mim, Senhor,
  quando tratares com bondade o teu povo;
  vem em meu auxílio quando o salvares,
⁵ para que eu possa testemunhar o bem-estar dos teus
  escolhidos,
  alegrar-me com a alegria do teu povo
  e louvar-te com a tua herança.
⁶ Pecamos como os nossos antepassados;
  fizemos o mal e fomos rebeldes.
⁷ No Egito, os nossos antepassados
  não deram atenção às tuas maravilhas;
 não se lembraram das muitas manifestações do teu
  amor leal
  e rebelaram-se junto ao mar, o mar Vermelho.
⁸ Contudo, ele os salvou por causa do seu nome,
  para manifestar o seu poder.

⁹ Repreendeu o mar Vermelho, e este secou;
    ele os conduziu pelas profundezas como por um
    deserto.
¹⁰ Salvou-os das mãos daqueles que os odiavam;
    das mãos dos inimigos os resgatou.
¹¹ As águas cobriram os seus adversários;
    nenhum deles sobreviveu.
¹² Então creram nas suas promessas
    e a ele cantaram louvores.
¹³ Mas logo se esqueceram do que ele tinha feito
    e não esperaram para saber o seu plano.
¹⁴ Dominados pela gula no deserto,
    puseram Deus à prova nas regiões áridas.
¹⁵ Deu-lhes o que pediram,
    mas mandou sobre eles uma doença terrível.
¹⁶ No acampamento tiveram inveja de Moisés e de Arão,
    daquele que fora consagrado ao Senhor.
¹⁷ A terra abriu-se, engoliu Datã
    e sepultou o grupo de Abirão;
¹⁸ fogo surgiu entre os seus seguidores;
    as chamas consumiram os ímpios.
¹⁹ Em Horebe fizeram um bezerro,
    adoraram um ídolo de metal.
²⁰ Trocaram a Glória deles
    pela imagem de um boi que come capim.
²¹ Esqueceram-se de Deus, seu Salvador,
    que fizera coisas grandiosas no Egito,

²² maravilhas na terra de Cam
  e feitos temíveis junto ao mar Vermelho.
²³ Por isso, ele ameaçou destruí-los;
  mas Moisés, seu escolhido,
 intercedeu diante dele,
  para evitar que a sua ira os destruísse.
²⁴ Também rejeitaram a terra desejável;
  não creram na promessa dele.
²⁵ Queixaram-se em suas tendas
 e não obedeceram ao Senhor.
²⁶ Assim, de mão levantada,
  ele jurou que os abateria no deserto
²⁷ e dispersaria os seus descendentes
  entre as nações e os espalharia por outras terras.
²⁸ Sujeitaram-se ao jugo de Baal-Peor
  e comeram sacrifícios oferecidos a ídolos mortos;
²⁹ provocaram a ira do Senhor com os seus atos,
  e uma praga irrompeu no meio deles.
³⁰ Mas Fineias se interpôs para executar o juízo,
  e a praga foi interrompida.
³¹ Isso lhe foi creditado como um ato de justiça
  que para sempre será lembrado, por todas as gerações.
³² Provocaram a ira de Deus junto às águas de Meribá;
  e, por causa deles, Moisés foi castigado;
³³ rebelaram-se contra o Espírito de Deus,
  e Moisés falou sem refletir.

³⁴ Eles não destruíram os povos,
como o Senhor tinha ordenado,
³⁵ em vez disso, misturaram-se com as nações
e imitaram as suas práticas.
³⁶ Prestaram culto aos seus ídolos,
que se tornaram uma armadilha para eles.
³⁷ Sacrificaram seus filhos e suas filhas aos demônios.
³⁸ Derramaram sangue inocente,
o sangue de seus filhos e filhas
sacrificados aos ídolos de Canaã;
e a terra foi profanada pelo sangue deles.
³⁹ Tornaram-se impuros pelos seus atos;
prostituíram-se por suas ações.
⁴⁰ Por isso acendeu-se a ira do Senhor contra o seu povo
e ele sentiu aversão por sua herança.
⁴¹ Entregou-os nas mãos das nações,
e os seus adversários dominaram sobre eles.
⁴² Os seus inimigos os oprimiram
e os subjugaram com o seu poder.
⁴³ Ele os libertou muitas vezes,
embora eles persistissem em seus planos de rebelião
e afundassem em sua maldade.
⁴⁴ Mas Deus atentou para o sofrimento deles
quando ouviu o seu clamor.
⁴⁵ Lembrou-se da sua aliança com eles,
e arrependeu-se, por causa do seu imenso amor
leal.

⁴⁶ Fez com que os seus captores
  tivessem misericórdia deles.
⁴⁷ Salva-nos, SENHOR, nosso Deus!
  Ajunta-nos dentre as nações,
  para que demos graças ao teu santo nome
  e façamos do teu louvor a nossa glória.
⁴⁸ Bendito seja o SENHOR, o Deus de Israel,
  por toda a eternidade.
  Que todo o povo diga: "Amém!"
  Aleluia!

Esse salmo, como o anterior, é uma longa lembrança do passado de Israel e da bondade de Deus. A diferença, porém, é que ele está repleto de lembretes da inconstância e da falha de Israel. Durante todo o tempo, os pecados são reconhecidos (v. 6): rebelião (v. 7), esquecimento (v. 13), impureza (v. 15), inveja (v. 16), julgamento (v. 17), idolatria (v. 19), infidelidade (v. 24), murmuração (v. 25), provocar a ira de Deus (v. 32), sacrifício de crianças (v. 37). Um povo rebelde. Uma história sórdida.

A questão, portanto, nos confronta: Como o Senhor respondeu? Quem é Deus para com as pessoas rebeldes? "Mas Deus atentou para o sofrimento deles quando ouviu o seu clamor. Lembrou-se da sua aliança com eles, e arrependeu-se, por causa do seu imenso amor leal" (vv. 44-45).

Resumindo, *Deus é aquele que desafia nossas expectativas*. Ele é aquele em que o amor e a compaixão fluem do seu próprio coração. Ele não guarda rancor, mas se alegra em lavar pecadores em uma torrente de amor e misericórdia. Esse é quem ele é. Em Jesus, Deus nos mostrou que ele é assim, pois Cristo veio a nós — para você e para mim, inconstantes, vacilantes e pecaminosos — e desafiou nossas expectativas. Ele foi até o fim. Ele foi para a cruz. Ele suportou a agonia da separação do Pai para que você e eu possamos desfrutar a fonte inesgotável do amor de Deus. Basta pedir. Abra-se para ele. *Esse é quem ele é.*

"Aleluia" (v. 48).

QUINTO LIVRO

Salmos 107 — 150

SALMO 107

¹ Deem graças ao Senhor porque ele é bom;
   o seu amor dura para sempre.
² Assim o digam os que o Senhor resgatou,
   os que livrou das mãos do adversário
³ e reuniu de outras terras,
   do oriente e do ocidente, do norte e do sul.
⁴ Perambularam pelo deserto e por terras áridas
   sem encontrar cidade habitada.
⁵ Estavam famintos e sedentos;
   sua vida ia se esvaindo.
⁶ Na sua aflição, clamaram ao Senhor,
   e ele os livrou da tribulação em que se encontravam
⁷ e os conduziu por caminho seguro
   a uma cidade habitada.
⁸ Que eles deem graças ao Senhor
   por seu amor leal
   e por suas maravilhas em favor dos homens,
⁹ porque ele sacia o sedento
   e satisfaz plenamente o faminto.
¹⁰ Assentaram-se nas trevas e na sombra mortal,
   aflitos, acorrentados,
¹¹ pois se rebelaram contra as palavras de Deus
   e desprezaram os desígnios do Altíssimo.

¹² Por isso ele os sujeitou a trabalhos pesados;
 eles tropeçaram, e não houve quem os ajudasse.
¹³ Na sua aflição, clamaram ao Senhor,
 e ele os salvou da tribulação em que se encontravam.
¹⁴ Ele os tirou das trevas e da sombra mortal
 e quebrou as correntes que os prendiam.
¹⁵ Que eles deem graças ao Senhor,
 por seu amor leal
 e por suas maravilhas em favor dos homens,
¹⁶ porque despedaçou as portas de bronze
 e rompeu as trancas de ferro.
¹⁷ Tornaram-se tolos por causa dos seus caminhos
  rebeldes,
 e sofreram por causa das suas maldades.
¹⁸ Sentiram repugnância por toda comida
 e chegaram perto das portas da morte.
¹⁹ Na sua aflição, clamaram ao Senhor,
 e ele os salvou da tribulação em que se encontravam.
²⁰ Ele enviou a sua palavra e os curou,
 e os livrou da morte.
²¹ Que eles deem graças ao Senhor,
 por seu amor leal
 e por suas maravilhas em favor dos homens.
²² Que eles ofereçam sacrifícios de ação de graças
 e anunciem as suas obras com cânticos de alegria.
²³ Fizeram-se ao mar em navios,
 para negócios na imensidão das águas,

²⁴ e viram as obras do Senhor,
 as suas maravilhas nas profundezas.
²⁵ Deus falou e provocou um vendaval
 que levantava as ondas.
²⁶ Subiam aos céus e desciam aos abismos;
 diante de tal perigo, perderam a coragem.
²⁷ Cambaleavam, tontos como bêbados,
 e toda a sua habilidade foi inútil.
²⁸ Na sua aflição, clamaram ao Senhor,
 e ele os tirou da tribulação em que se encontravam.
²⁹ Reduziu a tempestade a uma brisa
 e serenou as ondas.
³⁰ As ondas sossegaram, eles se alegraram,
 e Deus os guiou ao porto almejado.
³¹ Que eles deem graças ao Senhor
 por seu amor leal
 e por suas maravilhas em favor dos homens.
³² Que o exaltem na assembleia do povo
 e o louvem na reunião dos líderes.
³³ Ele transforma os rios em deserto
 e as fontes em terra seca,
³⁴ faz da terra fértil um solo estéril,
 por causa da maldade dos seus moradores.
³⁵ Transforma o deserto em açudes
 e a terra ressecada em fontes.
³⁶ Ali ele assenta os famintos,
 para fundarem uma cidade habitável,

³⁷ semearem lavouras, plantarem vinhas
  e colherem uma grande safra.
³⁸ Ele os abençoa, e eles se multiplicam;
  e não deixa que os seus rebanhos diminuam.
³⁹ Quando, porém, reduzidos,
  são humilhados com opressão, desgraça e tristeza.
⁴⁰ Deus derrama desprezo sobre os nobres
  e os faz vagar num deserto sem caminhos.
⁴¹ Mas tira os pobres da miséria
  e aumenta as suas famílias como rebanhos.
⁴² Os justos veem tudo isso e se alegram,
  mas todos os perversos se calam.
⁴³ Reflitam nisso os sábios
  e considerem a bondade do Senhor.

~~~

O ponto principal do salmo 107 é captado em seu versículo final: "Reflitam nisso os sábios e considerem a bondade do Senhor" (v. 43). Todo o salmo conduz a essa conclusão, pois ele é uma recitação de exemplos concretos da bondade do Senhor — para com aqueles que vagam em lugares desertos (vv. 4-9), para com aqueles que estão envolvidos pelas trevas (vv. 10-16), para com aqueles que sofrem por sua própria tolice pecaminosa (vv. 17-22) e para com aqueles apanhados em uma tempestade (vv. 23-32). Devemos considerar "a bondade do Senhor". Aqui, o verbo hebraico "considerar" significa "compreender", "discernir", "perceber". O ponto é que, considerando a história de Deus de libertar seu povo, devemos ver nesses resgates o amor constante e a evidente bondade do Senhor.

O próprio salmista, nos versículos 33 a 42, nos ajuda a entender como a bondade do Senhor opera. Reflita sobre o que está sendo dito: o salmista está dizendo que Deus salva seu povo por meio de inversões. É a terra seca que se torna uma nascente de água. São os famintos que estabelecem uma cidade. São os necessitados que são levantados.

Essa vindicação através de inversões não é uma anomalia desse salmo, pois é assim que Deus se agrada de trabalhar. Ele pega o exaltado e o rebaixa; pega o rebaixado e o exalta. Ele manifesta sua força por meio da fraqueza. Supremamente, ele manifesta sua glória salvadora por meio de uma cruz amaldiçoada. O evangelho é a grande inversão final: aquele que não tinha pecado sofreu condenação para que os pecadores ficassem livres de qualquer pena. Qualquer pessoa que, pela graça de Deus, humilhe-se para receber a obra de Cristo como um presente gratuito será perdoada e glorificada, e desfrutará novos céus e nova terra. Contudo, a única maneira de entrar é se rebaixando. Os orgulhosos — aqueles que acreditam merecer o céu — são exatamente os que não o merecem.

SALMO 108

Uma canção. Salmo davídico.

¹ Meu coração está firme, ó Deus!
 Cantarei e louvarei, ó Glória minha!
² Acordem, harpa e lira!
 Despertarei a alvorada.
³ Eu te darei graças, ó Senhor, entre os povos;
 cantarei louvores entre as nações,
⁴ porque o teu amor leal se eleva muito acima dos céus;
 a tua fidelidade alcança as nuvens!
⁵ Sê exaltado, ó Deus, acima dos céus;
 estenda-se a tua glória sobre toda a terra!
⁶ Salva-nos com a tua mão direita e responde-nos,
 para que sejam libertos aqueles a quem amas.
⁷ Do seu santuário Deus falou:
 "No meu triunfo dividirei Siquém
 e repartirei o vale de Sucote.
⁸ Gileade me pertence e Manassés também;
 Efraim é o meu capacete, Judá é o meu cetro.
⁹ Moabe é a pia em que me lavo,
 em Edom atiro a minha sandália,
 sobre a Filístia dou meu brado de vitória!"
¹⁰ Quem me levará à cidade fortificada?
 Quem me guiará a Edom?

¹¹ Não foste tu, ó Deus, que nos rejeitaste
  e deixaste de sair com os nossos exércitos?
¹² Dá-nos ajuda contra os adversários,
  pois inútil é o socorro do homem.
¹³ Com Deus conquistaremos a vitória,
  e ele pisará os nossos adversários.

"Inútil é o socorro do homem" (v. 12). A palavra hebraica traduzida como "inútil" significa "vazio" ou "sem valor". A libertação que o homem pode fornecer tem peso zero. Não tem qualquer poder. Quando a vida desmorona — quando nossos pecados nos dominam, quando a escuridão nos pressiona e parece não ir embora —, o que nossos recursos humanos pateticamente limitados fornecerão? E ainda mais importante: quando nos apresentarmos diante de Deus, o Santo, que inteligência humana, obediência ou realizações ousaremos exibir diante dele? Inútil é a salvação do homem. Deixados por conta própria, só podemos nos sentir como Davi: "Não foste tu, ó Deus, que nos rejeitaste[?]" (v. 11). Por outro lado, "com Deus conquistaremos a vitória" (v. 13).

Poucos sentiram mais a impotência dos métodos de salvação inventados pelo homem do que Martinho Lutero, o reformador alemão do século 16. Em seu livro *The Bondage of the Will* [A escravidão da vontade], ele escreveu:

Deus certamente prometeu sua graça aos humildes, isto é, àqueles que lamentam e se desesperam acerca de sua própria condição. Mas nenhum homem pode ser totalmente humilhado até que saiba que sua salvação está totalmente além de seus próprios poderes, capacidades, esforços, vontade e obras, e depende inteiramente da escolha, vontade e obra de outro, ou seja, somente de Deus.

Enquanto ele estiver persuadido de que ele próprio pode fazer mesmo a menor obra para conquistar sua salvação, ele mantém alguma autoconfiança e não se desespera totalmente de si mesmo e, portanto, não é humilhado diante de Deus, mas presume que há — ou pelo menos espera ou deseja que possa haver — algum lugar, tempo e trabalho para ele, pelo qual possa finalmente alcançar a salvação. Mas, quando um homem não tem dúvidas de que tudo depende da vontade de Deus, então ele se desespera completamente e não escolhe nada por si mesmo, mas tão somente espera que Deus opere.

Inútil é a salvação do homem, mas, com Deus ao nosso lado, triunfaremos.

SALMO 109

Para o mestre de música. Salmo davídico.

¹ Ó Deus, a quem louvo,
 não fiques indiferente,
² pois homens ímpios e falsos
 dizem calúnias contra mim,
 e falam mentiras a meu respeito.
³ Eles me cercaram com palavras carregadas de ódio;
 atacaram-me sem motivo.
⁴ Em troca da minha amizade eles me acusam,
 mas eu permaneço em oração.
⁵ Retribuem-me o bem com o mal,
 e a minha amizade com ódio.
⁶ Designe-se um ímpio para ser seu oponente;
 à sua direita esteja um acusador.
⁷ Seja declarado culpado no julgamento,
 e que até a sua oração seja considerada pecado.
⁸ Seja a sua vida curta,
 e outro ocupe o seu lugar.
⁹ Fiquem órfãos os seus filhos
 e viúva a sua esposa.
¹⁰ Vivam os seus filhos vagando como mendigos,
 e saiam rebuscando o pão longe de suas casas em
  ruínas.

¹¹ Que um credor se apossem de todos os seus bens,
e estranhos saqueiem o fruto do seu trabalho.
¹² Que ninguém o trate com bondade
nem tenha misericórdia dos seus filhos órfãos.
¹³ Sejam exterminados os seus descendentes
e desapareçam os seus nomes na geração seguinte.
¹⁴ Que o Senhor se lembre
da iniquidade dos seus antepassados,
e não se apague o pecado de sua mãe.
¹⁵ Estejam os seus pecados sempre perante o Senhor,
e na terra ninguém jamais se lembre da sua
família.
¹⁶ Pois ele jamais pensou em praticar um ato de
bondade,
mas perseguiu até à morte o pobre,
o necessitado e o de coração partido.
¹⁷ Ele gostava de amaldiçoar:
venha sobre ele a maldição!
Não tinha prazer em abençoar:
afaste-se dele a bênção!
¹⁸ Ele vestia a maldição como uma roupa:
entre ela em seu corpo como água
e em seus ossos como óleo.
¹⁹ Envolva-o como um manto
e aperte-o sempre como um cinto.
²⁰ Assim retribua o Senhor aos meus acusadores,
aos que me caluniam.

²¹ Mas tu, Soberano Senhor,
    intervém em meu favor, por causa do teu nome.
    Livra-me, pois é sublime o teu amor leal!
²² Sou pobre e necessitado
    e, no íntimo, o meu coração está abatido.
²³ Vou definhando como a sombra vespertina;
    para longe sou lançado, como um gafanhoto.
²⁴ De tanto jejuar os meus joelhos fraquejam
    e o meu corpo definha de magreza.
²⁵ Sou objeto de zombaria para os meus acusadores;
    logo que me veem, meneiam a cabeça.
²⁶ Socorro, Senhor, meu Deus!
    Salva-me pelo teu amor leal!
²⁷ Que eles reconheçam que foi a tua mão,
    que foste tu, Senhor, que o fizeste.
²⁸ Eles podem amaldiçoar,
    tu, porém, me abençoas.
Quando atacarem, serão humilhados,
    mas o teu servo se alegrará.
²⁹ Sejam os meus acusadores vestidos de desonra;
    que a vergonha os cubra como um manto.
³⁰ Em alta voz, darei muitas graças ao Senhor;
    no meio da assembleia eu o louvarei,
³¹ pois ele se põe ao lado do pobre
    para salvá-lo daqueles que o condenam.

Vivemos em um mundo de acusação. Às vezes, nossos acusadores são pessoas reais, como é o caso de Davi ao escrever esse salmo: "homens ímpios e falsos dizem calúnias contra mim, e falam mentiras a meu respeito" (v. 2). Quando Davi tenta perdoar e mostrar amor aos seus acusadores (v. 4), estes respondem com ódio, calúnia e ataques intensificados. Eles não permitirão a ele um momento de paz. O clamor de Davi a Deus nesse salmo é claro: "Acabe com isso! Elimine-os! Cale-os!". Aos nossos ouvidos, isso soa muito duro, egoísta, impaciente e sem amor. Como Davi pode pedir que "seja a sua vida curta" (v. 8) ou que "na terra ninguém jamais se lembre da sua família" (v. 15)? Isso é mesmo uma oração cristã? Queremos implorar para que Davi mostre um pouco mais de graça, talvez apontando as palavras de Jesus em Mateus 5 sobre amar nossos inimigos e oferecer a outra face. No entanto, antes de fazermos isso, consideremos mais uma coisa.

Davi é o rei, ungido por Deus para governar sobre Israel. Seus acusadores estão, na verdade, acusando aquele que o nomeou rei. Se Deus permitisse que os acusadores continuassem, a paz não viria para o rei de Deus ou para seu povo. Eles devem ser parados.

Os inimigos de Davi não são os únicos acusadores. Nós também vivemos em um mundo de acusação. Somos acusados por outros (Mateus 5:11-12), por nós mesmos (Romanos 7:21-24) e pelo próprio Satanás (Apocalipse 12:7-10). Somos atacados em todas as frentes. Nossos acusadores dizem que não somos puros, que não somos dignos, que não estamos certos, que não somos o suficiente. Talvez nós realmente não sejamos puros ou dignos, mas, assim como foi com Davi, não é o nosso valor que importa. "Quando vocês estavam mortos em pecados e na incircuncisão da sua carne, Deus os vivificou com Cristo. Ele nos perdoou todas as transgressões e cancelou a escrita de dívida, que consistia em ordenanças, e que nos era contrária. Ele a removeu, pregando-a na cruz, e, tendo despojado os poderes e as autoridades, fez deles um espetáculo público, triunfando sobre eles na cruz" (Colossenses 2:13-15).

A forma como Deus respondeu à oração de Davi é Jesus. Nele, a força de nossos acusadores é completamente anulada. "Quem fará alguma acusação contra os escolhidos de Deus? É Deus quem os justifica. Quem os condenará? Foi Cristo Jesus que morreu; e mais, que ressuscitou e está à direita de Deus, e também intercede por nós" (Romanos 8:33-34). Quando nosso rei crucificado e ressuscitado vier novamente, nossos acusadores serão silenciados de uma vez por todas. Teremos paz.

SALMO 110

Salmo davídico.

¹O Senhor disse ao meu Senhor:
 "Senta-te à minha direita
  até que eu faça dos teus inimigos
  um estrado para os teus pés".
²O Senhor estenderá o cetro de teu poder desde Sião,
 e dominarás sobre os teus inimigos!
³Quando convocares as tuas tropas,
  o teu povo se apresentará voluntariamente.
 Trajando vestes santas,
  desde o romper da alvorada
  os teus jovens virão como o orvalho.
⁴O Senhor jurou e não se arrependerá:
 "Tu és sacerdote para sempre,
  segundo a ordem de Melquisedeque".
⁵O Senhor está à tua direita;
 ele esmagará reis no dia da sua ira.
⁶Julgará as nações, amontoando os mortos
 e esmagando governantes em toda a extensão da
  terra.
⁷No caminho beberá de um ribeiro,
 e então erguerá a cabeça.

Esse salmo olha triunfantemente para o futuro, para o Filho de Davi que se eleva sobre o próprio Davi como a solução definitiva de Deus para um mundo hostil ao seu Criador. O primeiro versículo desse salmo é citado em todo o Novo Testamento, especialmente em Hebreus, como um antigo testemunho, cumprido em Cristo, da promessa de Deus a respeito de um Messias vindouro que estabeleceria justiça sobre os inimigos de Deus de uma vez por todas.

Como esse texto se aplica à sua vida? Os inimigos de Cristo são seus inimigos, pois você é seu discípulo unido com ele. Sua maior batalha foi vencida. Mas qual é a maior batalha? Sua luta mais profunda é contra o pecado, a morte e a condenação. Isso transcende todas as outras. O real perigo é este: separar-se do Pai por causa de sua própria rebelião. Ser subjugado por Satanás e as forças do inferno, acusando você de sua pecaminosidade real.

E como essa batalha é vencida? Pelo cumprimento do versículo 4: Deus enviou um sacerdote que, ao contrário de qualquer outro, nunca morrerá e nunca terá que oferecer um sacrifício por seu próprio pecado (Hebreus 7:1-25). Em vez disso, o próprio sacerdote foi o sacrifício pelos nossos pecados.

Cristo é o seu rei, representando Deus para você, mas ele também é o seu sacerdote, representando você para Deus. Ele é digno de toda a nossa confiança.

SALMO 111

¹ Aleluia!
 Darei graças ao Senhor de todo o coração
  na reunião da congregação dos justos.
² Grandes são as obras do Senhor;
  nelas meditam todos os que as apreciam.
³ Os seus feitos manifestam majestade e esplendor,
  e a sua justiça dura para sempre.
⁴ Ele fez proclamar as suas maravilhas;
  o Senhor é misericordioso e compassivo.
⁵ Deu alimento aos que o temiam,
  pois sempre se lembra de sua aliança.
⁶ Mostrou ao seu povo os seus feitos poderosos,
  dando-lhe as terras das nações.
⁷ As obras das suas mãos são fiéis e justas;
  todos os seus preceitos merecem confiança.
⁸ Estão firmes para sempre,
  estabelecidos com fidelidade e retidão.
⁹ Ele trouxe redenção ao seu povo
  e firmou a sua aliança para sempre.
  Santo e temível é o seu nome!
¹⁰ O temor do Senhor é o princípio da sabedoria;
  todos os que cumprem os seus preceitos revelam
   bom senso.
 Ele será louvado para sempre!

A Bíblia não é um livro de conselhos, sobre o que devemos ou não fazer. Ela é, antes de mais nada, um livro de redenção, e conta o que Deus fez. Não é sobre mandamentos que incluem algumas histórias espalhadas; é sobre uma história que inclui alguns mandamentos espalhados. Somos chamados ao alto apelo de santidade e obediência, mas mesmo isso é uma resposta de gratidão ao que Deus fez por nós em sua maravilhosa graça.

Reflita sobre o tema desse salmo: Deus e suas ações. "Grandes são as obras do SENHOR" (v. 2). "Nelas meditam todos os que as apreciam" (v. 2) — vemos o que o próprio Deus fez. Os próximos versículos começam com "ele". Deus não espera passivamente no céu até que despertemos sua atenção para que ele aja. Ele não pode ser subornado. Ele não é indiferente. Ele está agindo de maneira misericordiosa e compassiva para com seu povo (v. 4).

A Bíblia é, do início ao fim, uma mensagem de graciosa redenção. As Escrituras não são uma coluna de conselhos no final do jornal; é a capa da revista, com as notícias do que Deus fez. "Ele trouxe redenção ao seu povo" (v. 9). Sim, ele fez muito mais do que o salmista sabia. A boa notícia do evangelho é que Deus enviou a redenção na forma de seu próprio Filho como uma pessoa totalmente humana para iniciar a renovação e consumação de todas as coisas por meio de sua vida, morte e ressurreição.

SALMO 112

¹ Aleluia!
Como é feliz o homem que teme o SENHOR
　　e tem grande prazer em seus mandamentos!
² Seus descendentes serão poderosos na terra,
　　serão uma geração abençoada, de homens íntegros.
³ Grande riqueza há em sua casa,
　　e a sua justiça dura para sempre.
⁴ A luz raia nas trevas para o íntegro,
　　para quem é misericordioso, compassivo e justo.
⁵ Feliz é o homem que empresta com generosidade
　　e que com honestidade conduz os seus negócios.
⁶ O justo jamais será abalado;
　　para sempre se lembrarão dele.
⁷ Não temerá más notícias;
　seu coração está firme, confiante no SENHOR.
⁸ O seu coração está seguro e nada temerá.
　　No final, verá a derrota dos seus adversários.
⁹ Reparte generosamente com os pobres;
　　a sua justiça dura para sempre;
　　seu poder será exaltado em honra.
¹⁰ O ímpio o vê e fica irado,
　　range os dentes e definha.
　　O desejo dos ímpios se frustrará.

Esse salmo nos leva à firmeza de confiança no Senhor. No fundo do nosso coração, a maioria de nós tende a confiar em outras coisas — contas bancárias, reputação, família, capacidade intelectual, força física ou, talvez, até esperanças de algo no futuro. Tiramos força desses bons presentes terrenos de uma forma que não é saudável, porque passamos a depender de algo que pode ser tirado de nós a qualquer momento.

Por outro lado, aqueles que andam com Deus depositam suas esperanças mais profundas diretamente no próprio Deus: "seu coração está firme, confiante no Senhor" (v. 7). É por isso que ele "não temerá más notícias" (v. 7). Por quê? Porque mesmo as piores notícias só podem ameaçar suas preocupações terrenas; nada pode atingir o próprio Deus.

Em última análise, portanto, esta vida para ele é apenas o romper da aurora: "A luz raia nas trevas para o íntegro" (v. 4). O que isso significa? Para aqueles que confiam no Senhor — aqueles que tomam todas as suas ansiedades acovardadas e as lançam sobre Deus —, esta vida é como os primeiros raios de sol nascendo no horizonte às cinco horas da manhã em um dia quente de verão. Como diz Provérbios: "A vereda do justo é como a luz da alvorada, que brilha cada vez mais até a plena claridade do dia" (Provérbios 4:18). Sua glória radiante está apenas começando. Unidos a Cristo e habitados pelo Espírito, esse esplendor final é graciosamente assegurado.

SALMO 113

¹ Aleluia!
Louvem, ó servos do Senhor,
louvem o nome do Senhor!
² Seja bendito o nome do Senhor,
desde agora e para sempre!
³ Do nascente ao poente,
seja louvado o nome do Senhor!
⁴ O Senhor está exaltado acima de todas as nações;
e acima dos céus está a sua glória.
⁵ Quem é como o Senhor, o nosso Deus,
que reina em seu trono nas alturas,
⁶ mas se inclina para contemplar
o que acontece nos céus e na terra?
⁷ Ele levanta do pó o necessitado
e ergue do lixo o pobre,
⁸ para fazê-los sentar-se com príncipes,
com os príncipes do seu povo.
⁹ Dá um lar à estéril,
e dela faz uma feliz mãe de filhos.
Aleluia!

Nós louvamos o dia todo. O louvor sai de nossas bocas sem que sequer saibamos. Louvamos a habilidade musical, as proezas atléticas, uma bela neve caindo, a habilidade de uma criança de dar os primeiros passos, um livro bem-escrito, um prato delicioso. Esse salmo nos chama a louvar ao Senhor porque o Deus majestoso que governa sobre tudo (vv. 4-6) se deleita em tomar conhecimento dos aflitos e necessitados (vv. 7-9). Quem poderia imaginar que o Criador é assim? Quem teria presumido que ele se inclinava dessa maneira?

E quanto a você? Já viu o coração dele ou o vê como indiferentemente distante e apático? Você está perturbado? Perplexo com a vida? O Senhor do céu é atraído como um ímã para o seu sofrimento. Abra-se para ele. Receba-o em sua necessidade. "Ele levanta do pó o necessitado e ergue do lixo o pobre" (v. 7).

Acima de tudo, lembre-se de que o grande e sublime Deus provou de uma vez por todas que ama descer para encontrar pecadores angustiados em suas necessidades. Ele demonstrou isso vindo até a terra na pessoa do Filho e tornando-se aquele que era ele mesmo pobre e necessitado. Ele veio por nós. Ele veio por *você*. Ele se juntou a você em sua humilde condição. Abrace-o.

SALMO 114

¹ Quando Israel saiu do Egito
   e a casa de Jacó saiu do meio de um povo de língua estrangeira,
² Judá tornou-se o santuário de Deus;
   Israel, o seu domínio.
³ O mar olhou e fugiu,
   o Jordão retrocedeu;
⁴ os montes saltaram como carneiros;
   as colinas, como cordeiros.
⁵ Por que fugir, ó mar?
   E você, Jordão, por que retroceder?
⁶ Por que vocês saltaram como carneiros, ó montes?
   E vocês, colinas, porque saltaram como cordeiros?
⁷ Estremeça na presença do Soberano, ó terra,
   na presença do Deus de Jacó!
⁸ Ele fez da rocha um açude,
   do rochedo uma fonte.

⸺⸎⸺

Os elementos naturais podem intimidar até mesmo adultos maduros. Muitos de nós já dirigimos no meio de chuvas intensas ou fomos acordados por um trovão bem acima das nossas cabeças. Esse salmo, porém, insiste que o

Senhor usa os elementos naturais para cuidar de nós, para nos servir.

O exemplo supremo disso, mencionado no início do texto, é a abertura do mar Vermelho para o povo de Israel passar em terra seca. Observe, porém, como o salmista fala: Deus não apenas separou o mar —"O mar olhou e fugiu" (v. 3). Deus estava em solidariedade com seu povo contra a criação. Ele *assustou* o mar.

Como essa solidariedade pode ser nossa? Como podemos ter certeza dessas verdades à medida que caminhamos pela vida, em meio às tempestades que nos assaltam em nossos relacionamentos, nossas finanças, nossos empregos, nossos filhos? Como isso é possível, especialmente quando sabemos que somos pecadores que merecem ser oprimidos pelas tempestades da vida? Somente no conhecimento do evangelho: Jesus Cristo passou pela tempestade final em nosso favor. Quando ele estava na cruz, o mundo escureceu (Marcos 15:33), como um sinal do julgamento de Deus vindo sobre ele; como um marcador indicando que o que estava acontecendo fisicamente ao mundo estava acontecendo cosmicamente ao Filho. Ele estava sendo julgado em nosso lugar.

SALMO 115

¹ Não a nós, Senhor, nenhuma glória para nós,
   mas sim ao teu nome,
   por teu amor e por tua fidelidade!
² Por que perguntam as nações:
   "Onde está o Deus deles?"
³ O nosso Deus está nos céus,
   e pode fazer tudo o que lhe agrada.
⁴ Os ídolos deles, de prata e ouro,
   são feitos por mãos humanas.
⁵ Têm boca, mas não podem falar;
   olhos, mas não podem ver;
⁶ têm ouvidos, mas não podem ouvir;
   nariz, mas não podem sentir cheiro;
⁷ têm mãos, mas nada podem apalpar;
   pés, mas não podem andar;
   e não emitem som algum com a garganta.
⁸ Tornem-se como eles aqueles que os fazem
   e todos os que neles confiam.
⁹ Confie no Senhor, ó Israel!
   Ele é o seu socorro e o seu escudo.
¹⁰ Confiem no Senhor, sacerdotes!
   Ele é o seu socorro e o seu escudo.

¹¹ Vocês que temem o Senhor,
confiem no Senhor!
Ele é o seu socorro e o seu escudo.
¹² O Senhor lembra-se de nós e nos abençoará;
abençoará os israelitas,
abençoará os sacerdotes,
¹³ abençoará os que temem o Senhor,
do menor ao maior.
¹⁴ Que o Senhor os multiplique,
vocês e os seus filhos.
¹⁵ Sejam vocês abençoados pelo Senhor,
que fez os céus e a terra.
¹⁶ Os mais altos céus pertencem ao Senhor,
mas a terra, ele a confiou ao homem.
¹⁷ Os mortos não louvam o Senhor,
tampouco nenhum dos que descem ao silêncio.
¹⁸ Mas nós bendiremos o Senhor,
desde agora e para sempre!
Aleluia!

❦

O que é idolatria? Vemos isso aqui nesse salmo à medida que o salmista reflete longamente sobre a impotência dos ídolos (vv. 4-8). Muitos de nós podemos associar idolatria com adoração, e isso está correto. Um ídolo é algo ao qual adoramos falsamente. Mas o que isso realmente significa?

Observe a linguagem desse salmo. Aqui, o salmista usa a linguagem não de adoração, mas de confiança. Somos chamados a não confiar em ídolos (v. 8), mas, sim, no Senhor (vv. 9-11). Ao abordar os Dez Mandamentos, o Catecismo de Heidelberg, da década de 1560, conecta explicitamente a idolatria à confiança. Nele, o primeiro mandamento ("Não terás outros deuses diante de mim") é explicado da seguinte forma: "O que é idolatria? Idolatria é ter ou inventar algo em que se *confia* no lugar ou ao lado do único Deus verdadeiro, que se revelou em sua Palavra".

Talvez a noção de "idolatria" pareça muito distante do que você percebe em seu coração. Em que você confia? Pode ser difícil ver como *adoramos* nossa reputação, mas é fácil ver como *confiamos* em nossa reputação. Não é intuitivamente óbvio que *adoramos* o ídolo de uma conta bancária crescente; é fácil ver como podemos *confiar* nisso como nossa segurança funcional mais profunda, uma fortaleza de refúgio psicológico. Esse, porém, é um refúgio com uma base frágil. Somente em Cristo estamos verdadeiramente seguros. Confie nele. Espere nele. Deposite nele sua esperança. Ele é o único que nunca vai decepcionar você.

SALMO 116

¹ Eu amo o Senhor, porque ele me ouviu
   quando lhe fiz a minha súplica.
² Ele inclinou os seus ouvidos para mim;
   eu o invocarei toda a minha vida.
³ As cordas da morte me envolveram,
   as angústias do Sheol vieram sobre mim;
   aflição e tristeza me dominaram.
⁴ Então clamei pelo nome do Senhor:
  Livra-me, Senhor!
⁵ O Senhor é misericordioso e justo;
   o nosso Deus é compassivo.
⁶ O Senhor protege os simples;
   quando eu já estava sem forças, ele me salvou.
⁷ Retorne ao seu descanso, ó minha alma,
  porque o Senhor tem sido bom para você!
⁸ Pois tu me livraste da morte,
   livraste os meus olhos das lágrimas
   e os meus pés de tropeçar,
⁹ para que eu pudesse andar diante do Senhor
   na terra dos viventes.
¹⁰ Eu cri, ainda que tenha dito:
   Estou muito aflito.
¹¹ Em pânico eu disse:
   Ninguém merece confiança.

¹² Como posso retribuir ao Senhor
    toda a sua bondade para comigo?
¹³ Erguerei o cálice da salvação
    e invocarei o nome do Senhor.
¹⁴ Cumprirei para com o Senhor os meus votos,
    na presença de todo o seu povo.
¹⁵ O Senhor vê com pesar
    a morte de seus fiéis.
¹⁶ Senhor, sou teu servo,
    Sim, sou teu servo, filho da tua serva;
    livraste-me das minhas correntes.
¹⁷ Oferecerei a ti um sacrifício de gratidão
    e invocarei o nome do Senhor.
¹⁸ Cumprirei para com o Senhor os meus votos,
    na presença de todo o seu povo,
¹⁹ nos pátios da casa do Senhor,
    no seu interior, ó Jerusalém!
Aleluia!

∽⋄∾

A Bíblia tenta tirar você de sua vida real? Aquela em que a dor é tão penetrante, que às vezes você não consegue pensar em nada, exceto nas dificuldades pelas quais passa? A Bíblia tenta trazê-lo para uma realidade mais suave do que aquela em que você está imerso? Ela minimiza ou negligencia a adversidade?

De jeito nenhum. "Aflição e tristeza me dominaram" (v. 3); "quando eu já estava sem forças" (v. 6). "Lágrimas" (v. 8); "tropeço" (v. 8); "pânico" (v. 11). A Bíblia está repleta de realismo absoluto. Ela não ensina que você deve sair da sua dor e entrar em Deus, como fazem outras religiões do mundo, mas que Deus vem do céu para entrar na sua dor. Não vamos a Deus do outro lado da dor; Deus vem até nós em nossa dor.

Aqui está o porquê: "O Senhor é misericordioso e justo; o nosso Deus é compassivo" (v. 5). Como resultado, ele nos encontra e nos liberta. Ele pode não remover a adversidade, mas sustentará e confortará aquele que olha para ele com um consolo que transcende o que quer que esteja acontecendo circunstancialmente ao seu redor. Então nos surpreenderemos: "Como posso retribuir ao Senhor toda a sua bondade para comigo?" (v. 12).

E nós hoje, olhando para esse salmo no século 21, teremos o consolo mais profundo possível. Lembraremos que a frase "O Senhor é misericordioso" passou da verdade abstrata à realidade concreta na encarnação. Deus *realmente* veio do céu para a nossa dor. Poderia haver motivos melhores para confiar nele e amá-lo?

SALMO 117

¹ Louvem o Senhor, todas as nações;
 exaltem-no, todos os povos!
² Porque imenso é o seu amor leal por nós,
 e a fidelidade do Senhor dura para sempre.
 Aleluia!

∽∽∽

Esse curto salmo conclama as *nações* (v. 1) a se regozijarem no amor de Deus por *Israel* (v. 2). Como pode ser isso? O salmista sabe que a aliança de amor do Senhor com seu povo tem o objetivo de abençoar o mundo todo. Deus chamou Abraão e seus descendentes para serem um canal de sua graça e misericórdia — não uma barragem. Foram chamados para passar essa graça e misericórdia adiante, não as engolir (Gênesis 12:2-3; Êxodo 19:5-6; 1Reis 8:41-43). E o verdadeiro e último descendente de Abraão, Jesus Cristo, abriu a graça de Deus para todo o mundo de uma vez por todas (Gálatas 3:7-9,16).

Você é um seguidor de Jesus Cristo? Desfrute a graça de Deus, mas passe-a adiante. Reter essa graça é demonstrar que você mesmo não a entende. Se a graça é prometida, então ela é livre — está aberta a todos, indiscriminadamente. Quem em sua vida precisa ouvir sobre a graça de Deus? Se a graça é verdadeiramente graciosa, então você está permanentemente perdoado, liberto, purificado e limpo. Deixe seu prazer com essa liberdade transbordar a ponto de você contar aos outros o que eles também podem desfrutar através dela.

SALMO 118

¹ Deem graças ao Senhor porque ele é bom;
   o seu amor dura para sempre.
² Que Israel diga:
   "O seu amor dura para sempre!"
³ Os sacerdotes digam:
   "O seu amor dura para sempre!"
⁴ Os que temem o Senhor digam:
   "O seu amor dura para sempre!"
⁵ Na minha angústia clamei ao Senhor;
   e o Senhor me respondeu, dando-me ampla
      liberdade.
⁶ O Senhor está comigo, não temerei.
   O que me podem fazer os homens?
⁷ O Senhor está comigo; ele é o meu ajudador.
   Verei a derrota dos meus inimigos.
⁸ É melhor buscar refúgio no Senhor
   do que confiar nos homens.
⁹ É melhor buscar refúgio no Senhor
   do que confiar em príncipes.
¹⁰ Todas as nações me cercaram,
   mas em nome do Senhor eu as derrotei.
¹¹ Cercaram-me por todos os lados,
   mas em nome do Senhor eu as derrotei.

¹² Cercaram-me como um enxame de abelhas,
>   mas logo se extinguiram como espinheiros em chamas.
>   Em nome do Senhor eu as derrotei!
¹³ Empurraram-me para forçar a minha queda,
>   mas o Senhor me ajudou.
¹⁴ O Senhor é a minha força e o meu cântico;
>   ele é a minha salvação.
¹⁵ Alegres brados de vitória
>   ressoam nas tendas dos justos:
>   "A mão direita do Senhor age com poder!
¹⁶ A mão direita do Senhor é exaltada!
>   A mão direita do Senhor age com poder!"
¹⁷ Não morrerei; mas vivo ficarei
>   para anunciar os feitos do Senhor.
¹⁸ O Senhor me castigou com severidade,
>   mas não me entregou à morte.
¹⁹ Abram as portas da justiça para mim,
>   pois quero entrar para dar graças ao Senhor.
²⁰ Esta é a porta do Senhor,
>   pela qual entram os justos.
²¹ Dou-te graças, porque me respondeste
>   e foste a minha salvação.
²² A pedra que os construtores rejeitaram
>   tornou-se a pedra angular.
²³ Isso vem do Senhor,
>   e é algo maravilhoso para nós.

²⁴ Este é o dia em que o Senhor agiu;
 alegremo-nos e exultemos neste dia.
²⁵ Salva-nos, Senhor! Nós imploramos.
 Faze-nos prosperar, Senhor! Nós suplicamos.
²⁶ Bendito é o que vem em nome do Senhor.
 Da casa do Senhor nós os abençoamos.
²⁷ O Senhor é Deus,
 e ele fez resplandecer sobre nós a sua luz.
 Juntem-se ao cortejo festivo,
 levando ramos até as pontas do altar.
²⁸ Tu és o meu Deus; graças te darei!
 Ó meu Deus, eu te exaltarei!
²⁹ Deem graças ao Senhor, porque ele é bom;
 o seu amor dura para sempre.

Esse salmo é saturado de alegria. Reflita sobre sua linguagem. Observe as exclamações e exultações. Em profunda "angústia" (v. 5), o Senhor encontrou e libertou o salmista. Parecia que o mundo inteiro estava contra ele (vv. 10-13), mas o próprio Deus era sua "força" e seu "cântico" (v. 14).

Deus não apenas resgatou o salmista do perigo mortal, mas também operou uma reversão notável, de modo que tal perigo foi transformado em triunfo; o vale se tornou o topo da montanha. Isso é o que o salmista quer dizer quando declara: "Alegres brados de vitória ressoam nas tendas dos justos"

(v. 15). Deus agiu "com poder" (vv. 15-16). Isso também é o que significa o versículo 22: "A pedra que os construtores rejeitaram tornou-se a pedra angular". A pedra jogada no monte de entulho como inútil agora se tornou o bloco de construção mais importante de todos, a própria pedra angular.

É assim que Deus trabalha. Ele se aproxima de nós em todas as nossas aflições, pegando o que o mundo rejeita e dignificando-nos com significado eterno. E isso não é uma ação nossa, de forma alguma. É tudo pela graça: "Isso vem do Senhor" (v. 23), e ficamos maravilhados com essa graça. Acima de tudo, ficamos maravilhados com sua autoridade suprema de pegar o que o mundo rejeitou e transformar em algo com significado eterno — Jesus Cristo, rejeitado pela elite religiosa, tornou-se a pedra angular do templo verdadeiro e final, a igreja, da qual cada um de nós, crentes, é uma pedra a seu lado (Mateus 21:42; Efésios 2:19-20).

Você foi rejeitado, hoje, por alguém que deveria ter aceitado você? Você está em boa companhia. Anime-se. Deus se aproxima de você em seu Filho, o qual foi ele próprio rejeitado e crucificado.

SALMO 119

Álef
¹ Como são felizes os que andam em caminhos
   irrepreensíveis,
que vivem conforme a lei do Senhor!
² Como são felizes os que obedecem aos seus estatutos
   e de todo o coração o buscam!
³ Não praticam o mal
   e andam nos caminhos do Senhor.
⁴ Tu mesmo ordenaste os teus preceitos
   para que sejam fielmente obedecidos.
⁵ Quem dera fossem firmados os meus caminhos
   na obediência aos teus decretos.
⁶ Então não ficaria decepcionado
   ao considerar todos os teus mandamentos.
⁷ Eu te louvarei de coração sincero
   quando aprender as tuas justas ordenanças.
⁸ Obedecerei aos teus decretos;
   nunca me abandones.

Bêt
⁹ Como pode o jovem manter pura a sua conduta?
   Vivendo de acordo com a tua palavra.
¹⁰ Eu te busco de todo o coração;
   não permitas que eu me desvie dos teus mandamentos.

¹¹ Guardei no coração a tua palavra
   para não pecar contra ti.
¹² Bendito sejas, Senhor!
   Ensina-me os teus decretos.
¹³ Com os lábios repito
   todas as leis que promulgaste.
¹⁴ Regozijo-me em seguir os teus testemunhos
   como o que se regozija com grandes riquezas.
¹⁵ Meditarei nos teus preceitos
   e darei atenção às tuas veredas.
¹⁶ Tenho prazer nos teus decretos;
   não me esqueço da tua palavra.

Guímel

¹⁷ Trata com bondade o teu servo
   para que eu viva e obedeça à tua palavra.
¹⁸ Abre os meus olhos
   para que eu veja as maravilhas da tua lei.
¹⁹ Sou peregrino na terra;
   não escondas de mim os teus mandamentos.
²⁰ A minha alma consome-se
   de perene desejo das tuas ordenanças.
²¹ Tu repreendes os arrogantes;
   malditos os que se desviam dos teus mandamentos!
²² Tira de mim a afronta e o desprezo,
   pois obedeço aos teus estatutos.

²³ Mesmo que os poderosos se reúnam para conspirar
contra mim,
ainda assim o teu servo meditará nos teus
decretos.
²⁴ Sim, os teus testemunhos são o meu prazer;
eles são os meus conselheiros.

Dálet

²⁵ Agora estou prostrado no pó;
preserva a minha vida conforme a tua promessa.
²⁶ A ti relatei os meus caminhos e tu me respondeste;
ensina-me os teus decretos.
²⁷ Faze-me discernir o propósito dos teus preceitos;
então meditarei nas tuas maravilhas.
²⁸ A minha alma se consome de tristeza;
fortalece-me conforme a tua promessa.
²⁹ Desvia-me dos caminhos enganosos;
por tua graça, ensina-me a tua lei.
³⁰ Escolhi o caminho da fidelidade;
decidi seguir as tuas ordenanças.
³¹ Apego-me aos teus testemunhos, ó Senhor;
não permitas que eu fique decepcionado.
³² Corro pelo caminho que os teus mandamentos
apontam,
pois me deste maior entendimento.

He

⁳³ Ensina-me, Senhor, o caminho dos teus decretos,
e a eles obedecerei até o fim.
³⁴ Dá-me entendimento, para que eu guarde a tua lei
e a ela obedeça de todo o coração.
³⁵ Dirige-me pelo caminho dos teus mandamentos,
pois nele encontro satisfação.
³⁶ Inclina o meu coração para os teus estatutos,
e não para a ganância.
³⁷ Desvia os meus olhos das coisas inúteis;
faze-me viver nos caminhos que traçaste.
³⁸ Cumpre a tua promessa para com o teu servo,
para que sejas temido.
³⁹ Livra-me da afronta que me apavora,
pois as tuas ordenanças são boas.
⁴⁰ Como anseio pelos teus preceitos!
Preserva a minha vida por tua justiça!

Vav

⁴¹ Que o teu amor alcance-me, Senhor,
e a tua salvação, segundo a tua promessa;
⁴² então responderei aos que me afrontam,
pois confio na tua palavra.
⁴³ Jamais tires da minha boca a palavra da verdade,
pois nas tuas ordenanças depositei a minha
esperança.

⁴⁴ Obedecerei constantemente à tua lei,
   para todo o sempre.
⁴⁵ Andarei em verdadeira liberdade,
   pois tenho buscado os teus preceitos.
⁴⁶ Falarei dos teus testemunhos diante de reis,
   sem ficar envergonhado.
⁴⁷ Tenho prazer nos teus mandamentos;
   eu os amo.
⁴⁸ A ti levanto minhas mãos
   e medito nos teus decretos.

Zain

⁴⁹ Lembra-te da tua palavra ao teu servo,
   pela qual me deste esperança.
⁵⁰ Este é o meu consolo no meu sofrimento:
   A tua promessa dá-me vida.
⁵¹ Os arrogantes zombam de mim o tempo todo,
   mas eu não me desvio da tua lei.
⁵² Lembro-me, Senhor, das tuas ordenanças do
            passado
   e nelas acho consolo.
⁵³ Fui tomado de ira tremenda por causa dos ímpios
   que rejeitaram a tua lei.
⁵⁴ Os teus decretos são o tema
   da minha canção em minha peregrinação.
⁵⁵ De noite lembro-me do teu nome, Senhor!
   Vou obedecer à tua lei.

⁵⁶ Esta tem sido a minha prática:
   Obedecer aos teus preceitos.

Hêt

⁵⁷ Tu és a minha herança, SENHOR;
   prometi obedecer às tuas palavras.
⁵⁸ De todo o coração suplico a tua graça;
   tem misericórdia de mim, conforme a tua
       promessa.
⁵⁹ Refleti em meus caminhos e voltei os meus passos
   para os teus testemunhos.
⁶⁰ Eu me apressarei e não hesitarei
   em obedecer aos teus mandamentos.
⁶¹ Embora as cordas dos ímpios queiram prender-me,
   eu não me esqueço da tua lei.
⁶² À meia-noite me levanto para dar-te graças
   pelas tuas justas ordenanças.
⁶³ Sou amigo de todos os que te temem
   e obedecem aos teus preceitos.
⁶⁴ A terra está cheia do teu amor, SENHOR;
   ensina-me os teus decretos.

Tét

⁶⁵ Trata com bondade o teu servo, SENHOR,
   conforme a tua promessa.
⁶⁶ Ensina-me o bom senso e o conhecimento,
   pois confio em teus mandamentos.

⁶⁷ Antes de ser castigado, eu andava desviado,
  mas agora obedeço à tua palavra.
⁶⁸ Tu és bom, e o que fazes é bom;
  ensina-me os teus decretos.
⁶⁹ Os arrogantes mancharam o meu nome com mentiras,
  mas eu obedeço aos teus preceitos de todo o
    coração.
⁷⁰ O coração deles é insensível;
  eu, porém, tenho prazer na tua lei.
⁷¹ Foi bom para mim ter sido castigado,
  para que aprendesse os teus decretos.
⁷² Para mim vale mais a lei que decretaste
  do que milhares de peças de prata e ouro.

Iode

⁷³ As tuas mãos me fizeram e me formaram;
  dá-me entendimento para aprender os teus
    mandamentos.
⁷⁴ Quando os que têm temor de ti me virem, se alegrarão,
  pois na tua palavra depositei a minha esperança.
⁷⁵ Sei, Senhor, que as tuas ordenanças são justas,
  e que por tua fidelidade me castigaste.
⁷⁶ Seja o teu amor o meu consolo,
  conforme a tua promessa ao teu servo.
⁷⁷ Alcance-me a tua misericórdia para que eu tenha vida,
  porque a tua lei é o meu prazer.

⁷⁸ Sejam humilhados os arrogantes, pois me
    prejudicaram sem motivo;
  mas eu meditarei nos teus preceitos.
⁷⁹ Venham apoiar-me aqueles que te temem,
  aqueles que entendem os teus estatutos.
⁸⁰ Seja o meu coração íntegro para com os teus decretos,
  para que eu não seja humilhado.

Caf

⁸¹ Estou quase desfalecido, aguardando a tua salvação,
  mas na tua palavra depositei a minha esperança.
⁸² Os meus olhos fraquejam de tanto esperar pela tua
    promessa,
  e pergunto: "Quando me consolarás?"
⁸³ Embora eu seja como uma vasilha inútil,
  não me esqueço dos teus decretos.
⁸⁴ Até quando o teu servo deverá esperar
  para que castigues os meus perseguidores?
⁸⁵ Cavaram uma armadilha contra mim os arrogantes,
  os que não seguem a tua lei.
⁸⁶ Todos os teus mandamentos merecem confiança;
  ajuda-me, pois sou perseguido com mentiras.
⁸⁷ Quase acabaram com a minha vida na terra,
  mas não abandonei os teus preceitos.
⁸⁸ Preserva a minha vida pelo teu amor,
  e obedecerei aos estatutos que decretaste.

Lâmed

⁸⁹ A tua palavra, Senhor,
   para sempre está firmada nos céus.
⁹⁰ A tua fidelidade é constante por todas as gerações;
   estabeleceste a terra, que firme subsiste.
⁹¹ Conforme as tuas ordens, tudo permanece até hoje,
   pois tudo está a teu serviço.
⁹² Se a tua lei não fosse o meu prazer,
   o sofrimento já me teria destruído.
⁹³ Jamais me esquecerei dos teus preceitos,
   pois é por meio deles que preservas a minha vida.
⁹⁴ Salva-me, pois a ti pertenço
   e busco os teus preceitos!
⁹⁵ Os ímpios estão à espera para destruir-me,
   mas eu considero os teus testemunhos.
⁹⁶ Tenho constatado que toda perfeição tem limite;
   mas não há limite para o teu mandamento.

Mem

⁹⁷ Como eu amo a tua lei!
   Medito nela o dia inteiro.
⁹⁸ Os teus mandamentos me tornam mais sábio que os meus inimigos,
   porquanto estão sempre comigo.
⁹⁹ Tenho mais discernimento que todos os meus mestres,
   pois medito nos teus testemunhos.

¹⁰⁰ Tenho mais entendimento que os anciãos,
  pois obedeço aos teus preceitos.
¹⁰¹ Afasto os pés de todo caminho mau
  para obedecer à tua palavra.
¹⁰² Não me afasto das tuas ordenanças,
  pois tu mesmo me ensinas.
¹⁰³ Como são doces para o meu paladar as tuas palavras!
  Mais que o mel para a minha boca!
¹⁰⁴ Ganho entendimento por meio dos teus preceitos;
  por isso odeio todo caminho de falsidade.

Nun

¹⁰⁵ A tua palavra é lâmpada que ilumina os meus passos
  e luz que clareia o meu caminho.
¹⁰⁶ Prometi sob juramento e o cumprirei:
  vou obedecer às tuas justas ordenanças.
¹⁰⁷ Passei por muito sofrimento;
  preserva, Senhor, a minha vida, conforme a tua promessa.
¹⁰⁸ Aceita, Senhor, a oferta de louvor dos meus lábios,
  e ensina-me as tuas ordenanças.
¹⁰⁹ A minha vida está sempre em perigo,
  mas não me esqueço da tua lei.
¹¹⁰ Os ímpios prepararam uma armadilha contra mim,
  mas não me desviei dos teus preceitos.

¹¹¹ Os teus testemunhos são a minha herança
>> permanente;
>> são a alegria do meu coração.
¹¹² Dispus o meu coração para cumprir
>> os teus decretos até o fim.

Sâmeq

¹¹³ Odeio os que são inconstantes,
>> mas amo a tua lei.
¹¹⁴ Tu és o meu abrigo e o meu escudo;
>> e na tua palavra depositei a minha esperança.
¹¹⁵ Afastem-se de mim os que praticam o mal!
>> Quero obedecer aos mandamentos do meu Deus!
¹¹⁶ Sustenta-me, segundo a tua promessa, e eu viverei;
>> não permitas que se frustrem as minhas esperanças.
¹¹⁷ Ampara-me, e estarei seguro;
>> sempre estarei atento aos teus decretos.
¹¹⁸ Tu rejeitas todos os que se desviam dos teus decretos,
>> pois os seus planos enganosos são inúteis.
¹¹⁹ Tu destróis como refugo todos os ímpios da terra;
>> por isso amo os teus testemunhos.
¹²⁰ O meu corpo estremece diante de ti;
>> as tuas ordenanças enchem-me de temor.

Áin

¹²¹ Tenho vivido com justiça e retidão;
>> não me abandones nas mãos dos meus opressores.

¹²² Garante o bem-estar do teu servo;
   não permitas que os arrogantes me oprimam.
¹²³ Os meus olhos fraquejam, aguardando a tua salvação
   e o cumprimento da tua justiça.
¹²⁴ Trata o teu servo conforme o teu amor leal
   e ensina-me os teus decretos.
¹²⁵ Sou teu servo; dá-me discernimento
   para compreender os teus testemunhos.
¹²⁶ Já é tempo de agires, S ENHOR,
   pois a tua lei está sendo desrespeitada.
¹²⁷ Eu amo os teus mandamentos mais do que o ouro,
   mais do que o ouro puro.
¹²⁸ Por isso considero justos os teus preceitos
   e odeio todo caminho de falsidade.

Pê

¹²⁹ Os teus testemunhos são maravilhosos;
   por isso lhes obedeço.
¹³⁰ A explicação das tuas palavras ilumina
   e dá discernimento aos inexperientes.
¹³¹ Abro a boca e suspiro,
   ansiando por teus mandamentos.
¹³² Volta-te para mim e tem misericórdia de mim,
   como sempre fazes aos que amam o teu nome.
¹³³ Dirige os meus passos, conforme a tua palavra;
   não permitas que nenhum pecado me domine.

¹³⁴ Resgata-me da opressão dos homens,
   para que eu obedeça aos teus preceitos.
¹³⁵ Faze o teu rosto resplandecer sobre o teu servo
   e ensina-me os teus decretos.
¹³⁶ Rios de lágrimas correm dos meus olhos,
   porque a tua lei não é obedecida.

Tsade

¹³⁷ Justo és, SENHOR,
   e retas são as tuas ordenanças.
¹³⁸ Ordenaste os teus testemunhos com justiça;
   dignos são de inteira confiança!
¹³⁹ O meu zelo me consome,
   pois os meus adversários se esquecem das tuas
   palavras.
¹⁴⁰ A tua promessa foi plenamente comprovada,
   e, por isso, o teu servo a ama.
¹⁴¹ Sou pequeno e desprezado,
   mas não esqueço os teus preceitos.
¹⁴² A tua justiça é eterna,
   e a tua lei é a verdade.
¹⁴³ Tribulação e angústia me atingiram,
   mas os teus mandamentos são o meu prazer.
¹⁴⁴ Os teus testemunhos são eternamente justos,
   dá-me discernimento para que eu tenha vida.

Cof

¹⁴⁵ Eu clamo de todo o coração;
 responde-me, Senhor, e obedecerei aos teus testemunhos!
¹⁴⁶ Clamo a ti; salva-me,
 e obedecerei aos teus estatutos!
¹⁴⁷ Antes do amanhecer me levanto e suplico o teu socorro;
 na tua palavra depositei a minha esperança.
¹⁴⁸ Fico acordado nas vigílias da noite,
 para meditar nas tuas promessas.
¹⁴⁹ Ouve a minha voz pelo teu amor leal;
 faze-me viver, Senhor, conforme as tuas ordenanças.
¹⁵⁰ Os meus perseguidores aproximam-se com más intenções,
 mas estão distantes da tua lei.
¹⁵¹ Tu, porém, Senhor, estás perto,
 e todos os teus mandamentos são verdadeiros.
¹⁵² Há muito aprendi dos teus testemunhos
 que tu os estabeleceste para sempre.

Rêsh

¹⁵³ Olha para o meu sofrimento e livra-me,
 pois não me esqueço da tua lei.
¹⁵⁴ Defende a minha causa e resgata-me;
 preserva a minha vida conforme a tua promessa.

¹⁵⁵ A salvação está longe dos ímpios,
  pois eles não buscam os teus decretos.
¹⁵⁶ Grande é a tua compaixão, Senhor;
  preserva a minha vida conforme as tuas leis.
¹⁵⁷ Muitos são os meus adversários e os meus
    perseguidores,
  mas eu não me desvio dos teus estatutos.
¹⁵⁸ Com grande desgosto vejo os infiéis,
  que não obedecem à tua palavra.
¹⁵⁹ Vê como amo os teus preceitos!
  Dá-me vida, Senhor, conforme o teu amor leal.
¹⁶⁰ A verdade é a essência da tua palavra,
  e todas as tuas justas ordenanças são eternas.

Shin e Sin

¹⁶¹ Os poderosos perseguem-me sem motivo,
  mas é diante da tua palavra que o meu coração
    treme.
¹⁶² Eu me regozijo na tua promessa como alguém
  que encontra grandes despojos.
¹⁶³ Odeio e detesto a falsidade,
  mas amo a tua lei.
¹⁶⁴ Sete vezes por dia eu te louvo
  por causa das tuas justas ordenanças.
¹⁶⁵ Os que amam a tua lei desfrutam paz,
  e nada há que os faça tropeçar.

¹⁶⁶ Aguardo a tua salvação, Senhor,
    e pratico os teus mandamentos.
¹⁶⁷ Obedeço aos teus testemunhos;
    amo-os infinitamente!
¹⁶⁸ Obedeço a todos os teus preceitos e testemunhos,
    pois conheces todos os meus caminhos.

Tau

¹⁶⁹ Chegue à tua presença o meu clamor, Senhor!
    Dá-me entendimento conforme a tua palavra.
¹⁷⁰ Chegue a ti a minha súplica.
    Livra-me, conforme a tua promessa.
¹⁷¹ Meus lábios transbordarão de louvor,
    pois me ensinas os teus decretos.
¹⁷² A minha língua cantará a tua palavra,
    pois todos os teus mandamentos são justos.
¹⁷³ Com tua mão vem ajudar-me,
    pois escolhi os teus preceitos.
¹⁷⁴ Anseio pela tua salvação, Senhor,
    e a tua lei é o meu prazer.
¹⁷⁵ Permite-me viver para que eu te louve;
    e que as tuas ordenanças me sustentem.
¹⁷⁶ Andei vagando como ovelha perdida;
    vem em busca do teu servo,
    pois não me esqueci dos teus mandamentos.

Esse salmo celebra o dom da lei de Deus, sua Torá, sua instrução de aliança para com seu povo. Tendo-nos redimido e conduzido através da graça a um relacionamento com ele, Deus agora amorosamente nos instrui sobre como podemos desfrutar a plenitude da vida.

Embora ninguém guarde a lei de Deus perfeitamente — e, de fato, abusemos dela por meio do legalismo e de justificação por obras —, o salmista nos lembra nesse longo salmo de que a lei deve ser um profundo prazer para o filho de Deus. O salmo usa palavras diferentes para descrever a lei, como *estatutos*, *regras*, *mandamentos*, *lei*, *palavra* e outros termos semelhantes; isso reflete a riqueza da Torá e a vida florescente que ela nos traz.

Temos a tendência de ver a lei de Deus inibindo e limitando o florescimento humano. C. S. Lewis nos ajuda a entendê-la melhor através de uma carta que escreveu a um amigo, em 1933: "Deus não apenas entende, mas também compartilha o desejo que está na raiz de todo o meu mal — o desejo por felicidade completa e absoluta. Ele me criou para nenhum outro propósito senão para desfrutá-la. Mas ele sabe, e eu não, como tal felicidade pode ser real e permanentemente alcançada". É por isso que Deus nos deu sua lei: para nos guiar para a felicidade plena enquanto confiamos nele e o seguimos. Lewis continua dizendo:

Acho que podemos nos livrar da velha suspeita obsessiva (que se insinua em cada tentação) de que existe algo além de Deus — algum outro país no qual ele nos proíbe de entrar —, algum tipo de deleite que ele "não aprecia" ou apenas opta por proibir, mas que se nos fosse permitido obtê-lo descobriríamos como um verdadeiro prazer. Tal coisa simplesmente não existe. Tudo o que desejamos é o que Deus está tentando nos dar o mais rápido possível, ou então uma imagem falsa do que ele está tentando nos dar — uma imagem falsa que, se nos fosse possível ver a coisa real, não nos atrairia sequer por um segundo.

SALMO 120

Cântico de Peregrinação.

¹ Eu clamo pelo Senhor na minha angústia,
   e ele me responde.
² Senhor, livra-me dos lábios mentirosos
   e da língua traiçoeira!
³ O que ele dará a você?
   Como lhe retribuirá, ó língua enganadora?
⁴ Ele a castigará com flechas afiadas de guerreiro,
   com brasas incandescentes de sândalo.
⁵ Ai de mim, que vivo como estrangeiro em Meseque,
   que habito entre as tendas de Quedar!
⁶ Tenho vivido tempo demais
   entre os que odeiam a paz.
⁷ Sou um homem de paz;
   mas, ainda que eu fale de paz, eles só falam de
   guerra.

⚮

"Ai de mim, que vivo como estrangeiro em Meseque, que habito entre as tendas de Quedar!" (v. 5). Esses locais não são nomes conhecidos para nós, por isso é fácil lê-los sem sentir todo o peso do que o salmista está lamentando. Meseque e Quedar são dois lugares distantes um do outro e longe de Israel: são lugares para os quais o povo de Deus se dispersou ao longo dos séculos, especialmente em tempos de exílio. A questão é que esses dois lugares representam o mundo sem Deus, já que os inimigos hostis do povo de Deus cercavam ali os seus redimidos.

E assim o salmista está em "angústia" (v. 1), vivendo entre "lábios mentirosos" e uma "língua traiçoeira" (v. 2), com aqueles que odeiam a paz (v. 7). Isso é mais do que saudade de casa ou ansiedade de viajar para um país estrangeiro. O salmista está se afogando na injustiça e na impiedade de um mundo hostil. O Novo Testamento pega esse tema e usa essas categorias para explicar o lugar do cristão no mundo hoje. Somos "estrangeiros e peregrinos" (1Pedro 2:11); este mundo, tal como está agora, não é nossa casa, e desejamos "uma pátria melhor" (Hebreus 11:16). Como nosso Salvador, que deixou seu verdadeiro lar no céu para vir à terra e peregrinar entre nós, peregrinamos em uma terra estrangeira que um dia será devolvida plena e abertamente a seu governante legítmo. Até então, confiamos no Senhor e, guiados pelo salmista, oramos por libertação.

SALMO 121

Cântico de Peregrinação.

¹ Levanto os meus olhos para os montes e pergunto:
 De onde me vem o socorro?
² O meu socorro vem do Senhor,
 que fez os céus e a terra.
³ Ele não permitirá que você tropece;
 o seu protetor se manterá alerta,
⁴ sim, o protetor de Israel não dormirá;
 ele está sempre alerta!
⁵ O Senhor é o seu protetor;
 como sombra que o protege, ele está à sua direita.
⁶ De dia o sol não o ferirá;
 nem a lua, de noite.
⁷ O Senhor o protegerá de todo o mal,
 protegerá a sua vida.
⁸ O Senhor protegerá a sua saída e a sua chegada,
 desde agora e para sempre.

∽∘∾

É fácil passar a vida sentindo-se vulnerável. Sentimo-nos vulneráveis ao colapso financeiro, à doença física, à rejeição relacional, ao esgotamento emocional. É muito natural e muito fácil para nós nos sentirmos pequenos, fracos e indefesos.

O que significa fazer parte do povo de Deus? Entre centenas de outras coisas, significa que o Deus que criou o universo nunca deixa de zelar por você e de protegê-lo ativamente. Significa que ele nunca tira uma soneca, nunca se distrai, nunca vira as costas para você. "Ele não permitirá que você tropece; o seu protetor se manterá alerta" (v. 3).

Mas como podemos ter certeza disso? Onde está a prova?

A prova está lá em uma colina chamada Calvário. Lá Jesus morreu. Jesus Cristo tornou-se verdadeiramente vulnerável, verdadeiramente indefeso, exposto não apenas às circunstâncias adversas, mas às forças do inferno, recebendo o julgamento que merecíamos. Ele foi oprimido para que pudéssemos caminhar pela vida com a certeza de que somos filhos de Deus e de que ele sempre zelará por nós.

SALMO 122

Cântico de Peregrinação. Davídico.

¹ Alegrei-me com os que me disseram:
"Vamos à casa do Senhor!"
² Nossos pés já se encontram
dentro de suas portas, ó Jerusalém!
³ Jerusalém está construída
como cidade firmemente estabelecida.
⁴ Para lá sobem as tribos do Senhor,
para dar graças ao Senhor,
conforme o mandamento dado a Israel.
⁵ Lá estão os tribunais de justiça,
os tribunais da casa real de Davi.
⁶ Orem pela paz de Jerusalém:
"Vivam em segurança aqueles que te amam!
⁷ Haja paz dentro dos teus muros
e segurança nas tuas cidadelas!"
⁸ Em favor de meus irmãos e amigos, direi:
Paz seja com você!
⁹ Em favor da casa do Senhor, nosso Deus,
buscarei o seu bem.

Por que o salmista está tão exuberantemente alegre em chegar à casa do Senhor, o templo (v. 1)? Porque *esse é o ponto de toda a história humana*.

O significado mais profundo desse salmo não é apenas que devemos gostar de ir à igreja. O culto público é certamente um tema-chave desse salmo, mas o que ele significa? O culto público é a comunhão com o Deus trino, por meio do evangelho. É a restauração daquilo para que fomos feitos. É se tornar humano novamente. É viver de forma plena.

Mas esse texto não é simplesmente sobre o culto no templo em Jerusalém? Sim, mas qual é o objetivo do templo no meio de Jerusalém, de acordo com toda a Bíblia? O templo é a recuperação do Éden, em um local limitado, por um tempo limitado. As mesmas palavras que descrevem o que Adão deveria fazer no Éden ("cuidar" e "cultivar", cf. Gênesis 2:15) são usadas para descrever as tarefas do sacerdote no templo em todo o Antigo Testamento.

Quando o templo foi destruído 400 anos antes de Cristo, Ezequiel imaginou um templo mais glorioso a ser construído (Ezequiel 40—48). Quando Jesus veio, ele chamou a si mesmo de templo (João 2:19-22); quando os pecadores são unidos a ele, tornam-se parte desse templo espiritual também (Efésios 2:19-22). Em Jesus, nos tornamos nosso verdadeiro eu. Recebemos de volta nossa humanidade. Nós provamos o Éden. E na nova terra desfrutaremos de uma comunhão ilimitada com Deus mais uma vez — não em um local limitado, mas ilimitado, não por um tempo limitado, mas por toda a eternidade (Apocalipse 21:22).

Em Cristo, podemos nos sentir finalmente seguros e dizer verdadeira e definitivamente: "Haja paz dentro dos teus muros e segurança nas tuas cidadelas!" (v. 7).

SALMO 123

Cântico de Peregrinação.

¹ A ti levanto os meus olhos,
   a ti, que ocupas o teu trono nos céus.
² Assim como os olhos dos servos
   estão atentos à mão de seu senhor
  e como os olhos das servas
   estão atentos à mão de sua senhora,
  também os nossos olhos
  estão atentos ao Senhor, ao nosso Deus,
   esperando que ele tenha misericórdia de nós.
³ Misericórdia, Senhor!
   Tem misericórdia de nós!
   Já estamos cansados de tanto desprezo.
⁴ Estamos cansados de tanta zombaria dos orgulhosos
   e do desprezo dos arrogantes.

―――

O salmista é solidário àqueles que se sentem desprezados por aqueles que estão em conforto, zombados pelos arrogantes, ridicularizados por aqueles cujas circunstâncias são mais tranquilas.

Considere como o salmista lida com o peso desse desprezo e escárnio. Ele não enfrenta seus inimigos. Também não apresenta razões para esse desprezo não ser merecido. Em vez disso, ele ora: "Misericórdia, Senhor! Tem misericórdia de nós! Já estamos cansados de tanto desprezo" (v. 3). Ele leva essa dor para Deus. Clama por misericórdia. Observe a maneira como o salmista explica exatamente o que quer dizer com esse pedido de misericórdia — ele nos dá uma imagem do tipo de súplica que tem em mente: "Assim como os olhos dos servos estão atentos à mão de seu senhor [...] também os nossos olhos estão atentos ao Senhor, ao nosso Deus, esperando que ele tenha misericórdia de nós" (v. 2). O salmista vê o Senhor supervisionando graciosamente tudo o que ocorre em sua vida. Ele não está distante, isolado, indiferente. O salmista apela para a supervisão cuidadosa de Deus, a compaixão pactual do "Senhor" (o nome da aliança de Deus, "Yahweh").

Você sente a dor da rejeição? Está sendo ridicularizado? Anime-se. A misericórdia do Senhor está à sua disposição. Aproxime-se dele e ele se aproximará de você. No abraço de Deus está um conforto e um consolo que nenhum desprezo humano pode ameaçar.

SALMO 124

Cântico de Peregrinação. Davídico.

¹ Se o S{\sc enhor} não estivesse do nosso lado;
    que Israel o repita:
² Se o S{\sc enhor} não estivesse do nosso lado
    quando os inimigos nos atacaram,
³ eles já nos teriam engolido vivos,
    quando se enfureceram contra nós;
⁴ as águas nos teriam arrastado
    e as torrentes nos teriam afogado;
⁵ sim, as águas violentas nos teriam afogado!
⁶ Bendito seja o S{\sc enhor},
    que não nos entregou para sermos dilacerados pelos
        dentes deles.
⁷ Como um pássaro escapamos da armadilha do
        caçador;
    a armadilha foi quebrada, e nós escapamos.
⁸ O nosso socorro está no nome do S{\sc enhor},
    que fez os céus e a terra.

À medida que avançamos por este mundo caído, conflitos surgem inevitavelmente. Conflito com pais. Conflito com irmãos. Conflito com crianças. Com colegas de trabalho.

Com vizinhos. Com membros da igreja. Faíscas, disfunção, ressentimento, mágoa. Assim é a vida neste mundo caído.

Experimentamos conflito no nível invisível também — o conflito com as forças espirituais do inferno —, e esse tipo não é menos real. Tentação, acusação e pensamentos sombrios sobre Deus são, muitas vezes, a manifestação de conflito com os amigos do diabo.

Sentimos conflito até dentro de nós mesmos. Dizemos algo e imediatamente nos arrependemos. Perdemos a paciência e nos perguntamos o que aconteceu conosco. Cedemos diante de uma tentação e sentimos remorso. Amamos um membro da família e, ao mesmo tempo, lutamos contra pensamentos de amargura em relação a ele.

Um dos muitos remédios que a Bíblia nos dá é que o Senhor está do nosso lado (vv. 1-2). Isso significa que sempre estamos certos em qualquer conflito? Certamente não. Mas significa que ele está sempre conosco. Seu impulso mais profundo é nos ajudar, não nos repreender. Seu coração sempre se inclina para isso. Ele é um amigo que nunca falha. Ele é nosso sábio conselheiro que nunca nos expulsa de seu gabinete. O Pai enviou seu próprio Filho para que em meio a todos os altos e baixos da vida tenhamos a garantia de um companheiro constante que nos ama e é por nós. Ele está do nosso lado. "O nosso socorro está no nome do Senhor, que fez os céus e a terra" (v. 8).

SALMO 125

Cântico de Peregrinação.

¹ Os que confiam no Senhor são como o monte Sião,
   que não se pode abalar, mas permanece para
      sempre.
² Como os montes cercam Jerusalém,
   assim o Senhor protege o seu povo,
      desde agora e para sempre.
³ O cetro dos ímpios não prevalecerá
      sobre a terra dada aos justos;
   se assim fosse,
      até os justos praticariam a injustiça.
⁴ Senhor, trata com bondade os que fazem o bem,
      os que têm coração íntegro.
⁵ Mas, aos que se desviam por caminhos tortuosos,
   o Senhor infligirá o castigo dado aos malfeitores.
   Haja paz em Israel!

∽∽∽

Ao longo da vida neste mundo caído, somos frequentemente tentados a questionar nossa caminhada com Deus. Será que isso realmente vale a pena? Vale a pena a rejeição? A ridicularização? O desprezo? A marginalização intelectual? A resistência aos nossos débeis esforços de evangelismo? A exaustão emocional no serviço ao próximo e em nossas igrejas? Será que tudo isso realmente vale a pena?

O "cetro dos ímpios" domina com frequência — isto é, a ausência de Deus volta e meia reina em lugares de poder (v. 3), mas não será assim para sempre: "O cetro dos ímpios não prevalecerá sobre a terra dada aos justos" (v. 3). Deus cumprirá, para seu povo, suas promessas pactuais de colocá-lo com segurança na terra. No contexto do salmo 125, isso se refere imediatamente a Israel e à Terra Prometida. Para os crentes hoje, essa promessa será finalmente cumprida quando o povo de Deus de cada nação, tribo e língua reinar na nova terra.

E como alguém sobrevive, nesse ínterim, em meio à maldade? "Os que confiam no Senhor são como o monte Sião, que não se pode abalar" (v. 1). Qualquer que seja a agressão que você sinta que está sofrendo hoje ao caminhar com Cristo, a resposta não é contestar os insultos com outros insultos, nem depositar esperança em qualquer liderança política ou econômica, mas confiar no Senhor. Confie nele. Renda-se a ele. Reflita sobre ele. Extraia força dele. Você pode fazer isso agora, lendo e orando o salmo 125.

SALMO 126

Cântico de Peregrinação.

¹ Quando o Senhor trouxe os cativos
   de volta a Sião, foi como um sonho.
² Então a nossa boca encheu-se de riso
   e a nossa língua de cantos de alegria.
  Até nas outras nações se dizia:
  "O Senhor fez coisas grandiosas por este povo".
³ Sim, coisas grandiosas fez o Senhor por nós,
   por isso estamos alegres.
⁴ Senhor, restaura-nos,
   assim como enches o leito dos ribeiros no deserto.
⁵ Aqueles que semeiam com lágrimas,
   com cantos de alegria colherão.
⁶ Aquele que sai chorando
   enquanto lança a semente,
  voltará com cantos de alegria,
   trazendo os seus feixes.

O que vem à mente da maioria das pessoas ao ouvir a palavra *cristianismo*? Talvez associem isso a regras ou moralismo, ou ir à igreja, ou ter uma mente fechada e retrógrada. O que vem à mente da maioria das pessoas ao ouvir a palavra *festa*? Talvez celebração, bons momentos, diversão, risos, gritos.

Considere esse salmo. Considere o que o cristianismo realmente é. O cristianismo é um virar-se de todos os prazeres vazios deste mundo para a verdadeira alegria. Como C. S. Lewis coloca em seu ensaio *O peso da glória*, "somos criaturas divididas, brincando com bebida, sexo e ambição, quando a alegria infinita nos é oferecida, como uma criança ignorante que prefere fazer castelos na lama em meio à insalubridade, por não imaginar o que significa o convite de passar um feriado na praia. Nós nos contentamos com muito pouco". Esta é a vida com Deus. Alegria sólida, não entusiasmo vazio. O tipo de felicidade profunda que nos torna verdadeiramente humanos, pela qual ansiamos e tropeçamos procurando encontrá-la, mas frequentemente a perdemos.

Isso não significa que a vida com Deus não tenha sofrimento. O próprio salmo 126 é um lamento comunitário, refletindo sobre um período passado de misericórdia divina (vv. 1-3) com um apelo por misericórdia renovada (v. 4). O salmista, porém, vê através do véu dos sofrimentos desta vida. Ele vê que do outro lado do choro está a alegria. Ele vê que a noite de tristeza um dia se transformará em manhã de júbilo. Esse é o ritmo do cristianismo. O próprio Cristo passou por isso — do choro da cruz para a alegria da ressurreição.

Na obra restauradora do Senhor em Cristo está o verdadeiro "riso" e os "cantos de alegria" (vv. 2,5,6). A vida em Jesus é uma celebração — não uma alegria superficial, mas uma celebração profunda que reconhece a realidade da dor, pois o melhor ainda está por vir.

SALMO 127

Cântico de Peregrinação. De Salomão.

¹ Se não for o Senhor o construtor da casa,
  será inútil trabalhar na construção.
 Se não é o Senhor que vigia a cidade,
  será inútil a sentinela montar guarda.
² Será inútil levantar cedo e dormir tarde,
  trabalhando arduamente por alimento.
 O Senhor concede o sono
  àqueles a quem ele ama.
³ Os filhos são herança do Senhor,
  uma recompensa que ele dá.
⁴ Como flechas nas mãos do guerreiro
  são os filhos nascidos na juventude.
⁵ Como é feliz o homem
  que tem a sua aljava cheia deles!
 Não será humilhado quando enfrentar
  seus inimigos no tribunal.

༺༻

Esse salmo eleva nossa visão para ver a grande realidade por trás de cada empreendimento e realização humanos. Acima de tudo o que acontece na terra, está o governo soberano do céu. O próprio povo de Deus depende especialmente da bênção do Senhor em tudo o que realiza.

Mas o que isso significa realmente? Significa que grandes igrejas podem ser construídas, multidões podem ser reunidas, discipulados podem ser realizados, livros podem ser escritos, evangelismos podem ser conduzidos, significados podem ser buscados, mas, se essas coisas carecem da mão do favor de Deus, elas se mostrarão apenas transitórias e passageiras. O significado sólido e duradouro não vem da impressionante engenhosidade e inteligência humanas, mas do favor de Deus mediado pela fraqueza humana devota.

Isso é profundamente encorajador para nossa pequena e ordinária vida cristã. Ao longo da vida, somos constantemente tentados a nos agarrar a estratégias e ambições mundanas em nossa busca por um significado eterno. Contudo, a receita de Deus para o significado é se rebaixar, não se exaltar; é entregar nossos planos ao Senhor em oração, não seguir em frente sem um senso de sua bênção e orientação.

Construa em sua vida uma consciência constante, momento a momento, da presença do Senhor. Clame a ele continuamente. Convide-o para seus pensamentos, sonhos e planos. Ele lhe dará uma vida de significado eterno além do que você pode imaginar.

SALMO 128

Cântico de Peregrinação.

¹ Como é feliz quem teme o Senhor,
   quem anda em seus caminhos!
² Você comerá do fruto do seu trabalho
   e será feliz e próspero.
³ Sua mulher será como videira frutífera
   em sua casa;
   seus filhos serão como brotos de oliveira
   ao redor da sua mesa.
⁴ Assim será abençoado
   o homem que teme o Senhor!
⁵ Que o Senhor o abençoe desde Sião,
   para que você veja a prosperidade de Jerusalém
   todos os dias da sua vida
⁶ e veja os filhos dos seus filhos.
   Haja paz em Israel!

"Como é feliz (ou bem-aventurado) aquele que teme ao Senhor" (v. 1).

O que significa ser "bem-aventurado"? Ser bem-aventurado é passar pela vida com uma profunda felicidade que vem de andar com Deus e desfrutar seu favor paternal. Ser bem-aventurado significa viver a vida humana da maneira que ela deve ser vivida. É desfrutar do sabor do Éden restaurado. Observe a forma ordinária como esse salmo revela a bênção divina — é uma questão de comer e beber, de desfrutar cônjuge e filhos (vv. 3-4). Ser bem-aventurado é nos tornarmos *nós mesmos*, fruindo de Deus em alinhamento com a maneira como ele nos criou para sermos criaturas neste mundo.

O que significa "temer ao Senhor"? Temer ao Senhor significa viver à luz da existência de Deus e seu caráter revelado a nós em sua Palavra. É caminhar pela vida curvando-se à sua realeza e lembrando-se de sua graciosa redenção. Temer ao Senhor significa ceder à sua vontade e buscar andar em seus caminhos como nosso libertador gracioso.

E essa bênção é para "aquele" que teme ao Senhor (v. 1). Qualquer um pode entrar nisso. Não é algo exclusivo para uma elite, para aqueles que nasceram em boas famílias. É para todos aqueles que desejam simplesmente se humilhar no temor do Senhor — o que para nós hoje significa nos humilhar no evangelho, tomando a realização de Cristo como nossa e permitindo que ele tome nossas iniquidades como suas.

SALMO 129

Cântico de Peregrinação.

¹ Muitas vezes me oprimiram desde a minha juventude;
  que Israel o repita:
² Muitas vezes me oprimiram desde a minha juventude,
  mas jamais conseguiram vencer-me.
³ Passaram o arado em minhas costas
  e fizeram longos sulcos.
⁴ O Senhor é justo!
  Ele libertou-me das algemas dos ímpios.
⁵ Retrocedam envergonhados
  todos os que odeiam Sião.
⁶ Sejam como o capim do terraço,
  que seca antes de crescer,
⁷ que não enche as mãos do ceifeiro
  nem os braços daquele que faz os fardos.
⁸ E que ninguém que passa diga:
  "Seja sobre vocês a bênção do Senhor;
  nós os abençoamos em nome do Senhor!"

~~~

Alguns de nós crescemos em meio a aflições e tormentos, mesmo quando ainda éramos muito novos. Nunca conhecemos uma época em que não vivêssemos em tensão e ansiedade. Talvez nossos pais não cuidassem de nós. Talvez outros membros da família tenham agido de forma cruel conosco. Talvez tenhamos nascido com uma deficiência ou outra coisa de que os outros zombam.

O salmista está falando especificamente da aflição coletiva de Israel e da hostilidade para com o povo de Deus naquela época, mas Deus deu esse salmo para todo o seu povo, em todos os momentos. Muitos de nós sabemos exatamente o que significa orar. "Muitas vezes me oprimiram desde a minha juventude" (vv. 1,2).

Aqui está a promessa da Escritura: aqueles que o oprimiram um dia murcharão e serão levados à insignificância eterna, da mesma forma que a grama morta voa com uma brisa suave (vv. 4-7). Mas, se você está em Cristo — se você é um daqueles sobre quem repousa a bênção do Senhor (v. 8) —, então, assim como aconteceu com seu Salvador, antes de você, suas dores um dia serão transformadas em glória, viradas do avesso em marcas de beleza.

SALMO 130

Cântico de Peregrinação.

¹ Das profundezas clamo a ti, Senhor;
² ouve, Senhor, a minha voz!
   Estejam atentos os teus ouvidos às minhas súplicas!
³ Se tu, Soberano Senhor,
   registrasses os pecados, quem escaparia?
⁴ Mas contigo está o perdão
   para que sejas temido.
⁵ Espero no Senhor com todo o meu ser
   e na sua palavra ponho a minha esperança.
⁶ Espero pelo Senhor
   mais do que as sentinelas pela manhã;
   sim, mais do que as sentinelas esperam pela manhã!
⁷ Ponha a sua esperança no Senhor, ó Israel,
   pois no Senhor há amor leal e plena redenção.
⁸ Ele próprio redimirá Israel
   de todas as suas culpas.

John Owen foi um renomado teólogo inglês do século 17, e esse salmo desempenhou um papel especial em sua vida. Em *John Owen on the Christian Life* [John Owen sobre a vida cristã], Sinclair Ferguson relata um episódio em que um ministro mais jovem chamado Richard Davis foi a Owen em busca de conselho espiritual. Ao conversar com Davis, Owen refletiu sobre sua própria jornada:

> Eu mesmo preguei Cristo alguns anos, quando tinha muito pouco, se é que tinha, conhecimento experimental do acesso a Deus por meio de Cristo; até que o Senhor se agradou em visitar-me com grande aflição, por meio da qual fui levado à boca da sepultura e sob a qual minha alma foi oprimida pelo horror e pelas trevas; mas Deus graciosamente aliviou meu espírito por meio de uma aplicação poderosa de Salmos 130:4, "Mas contigo está o perdão para que sejas temido", de onde recebi instrução especial, paz e conforto, ao me aproximar de Deus por meio do Mediador, e preguei imediatamente após minha recuperação.

O evangelho é uma mera teoria para você? Você se sente amado pelo coração do céu? Sente nojo dos seus pecados? Ore o salmo 130. Coloque suas verdades no fundo de sua alma. Com o Senhor há perdão (v. 4). Amor infalível (v. 7). "Plena redenção" (v. 7). Deus provou isso em Jesus e na cruz. Se você é cristão, o amor de Deus o trouxe a Jesus Cristo. Você está seguro. Seus pecados podem obscurecer sua *consciência* do amor de Deus, mas não podem obscurecer a *realidade* desse amor. Deus não redime seu povo de *algumas* de suas culpas; antes, "Ele próprio redimirá Israel de todas as suas culpas" (v. 8).

SALMO 131

Cântico de Peregrinação. Davídico.

¹ S<small>ENHOR</small>, o meu coração não é orgulhoso
 e os meus olhos não são arrogantes.
Não me envolvo com coisas grandiosas
 nem maravilhosas demais para mim.
² De fato, acalmei e tranquilizei a minha alma.
 Sou como uma criança recém-amamentada por sua mãe;
 a minha alma é como essa criança.
³ Ponha a sua esperança no S<small>ENHOR</small>, ó Israel,
 desde agora e para sempre!

―――

Bendita pequenez! A segurança da humildade! O salmista aqui reflete honestamente sobre sua recusa em ceder ao orgulho ou à ansiedade. Ele não sonha tornar-se famoso, poderoso ou renomado. Em vez disso, sua atitude é marcada por uma sobriedade humilde: "meu coração não é orgulhoso e os meus olhos não são arrogantes. Não me envolvo com coisas grandiosas nem maravilhosas demais para mim" (v. 1). Em vez disso, ele "acalmou e tranquilizou" sua alma, como uma criança segura, dócil e silenciosa aos cuidados de sua mãe (v. 2).

Essa é a verdadeira segurança. A Bíblia está repleta de garantias de que são os que abraçam essa sã quietude de alma aqueles dos quais Deus se aproxima. Afinal, o que essa postura comunica? Ela declara ao Senhor que estamos de fato confiando nele — não em nossos próprios planos, inteligência ou ambições. Como o salmo conclui, ter tal atitude é depositar tal esperança no Senhor (v. 3).

O que em sua vida o está impedindo de dizer: "Acalmei e tranquilizei a minha alma" (v. 2)? Arrependa-se. Seja restaurado. Volte para o Senhor. Deposite sua esperança nele mais uma vez.

SALMO 132

Cântico de Peregrinação.

¹ Senhor, lembra-te de Davi
  e das dificuldades que enfrentou.
² Ele jurou ao Senhor
  e fez um voto ao Poderoso de Jacó:
³ "Não entrarei na minha tenda
  nem me deitarei no meu leito;
⁴ não permitirei que os meus olhos peguem no sono
  nem que as minhas pálpebras descansem,
⁵ enquanto não encontrar um lugar para o Senhor,
  uma habitação para o Poderoso de Jacó".
⁶ Soubemos que a arca estava em Efrata,
  mas nós a encontramos nos campos de Jaar:
⁷ "Vamos para a habitação do Senhor!
  Vamos adorá-lo diante do estrado de seus pés!
⁸ Levanta-te, Senhor, e vem para o teu lugar de descanso,
  tu e a arca onde está o teu poder.
⁹ Vistam-se de retidão os teus sacerdotes;
  cantem de alegria os teus fiéis".
¹⁰ Por amor ao teu servo Davi,
  não rejeites o teu ungido.
¹¹ O Senhor fez um juramento a Davi,
  um juramento firme que ele não revogará:

"Colocarei um dos seus descendentes no seu trono.
¹² Se os seus filhos forem fiéis à minha aliança
 e aos testemunhos que eu lhes ensino,
  também os filhos deles o sucederão no trono para
   sempre".
¹³ O Senhor escolheu Sião,
 com o desejo de fazê-la sua habitação:
¹⁴ "Este será o meu lugar de descanso ara sempre;
 aqui firmarei o meu trono, pois esse é o meu desejo.
¹⁵ Abençoarei este lugar com fartura;
 os seus pobres suprirei de pão.
¹⁶ Vestirei de salvação os seus sacerdotes
 e os seus fiéis a celebrarão com grande alegria.
¹⁷ "Ali farei renascer o poder de Davi
 e farei brilhar a luz do meu ungido.
¹⁸ Vestirei de vergonha os seus inimigos,
 mas nele brilhará a sua coroa".

❦

Esse salmo é um apelo para que Deus cumpra suas antigas promessas da aliança que ele estabeleceu com seu povo, particularmente as que formam o centro da aliança: as promessas da presença do Senhor e do rei de Deus. A promessa da presença divina é expressa na linguagem do templo que permeia esse salmo, e o rei escolhido é refletido nas palavras a respeito de Davi e seus filhos.

Talvez essas promessas pareçam irrelevantes para sua vida, mas considere o que elas podem significar.

Deus estava presente no Éden, mas retirou sua presença quando a humanidade caiu. Desde então, ele tem trabalhado para restaurar sua presença — uma tarefa irrealizável se relegada a nós, pecadores. Contudo, o próprio Deus providenciou um tabernáculo, e então um templo, e então seu próprio Filho. Em cada caso, ele estava trabalhando para restauração e expansão do Éden, trazendo a luz de sua presença a este mundo triste e escuro. Agora, nós — você e eu — somos o próprio templo de Deus, no qual ele habita. A presença de Deus significa que você tem Deus. Ele está com você. Em virtude da sua união com Cristo e o Espírito que nos habita, ele está *em* você. Você nunca está sozinho. Você tem um amigo sempre presente.

Uma vez que Deus assumiu a responsabilidade de cumprir a promessa de um rei davídico, essa presença permanente nunca nos deixará. Em todo o Antigo Testamento, Deus chamou Davi e seus herdeiros para seguir e obedecer a Deus (por exemplo, v. 12). Eles, porém, foram infectados com o mesmo problema pelo qual o resto da humanidade é atormentado: o pecado. Mesmo assim, Deus enviou um rei que não era apenas filho de Davi, mas também o próprio Filho de Deus. Ele enviou Jesus para amar você, guiar você. Quem governa sua vida? Quem determinará o estado final do mundo? Quem tem a última palavra? Não é o seu chefe, não são seus pais, não é sua liderança política. É Jesus Cristo. Confie nele e fique em paz.

SALMO 133

Cântico de Peregrinação. Davídico.

¹ Como é bom e agradável
    quando os irmãos convivem em união!
² É como óleo precioso
    derramado sobre a cabeça,
   que desce pela barba, a barba de Arão,
    até a gola das suas vestes.
³ É como o orvalho do Hermom
    quando desce sobre os montes de Sião.
   Ali o Senhor concede a bênção
    da vida para sempre.

Poucas alegrias humanas são mais profundas do que a verdadeira unidade. Conhecer e ser conhecido pelos outros, desfrutar um coração compartilhado em alguma atividade, sentir a profunda comunhão da unidade que vem de amar e ser amado — isso é um desfrute antecipado do que experimentaremos plenamente nos novos céus e na nova terra, quando toda divisão, contenda e desacordo áspero se dissiparão. Estar em unidade significativa com os outros é, de fato, um reflexo do próprio Deus trino, que habita eternamente em perfeita unidade, Pai, Filho e Espírito. Verdadeiramente, "como é bom e agradável quando os irmãos convivem em união!" (v. 1).

Mas como encontramos essa unidade? Toda a Bíblia nos dá a resposta, indicada nesse salmo: a unidade vem onde "o Senhor concede a bênção" (v. 3). A unidade vem do Senhor, isto é, não da busca pela unidade em si, mas da busca por Deus. Em seu livro *The Pursuit of God* [Em busca de Deus], A. W. Tozer explica:

> Já lhe ocorreu que cem pianos, todos afinados com o mesmo afinador, são sintonizados automaticamente entre si? Eles estão de acordo por estarem sintonizados não um com o outro, mas com outro padrão ao qual cada um deve se submeter individualmente. Assim, cem adoradores reunidos, cada um olhando para Cristo, estão mais próximos do coração uns dos outros do que poderiam estar caso se tornassem conscientes da "unidade" e desviassem seus olhos de Deus para se empenharem por uma comunhão mais próxima.

Ande com Deus. Busque-o. Ao fazer isso, você encontrará caminhos relacionais que o levarão a uma comunhão mais profunda do que você poderia imaginar.

SALMO 134

Cântico de Peregrinação.

¹ Venham! Bendigam o Senhor
todos vocês, servos do Senhor,
vocês, que servem de noite na casa do Senhor.
² Levantem as mãos na direção do santuário
e bendigam o Senhor!
³ De Sião os abençoe o Senhor,
que fez os céus e a terra!

―――

"Bendigam o Senhor" (v. 1).
Essa é uma instrução bem simples, mas considere a sabedoria vivificante que é encontrada ao segui-la.

O que realmente está acontecendo na mente de um crente enquanto ele busca "bendizer o Senhor"? Fazer isso é encontrar a postura e a alegria fundamentais que todo crente deve ter. Bendizer ao Senhor é erguer os olhos ao céu, olhar para Deus, festejar quem ele é, contar com ele para todas as coisas, reconhecer a vida como um dom dele. É ser grato a ele. Em um nível básico, é *percebê-lo*. Enxergá-lo e alegrar-se nele à medida que você o vê em todas as coisas. "Bendigam o Senhor".

Acima de tudo, bendizemos o Senhor ao olharmos para ele por causa da maneira como ele nos abençoou ao olhar para nós (v. 3). Nós abençoamos porque ele nos abençoou; ao enviar Jesus para nos libertar e o Espírito para nos capacitar, ele provou que seu desejo é nos abençoar profundamente, nos ajudar, nos fortalecer, nos restaurar, nos proteger e, finalmente, nos trazer para si mesmo mais uma vez.

SALMO 135

¹ Aleluia!
 Louvem o nome do Senhor;
 louvem-no, servos do Senhor,
² vocês, que servem na casa do Senhor,
 nos pátios da casa de nosso Deus.
³ Louvem o Senhor, pois o Senhor é bom;
 cantem louvores ao seu nome, pois é nome amável.
⁴ Porque o Senhor escolheu Jacó;
 a Israel, como seu tesouro pessoal.
⁵ Na verdade, sei que o Senhor é grande,
 que o nosso Soberano é maior do que todos os
 deuses.
⁶ O Senhor faz tudo o que lhe agrada,
 nos céus e na terra,
 nos mares e em todas as suas profundezas.
⁷ Ele traz as nuvens desde os confins da terra;
 envia os relâmpagos que acompanham a chuva
 e faz que o vento saia dos seus depósitos.
⁸ Foi ele que matou os primogênitos do Egito,
 tanto dos homens como dos animais.
⁹ Ele realizou em pleno Egito sinais e maravilhas,
 contra o faraó e todos os seus conselheiros.
¹⁰ Foi ele que feriu muitas nações
 e matou reis poderosos:

¹¹ Seom, rei dos amorreus,
 Ogue, rei de Basã,
 e todos os reinos de Canaã;
¹² e deu a terra deles como herança,
 como herança a Israel, o seu povo.
¹³ O teu nome, Senhor, permanece para sempre,
 a tua fama, Senhor, por todas as gerações!
¹⁴ O Senhor defenderá o seu povo
 e terá compaixão dos seus servos.
¹⁵ Os ídolos das nações não passam de prata e ouro,
 feitos por mãos humanas.
¹⁶ Têm boca, mas não podem falar;
 olhos, mas não podem ver;
¹⁷ têm ouvidos, mas não podem escutar
 nem há respiração em sua boca.
¹⁸ Tornem-se como eles aqueles que os fazem
 e todos os que neles confiam.
¹⁹ Bendigam o Senhor, ó israelitas!
 Bendigam o Senhor, ó sacerdotes!
²⁰ Bendigam o Senhor, ó levitas!
 Bendigam o Senhor os que temem o Senhor!
²¹ Bendito seja o Senhor desde Sião,
 aquele que habita em Jerusalém.
 Aleluia!

Ressoando ao longo de todo o livro de Salmos está o chamado para louvar ao Senhor. E o que isso significa? Essa pergunta pode ser respondida a partir de vários ângulos, mas observe o que esse salmo em particular estabelece como o oposto de louvar ao Senhor: a idolatria, ou seja, a tolice de esperar que uma dádiva seja o próprio doador.

As coisas boas desta vida não têm o objetivo de gerar alegria por si mesmas. Em vez disso, elas devem ser recebidas com gratidão ao elevar nossos olhos ao nosso maior tesouro, aquele que fornece todas as coisas e busca nossa alegria mais profunda, o Deus trino. O ídolo sempre decepciona. Deus, não.

O salmista está chamando o povo de Deus para louvá-lo em vez de cometer idolatria. E por quê? "Tornem-se como eles aqueles que os fazem" (v. 18). A idolatria nos desumaniza. Imperceptivelmente, talvez, com o tempo, aqueles que confiam em qualquer coisa que não seja Deus começam a adquirir as características daquele ídolo para o qual suas esperanças mais profundas estão sendo canalizadas. Se confiarmos mais profundamente no dinheiro, na reputação, em nossa própria moralidade, na comodidade e no conforto, em um partido político ou em qualquer outra coisa que não seja Deus, com o tempo começaremos a assumir as piores características de tais coisas. Fomos feitos para refletir a Deus em toda a sua plenitude, mas, em vez disso, começamos a refletir as coisas criadas em todo o seu vazio.

Aqueles que se rendem e confiam em Jesus Cristo, a imagem perfeita de Deus, começam a assumir suas características, como gentileza, amor e justiça. Tornamo-nos verdadeiramente humanos.

SALMO 136

¹ Deem graças ao Senhor, porque ele é bom.
O seu amor dura para sempre!
² Deem graças ao Deus dos deuses.
O seu amor dura para sempre!
³ Deem graças ao Senhor dos senhores.
O seu amor dura para sempre!
⁴ Ao único que faz grandes maravilhas,
O seu amor dura para sempre!
⁵ Que com habilidade fez os céus,
O seu amor dura para sempre!
⁶ Que estendeu a terra sobre as águas;
O seu amor dura para sempre!
⁷ Àquele que fez os grandes luminares:
O seu amor dura para sempre!
⁸ O sol para governar o dia,
O seu amor dura para sempre!
⁹ A lua e as estrelas para governarem a noite.
O seu amor dura para sempre!
¹⁰ Àquele que matou os primogênitos do Egito
O seu amor dura para sempre!
¹¹ E tirou Israel do meio deles
O seu amor dura para sempre!
¹² Com mão poderosa e braço forte.
O seu amor dura para sempre!

¹³ Àquele que dividiu o mar Vermelho

    O seu amor dura para sempre!

¹⁴ E fez Israel atravessá-lo,

    O seu amor dura para sempre!

¹⁵ Mas lançou o faraó e o seu exército no mar Vermelho.

    O seu amor dura para sempre!

¹⁶ Àquele que conduziu seu povo pelo deserto,

    O seu amor dura para sempre!

¹⁷ Feriu grandes reis

    O seu amor dura para sempre!

¹⁸ E matou reis poderosos:

    O seu amor dura para sempre!

¹⁹ Seom, rei dos amorreus,

    O seu amor dura para sempre!

²⁰ E Ogue, rei de Basã,

    O seu amor dura para sempre!

²¹ E deu a terra deles como herança,

    O seu amor dura para sempre!

²² Como herança ao seu servo Israel.

    O seu amor dura para sempre!

²³ Àquele que se lembrou de nós quando fomos humilhados

    O seu amor dura para sempre!

²⁴ E nos livrou dos nossos adversários;

    O seu amor dura para sempre!

²⁵ Àquele que dá alimento a todos os seres vivos.

    O seu amor dura para sempre!

²⁶ Deem graças ao Deus dos céus.
O seu amor dura para sempre!

⚜

O tema retumbante desse salmo não é difícil de identificar: "O seu amor dura para sempre". Todos os 26 versículos são concluídos dessa forma. Por que esse salmo exibe tal redundância, aparentemente?

Tudo em nós está programado para acreditar que o amor de Deus pode chegar ao fim a qualquer momento. Que ele não é constante, mas vacilante. Que ele é como nós. Portanto, por todo o salmo, somos lembrados dos repetidos atos de libertação de Deus em relação ao seu povo ao longo da história e somos informados do porquê de o Senhor resgatar seu povo: *porque* "o seu amor dura para sempre". Ele não liberta porque seu povo merece. Ele não salva porque o impressionamos. Ele nos liberta porque é assim que ele é com pecadores rebeldes. Você sente que "esgotou" a reserva de amor de Deus por você? Não percebe que, quanto mais você precisa do amor dele, mais o coração dele o dá? "Seu amor dura para sempre". Não há limite para isso. Sem fim da linha. Ele se dá, entrega tudo de si mesmo, a você, a você por inteiro. Como o teólogo do século 18, Jonathan Edwards, pregou:

> Porque sua essência é amor, ele é como se fosse um oceano infinito de amor sem margens e fundo, sim, e sem superfície.

Aqueles que Deus tem o prazer de tornar alvos de seu amor, sejam eles quem for, ou o que for — nunca maus demais, nunca pecadores demais — são objeto de um amor que é infinitamente pleno e suficiente.

"Seu amor dura para sempre". Além de nossas falhas. Além de nossos ressentimentos. Além de nosso desgosto por nós mesmos. Além do amor de qualquer amigo. Jesus Cristo veio por nós e morreu por nós; ele garantiu tal permanência e demonstrou o profundo amor de Deus pelos pecadores. Jesus provou, de uma vez por todas, que "seu amor dura para sempre".

SALMO 137

¹ Junto aos rios da Babilônia nós nos sentamos e choramos
   com saudade de Sião.
² Ali, nos salgueiros,
   penduramos as nossas harpas;
³ ali os nossos captores pediam-nos canções,
   os nossos opressores exigiam canções alegres, dizendo:
   "Cantem para nós uma das canções de Sião!"
⁴ Como poderíamos cantar as canções do Senhor
   numa terra estrangeira?
⁵ Que a minha mão direita definhe,
   ó Jerusalém, se eu me esquecer de ti!
⁶ Que me grude a língua ao céu da boca,
   se eu não me lembrar de ti
 e não considerar Jerusalém
   a minha maior alegria!
⁷ Lembra-te, Senhor, dos edomitas
   e do que fizeram quando Jerusalém foi destruída,
 pois gritavam: "Arrasem-na!
   Arrasem-na até aos alicerces!"
⁸ Ó cidade de Babilônia, destinada à destruição,
   feliz aquele que lhe retribuir o mal que você nos fez!

⁹ Feliz aquele que pegar os seus filhos
e os despedaçar contra a rocha!

⁂

Enquanto cantava as palavras desse salmo, o antigo povo de Deus lamentava seus sofrimentos anteriores nas mãos da Babilônia. Eles celebravam sua lealdade a Jerusalém, a cidade que representava as promessas de Deus de dar a seu povo sua própria terra e de habitar entre eles.

Uma das virtudes notáveis da Bíblia é seu realismo terreno. Observe que ela fala sobre *lágrimas* físicas: "nós nos sentamos e choramos" (v. 1). A Bíblia não o convoca para uma existência superespiritual, pedindo-lhe para caminhar indiferentemente pela vida, acima do alcance da dor e do choro. Ela, em vez disso, nos dá categorias e uma linguagem específica para falar e orar nossas lágrimas a Deus.

Como esse salmo faz isso? De forma bastante chocante, orando até mesmo pela destruição dos bebês dos inimigos de Israel (v. 9)! Exige que a dor que esses inimigos buscavam para outras nações recaísse sobre eles. Isso não soa como o ensino de um Jesus calmo, sereno e tranquilo, podemos dizer, mas é profundamente consolador. Somos lembrados de que Deus não faz vista grossa quando seu povo está aflito. Ele o defende. A justiça vai prevalecer. A violação de direitos será julgada. Em uma carta de 1959, C. S. Lewis escreveu sobre a noção moderna de um Jesus suave e gentil domesticado em suavidade e fraqueza:

> "Gentil Jesus" uma ova! O mais impressionante em nosso Senhor é a união de grande ferocidade com extrema ternura [...] Continue! Você está no caminho certo agora: chegando ao homem real por trás de todos os bonecos de gesso que o substituíram. Essa é a aparição em forma humana do Deus que criou o tigre e o cordeiro, a avalanche e a rosa. Ele vai assustar e confundir você; mas o verdadeiro Cristo pode ser amado e admirado de uma forma que suas falsas representações não podem ser.

A Bíblia é um livro real sobre um Deus real que enviou um Filho real para resgatar pecadores reais do mal real. Não é um livro de contos de fadas. A Bíblia é um livro em que você pode confiar, pois nos revela um Deus em quem podemos confiar.

SALMO 138

Davídico.

¹ Eu te louvarei, Senhor, de todo o coração;
  diante dos deuses cantarei louvores a ti.
² Voltado para o teu santo templo eu me prostrarei
  e renderei graças ao teu nome,
 por causa do teu amor e da tua fidelidade;
  pois exaltaste acima de todas as coisas
  o teu nome e a tua palavra.
³ Quando clamei, tu me respondeste;
  deste-me força e coragem.
⁴ Todos os reis da terra te renderão graças, Senhor,
  pois saberão das tuas promessas.
⁵ Celebrarão os feitos do Senhor,
 pois grande é a glória do Senhor!
⁶ Embora esteja nas alturas, o Senhor olha para os
      humildes,
  e de longe reconhece os arrogantes.
⁷ Ainda que eu passe por angústias,
  tu me preservas a vida da ira dos meus inimigos;
  estendes a tua mão direita e me livras.
⁸ O Senhor cumprirá o seu propósito para comigo!
 Teu amor, Senhor, permanece para sempre;
  não abandones as obras das tuas mãos!

"Grande é a glória do Senhor! Embora esteja nas alturas, o Senhor olha para os humildes, e de longe reconhece os arrogantes" (vv. 5-6).

Onde é vista a glória de Deus? Certamente em sua grandeza: sua onipotência, sua infinitude, sua eternidade. Mais ainda, porém, a glória de Deus é vista em sua bondade à luz dessa grandeza. Em toda a sua imensidão, ele se deleita em regar suas criaturas rebeldes com graça sobre graça. Deus não é glorioso apenas porque é grande (embora ele de fato o seja!), mas porque nessa grande imensidão ele também é misericordioso, mesmo tendo todos os motivos para nos virar as costas e nos destruir.

Em uma carta a uma mulher cujo filho havia morrido, Jonathan Edwards escreveu: "Especialmente os raios da glória de Cristo são infinitamente suavizados e adoçados por seu amor aos homens, o amor que ultrapassa o conhecimento. A glória de sua pessoa consiste, preeminentemente, naquela infinita bondade e graça, da qual ele fez uma manifestação tão maravilhosa em seu amor por nós". O grande reformador francês João Calvino concordaria: "Não é possível honrarmos a Deus a menos que sua misericórdia seja reconhecida, sobre a qual estamos fundados e estabelecidos".

Você quer glorificar a Deus? Aqui está uma das principais maneiras de fazê-lo: deixe que ele ame você. Receba sua graça.

Beba dela sem adicionar uma gota de sua própria bondade. Seu propósito na vida e na eternidade é ser "para o louvor da sua gloriosa graça" (Efésios 1:6).

SALMO 139

Para o mestre de música. Davídico. Um salmo.

¹ Senhor, tu me sondas
  e me conheces.
² Sabes quando me sento e quando me levanto;
  de longe percebes os meus pensamentos.
³ Sabes muito bem quando trabalho e quando descanso;
  todos os meus caminhos são bem conhecidos por ti.
⁴ Antes mesmo que a palavra me chegue à língua,
  tu já a conheces inteiramente, Senhor.
⁵ Tu me cercas, por trás e pela frente,
  e pões a tua mão sobre mim.
⁶ Tal conhecimento é maravilhoso demais
  e está além do meu alcance;
  é tão elevado que não o posso atingir.
⁷ Para onde poderia eu escapar do teu Espírito?
  Para onde poderia fugir da tua presença?
⁸ Se eu subir aos céus, lá estás;
  se eu fizer a minha cama na sepultura, também lá
    estás.
⁹ Se eu subir com as asas da alvorada
  e morar na extremidade do mar,
¹⁰ mesmo ali a tua mão direita me guiará e me susterá.
¹¹ Mesmo que eu diga que as trevas me encobrirão,
  e que a luz se tornará noite ao meu redor,

¹² verei que nem as trevas são escuras para ti.
A noite brilhará como o dia,
pois para ti as trevas são luz.
¹³ Tu criaste o íntimo do meu ser
e me teceste no ventre de minha mãe.
¹⁴ Eu te louvo porque me fizeste de modo especial e admirável.
Tuas obras são maravilhosas!
Digo isso com convicção.
¹⁵ Meus ossos não estavam escondidos de ti
quando em secreto fui formado
e entretecido como nas profundezas da terra.
¹⁶ Os teus olhos viram o meu embrião;
todos os dias determinados para mim
foram escritos no teu livro antes de qualquer deles existir.
¹⁷ Como são preciosos para mim os teus pensamentos, ó Deus!
Como é grande a soma deles!
¹⁸ Se eu os contasse,
seriam mais do que os grãos de areia.
Se terminasse de contá-los,
eu ainda estaria contigo.
¹⁹ Quem dera matasses os ímpios, ó Deus!
Afastem-se de mim os assassinos!
²⁰ Porque falam de ti com maldade;
em vão rebelam-se contra ti.

²¹ Acaso não odeio os que te odeiam, Senhor?
E não detesto os que se revoltam contra ti?
²² Tenho por eles ódio implacável!
Considero-os inimigos meus!
²³ Sonda-me, ó Deus, e conhece o meu coração;
prova-me e conhece as minhas inquietações.
²⁴ Vê se em minha conduta algo te ofende
e dirige-me pelo caminho eterno.

―――

"Mas agora, conhecendo a Deus, ou melhor, sendo por ele conhecidos..." (Gálatas 4:9). Em sua carta aos gálatas, Paulo parece quase se corrigir no meio do pensamento, como se dissesse: "Mas agora que vocês, gálatas, conheceram a Deus... não, espere, a verdade mais profunda é que *Deus* conhece vocês". Essa bendita realidade de ser conhecido por Deus é o tema constante do salmo 139.

Você conhece Deus? Conhecer a Deus é uma categoria verdadeira e útil para compreender sua experiência cristã. É uma categoria que a própria Bíblia usa repetidamente; afinal, o propósito da vida é "para que *conheçamos* aquele que é o Verdadeiro" (1João 5:20). Contudo, nossas próprias ações humanas não esgotam o que significa ser filho de Deus. "Tal conhecimento é maravilhoso demais e está além do meu alcance" (Salmos 139:6). A categoria mais ampla, mais profunda e envolvente da vida como povo de Deus é que somos conhecidos *por* ele. Não apenas agora, em nosso presente, mas antes disso, quando ainda estávamos sendo formados no ventre, Deus nos conhecia (v. 15), e ele conhece nosso futuro também — todos os dias dele (v. 16).

Você se sente sozinho? Desconhecido? Esquecido? Negligenciado? Colocado de lado? Marginalizado? Lembre-se de quem você é. Se você está em Cristo, a realidade mais profunda de sua existência é que Deus o conhece. Ele conhece cada canto e recanto do seu coração. Conhece cada falha, cada medo. Ele entende você. Ele não apenas sabe algumas coisas *sobre* você. Ele *conhece* você. Ele conhece as partes mais interiores de seu coração. Perdoado e adotado em sua família pela graça, você é amado pelo Senhor Jesus Cristo com o mesmo amor com que o Pai lhe ama (João 15:9).

SALMO 140

Para o mestre de música. Salmo davídico.

¹ Livra-me, Senhor, dos maus;
 protege-me dos violentos,
² que no coração tramam planos perversos
 e estão sempre provocando guerra.
³ Afiam a língua como a da serpente;
 veneno de víbora está em seus lábios. *Pausa*
⁴ Protege-me, Senhor, das mãos dos ímpios;
 protege-me dos violentos,
 que pretendem fazer-me tropeçar.
⁵ Homens arrogantes prepararam armadilhas contra mim,
 perversos estenderam as suas redes;
 no meu caminho armaram ciladas contra mim. *Pausa*
⁶ Eu declaro ao Senhor: Tu és o meu Deus.
 Ouve, Senhor, a minha súplica!
⁷ Ó Soberano Senhor, meu salvador poderoso,
 tu me proteges a cabeça no dia da batalha;
⁸ não atendas aos desejos dos ímpios, Senhor!
 Não permitas que os planos deles tenham sucesso,
 para que não se orgulhem. *Pausa*
⁹ Recaia sobre a cabeça dos que me cercam
 a maldade que os seus lábios proferiram.

¹⁰ Caiam brasas sobre eles,
e sejam lançados ao fogo,
em covas das quais jamais possam sair.
¹¹ Que os difamadores não se estabeleçam na terra,
que a desgraça persiga os violentos até a morte.
¹² Sei que o Senhor defenderá a causa do necessitado
e fará justiça aos pobres.
¹³ Com certeza os justos darão graças ao teu nome,
e os homens íntegros viverão na tua presença.

∽⧽⧼∾

Alguns dos salmos podem ser muito difíceis de conciliar com o ensino das Escrituras sobre ser bondoso com todos e amar nossos inimigos. Como o salmista pode pedir que brasas acesas caiam sobre a cabeça de seu adversário (v. 10)?

A chave é entender que ele não está clamando por vingança injusta, como se estivesse simplesmente expressando o fervilhar de uma pura raiva emocional. Em vez disso, o salmista está pedindo a Deus que faça justiça (v. 12). A maior parte desse salmo relata os ataques injustos dos inimigos de Davi. Ele está sendo injustiçado e pede a Deus que acerte as contas no tempo devido. Observe também que Davi está pedindo a *Deus* que acerte as contas. Ele não está resolvendo o problema com as próprias mãos. Em outras palavras, Davi está vivendo pela fé.

E quanto a você? Como você foi injustiçado em sua vida? Que memórias lhe ocorrem, mesmo agora, tentando fazê-lo cair em ressentimento? Ore, com Davi, pela exigência da justiça de Deus. Não faça justiça com as próprias mãos. Deixe Deus resolver tudo no final dos tempos. Ele acertará as contas. Resista ao impulso de atacar na tentativa de igualar o placar. Em vez disso, confie nele.

Afinal, o próprio Jesus foi injustiçado, mas não revidou. Ele permaneceu em silêncio diante de seus acusadores (1Pedro 2:23). É nosso sagrado privilégio seguir os passos de nosso Salvador.

SALMO 141

Salmo davídico.

¹ Clamo a ti, Senhor; vem depressa!
  Escuta a minha voz quando clamo a ti.
² Seja a minha oração como incenso diante de ti
  e o levantar das minhas mãos como a oferta da tarde.
³ Coloca, Senhor, uma guarda à minha boca;
  vigia a porta de meus lábios.
⁴ Não permitas que o meu coração se volte para o mal
  nem que eu me envolva em práticas perversas com
    os malfeitores.
  Que eu nunca participe dos seus banquetes!
⁵ Fira-me o justo com amor leal e me repreenda,
  mas não perfume a minha cabeça o óleo do ímpio,
  pois a minha oração é contra as práticas dos
    malfeitores.
⁶ Quando eles caírem nas mãos da Rocha, o juiz deles,
  ouvirão as minhas palavras com apreço.
⁷ Como a terra é arada e fendida,
  assim foram espalhados os seus ossos à entrada da
    sepultura.
⁸ Mas os meus olhos estão fixos em ti,
 ó Soberano Senhor;
 em ti me refugio;
  não me entregues à morte.

⁹ Guarda-me das armadilhas que prepararam contra mim,
   das ciladas dos que praticam o mal.
¹⁰ Caiam os ímpios em sua própria rede,
   enquanto eu escapo ileso.

◆◆◆

Cercado pelo mal e pelos inimigos, Davi ora nesse salmo para que ele não se comprometa e não caia nos próprios pecados dos quais é vítima. Davi pede a Deus que o sustente e evite que sua própria língua pratique a linguagem perversa de seus adversários (vv. 3-4).

Nós sabemos a tentação que Davi está sentindo. Quando caluniados e atacados, parece natural respondermos na mesma moeda — não apenas natural, mas *correto*. O desejo de enfrentar nossos adversários, mesmo de maneiras sutis ou dissimuladas, é forte. Parece impossível simplesmente ignorar um insulto, um mal-entendido, uma acusação.

Deixados por nossa própria conta, é impossível. Só existe um caminho saudável a seguir: "Mas os meus olhos estão fixos em ti, ó Soberano Senhor; em ti me refugio" (v. 8). Davi desvia sua atenção de seus acusadores e a dirige ao Senhor, ou seja, ele confia no próprio Deus para o justificar do seu próprio modo e em seu próprio tempo. Podemos buscar nossa justiça agora, intensificando o conflito, ou podemos deixar que Deus faça isso no final dos tempos, aliviando o conflito no presente à medida que confiamos no Senhor em seu papel legítimo como Juiz.

Podemos olhar para Deus dessa maneira apenas na medida em que nos lembramos de que merecemos a punição e o julgamento divino — muito mais do que nossos inimigos imaginam! Jesus Cristo, porém, absorveu essa punição em nosso lugar. Libertos por esse evangelho da graça, somos livres para voltar nossos olhos para Deus em nosso presente conflito interpessoal, mesmo quando sabemos que estamos sendo injustiçados.

SALMO 142

Poema de Davi, quando ele estava na caverna. Uma oração.

¹ Em alta voz clamo ao Senhor;
  elevo a minha voz ao Senhor, suplicando misericórdia.
² Derramo diante dele o meu lamento;
  a ele apresento a minha angústia.
³ Quando o meu espírito desanima,
  és tu quem conhece o caminho que devo seguir.
 Na vereda por onde ando
  esconderam uma armadilha contra mim.
⁴ Olha para a minha direita e vê;
  ninguém se preocupa comigo.
 Não tenho abrigo seguro;
  ninguém se importa com a minha vida.
⁵ Clamo a ti, Senhor, e digo:
  Tu és o meu refúgio;
  és tudo o que tenho na terra dos viventes.
⁶ Dá atenção ao meu clamor,
  pois estou muito abatido;
 livra-me dos que me perseguem,
  pois são mais fortes do que eu.
⁷ Liberta-me da prisão,
  e renderei graças ao teu nome.
 Então os justos se reunirão à minha volta
  por causa da tua bondade para comigo.

Existe uma alegria artificial que pode contagiar a igreja, na qual queixas honestas das dores da vida não têm espaço para serem expressas diante do Senhor. Podemos facilmente ignorar as mágoas e os desafios dentro de nós e exibir para os outros uma imagem de serenidade que sabemos não ser nossa verdadeira condição. Podemos até nos sentir culpados por expressar ao Senhor nossas frustrações ou mágoas, como se não tivéssemos fé o suficiente.

Na Bíblia não vemos tais artificialidades. Embora queiramos confiar na bondade do Senhor e louvá-lo em todos os momentos, isso não significa fingir que nossa vida está tranquila quando, na verdade, não está. Davi disse anteriormente nos Salmos: "Bendirei o Senhor o tempo todo! Os meus lábios sempre o louvarão" (Salmos 34:1). Aqui, porém, no salmo 142, o mesmo homem diz: "Derramo diante dele o meu lamento; a ele apresento a minha angústia" (v. 2). O livro de Jó é um exemplo extenso, em um livro inteiro, desse pequeno versículo. A Bíblia nos incentiva a sermos honestos com Deus.

Quando você sentir que está na "prisão" (v. 7), leve sua angústia ao Senhor. Ele aguenta. Ele não se incomoda com isso. Seu próprio Filho Jesus Cristo caminhou nesta terra e experimentou profunda angústia. A Bíblia nos diz que Jesus foi "semelhante a seus irmãos em todos os aspectos" (Hebreus 2:17) e pode "compadecer-se das nossas fraquezas" porque ele, "como nós, passou por todo tipo de tentação, porém, sem pecado" (Hebreus 4:15). Vá a Deus através do único mediador, Jesus, que conhece a sua angústia e que experimentou uma angústia ainda mais profunda por amor a você.

SALMO 143

Salmo davídico.

¹ Ouve, Senhor, a minha oração,
　　dá ouvidos à minha súplica;
　　responde-me por tua fidelidade e por tua justiça.
² Mas não leves o teu servo a julgamento,
　　pois ninguém é justo diante de ti.
³ O inimigo persegue-me
　　e esmaga-me ao chão;
　ele me faz morar nas trevas,
　　como os que há muito morreram.
⁴ O meu espírito desanima;
　　o meu coração está em pânico.
⁵ Eu me recordo dos tempos antigos;
　　medito em todas as tuas obras
　　e considero o que as tuas mãos têm feito.
⁶ Estendo as minhas mãos para ti;
　como a terra árida, tenho sede de ti.　　　　*Pausa*
⁷ Apressa-te em responder-me, Senhor!
　　O meu espírito se abate.
　Não escondas de mim o teu rosto,
　　ou serei como os que descem à cova.
⁸ Faze-me ouvir do teu amor leal pela manhã,
　　pois em ti confio.

Mostra-me o caminho que devo seguir,
  pois a ti elevo a minha alma.
⁹ Livra-me dos meus inimigos, S{\sc enhor},
  pois em ti eu me abrigo.
¹⁰ Ensina-me a fazer a tua vontade,
  pois tu és o meu Deus;
 que o teu bondoso Espírito
  me conduza por terreno plano.
¹¹ Preserva-me a vida, S{\sc enhor},
  por causa do teu nome;
  por tua justiça, tira-me desta angústia.
¹² E no teu amor leal, aniquila os meus inimigos;
  destrói todos os meus adversários,
   pois sou teu servo.

O reformador alemão Martinho Lutero escreveu: "Para aqueles que depositaram sua fé em Cristo, não existem obras tão más a ponto de nos acusar e condenar, mas, de igual modo, não existem obras tão boas que possam nos salvar e nos defender". Uma das principais batalhas da vida cristã é acreditar nisso. À medida que avançamos pela vida, cientes de nossas muitas fragilidades e fracassos, a mensagem do evangelho insiste que Deus se agrada em cobrir todas essas fraquezas. À medida que detectamos dentro de nós a constante tentação de buscar fortalecer nossa posição diante de Deus por meio da virtude e da obediência, igualmente nos lembramos do evangelho e de sua insistência de que nada de bom em nós poderia melhorar nosso status diante de Deus.

Esse salmo foi escrito a partir da compreensão profunda do coração humano e da intensa necessidade que cada um de nós tem da graça de Deus. "Não leves o teu servo a julgamento", oramos com o salmista, "pois ninguém é justo diante de ti" (v. 2). O mundo não está dividido entre justos e injustos. Ninguém é justo. Em vez disso, o mundo está dividido entre aqueles que sabem que são injustos e aqueles que não o sabem. Para aqueles que reconhecem sua condição como injustos, há esperança: a justiça de Deus. O salmista reflete sobre o "amor leal" de Deus (vv. 8,12). Ele confia no Senhor para livrá-lo dos "adversários" de sua alma (v. 12).

Embora o salmista visse apenas sombras, vemos a verdadeira substância de como Deus responde às orações daqueles que sabem que não são justos: ele o faz em Jesus Cristo, o Justo, que viveu a vida que deveríamos viver e morreu a morte que merecíamos morrer, para nos levar a Deus (1Pedro 3:18). Em Cristo, somos justos com uma posição conquistada e concedida, independentemente do que trazemos à mesa (2Coríntios 5:21). Tudo o que precisamos trazer a ele é nossa necessidade.

SALMO 144

Davídico.

¹ Bendito seja o Senhor, a minha Rocha,
    que treina as minhas mãos para a guerra
    e os meus dedos para a batalha.
² Ele é o meu aliado fiel, a minha fortaleza,
    a minha torre de proteção e o meu libertador;
  é o meu escudo, aquele em quem me refugio.
    Ele subjuga a mim os povos.
³ Senhor, que é o homem
    para que te importes com ele,
  ou o filho do homem
    para que por ele te interesses?
⁴ O homem é como um sopro;
    seus dias são como sombra passageira.
⁵ Estende, Senhor, os teus céus e desce;
    toca os montes para que fumeguem.
⁶ Envia relâmpagos e dispersa os inimigos;
    atira as tuas flechas e faze-os debandar.
⁷ Das alturas, estende a tua mão e liberta-me;
    salva-me da imensidão das águas,
    das mãos desses estrangeiros,
⁸ que têm lábios mentirosos
    e que, com a mão direita erguida, juram falsamente.

⁹ Cantarei uma nova canção a ti, ó Deus;
 tocarei para ti a lira de dez cordas,
¹⁰ para aquele que dá vitória aos reis,
 que livra o seu servo Davi da espada mortal.
¹¹ Dá-me libertação;
 salva-me das mãos dos estrangeiros,
 que têm lábios mentirosos
 e que, com a mão direita erguida, juram falsamente.
¹² Então, na juventude,
 os nossos filhos serão como plantas viçosas;
 as nossas filhas, como colunas
 esculpidas para ornar um palácio.
¹³ Os nossos celeiros estarão cheios
 das mais variadas provisões.
 Os nossos rebanhos se multiplicarão aos milhares,
 às dezenas de milhares em nossos campos;
¹⁴ o nosso gado dará suas crias;
 não haverá praga alguma nem aborto.
 Não haverá gritos de aflição em nossas ruas.
¹⁵ Como é feliz o povo assim abençoado!
 Como é feliz o povo cujo Deus é o Senhor!

A oração do salmo 144 expressa o que significa refugiar-se em Deus. Ele é nossa "fortaleza", nossa "torre de proteção", nosso "libertador", nosso "escudo" (v. 2). O restante do salmo continua exultando em Deus e em seu cuidado soberano com seu povo amado enquanto eles enfrentam os inimigos (vv. 3-11) e criam famílias (vv. 12-15).

O que tudo isso significa? Muitas vezes os salmos descrevem Deus como um "refúgio". Considere essa imagem — o que ela está dizendo sobre o Senhor? Que ele é nossa confiança mais profunda, nosso verdadeiro abrigo, nosso lugar impenetrável de segurança. À medida que viajamos por este mundo caído, muitas vezes nos sentimos profundamente vulneráveis. Amizades se dissolvem. As finanças evaporam. Casamentos pioram. Crianças se rebelam. O trabalho nos frustra. Nossos corpos se quebram. Inimigos nos acusam.

Esse salmo insiste que viver com Deus não significa meramente crer em várias doutrinas e, ao mesmo tempo, canalizar todas as nossas velhas esperanças e sonhos para as coisas deste mundo. Nada neste mundo frágil pode ser um refúgio final para nós. Em vez disso, nossa única segurança é depositar nossa confiança mais profunda no próprio Deus — torná-lo nosso refúgio, nossa fortaleza, nosso escudo.

Em Jesus vemos que Deus fez isso por sua própria iniciativa, pois somos justos em Cristo. Tudo que precisamos fazer para que Deus de fato seja nossa fortaleza é deixá-lo ser Deus. Confiar nele. Voltar-se, mais uma vez, para ele. Nos humilharmos e deixá-lo nos libertar.

SALMO 145

Um cântico de louvor. Davídico.

¹ Eu te exaltarei, meu Deus e meu rei;
   bendirei o teu nome para todo o sempre!
² Todos os dias te bendirei
   e louvarei o teu nome para todo o sempre!
³ Grande é o Senhor e digno de ser louvado;
   sua grandeza não tem limites.
⁴ Uma geração contará à outra a grandiosidade dos teus feitos;
   eles anunciarão os teus atos poderosos.
⁵ Proclamarão o glorioso esplendor da tua majestade,
   e meditarei nas maravilhas que fazes.
⁶ Anunciarão o poder dos teus feitos temíveis,
   e eu falarei das tuas grandes obras.
⁷ Comemorarão a tua imensa bondade
   e celebrarão a tua justiça.
⁸ O Senhor é misericordioso e compassivo,
   paciente e transbordante de amor.
⁹ O Senhor é bom para todos;
   a sua compaixão alcança todas as suas criaturas.
¹⁰ Rendam-te graças todas as tuas criaturas, Senhor,
   e os teus fiéis te bendigam.
¹¹ Eles anunciarão a glória do teu reino
   e falarão do teu poder,

¹² para que todos saibam dos teus feitos poderosos
   e do glorioso esplendor do teu reino.
¹³ O teu reino é reino eterno,
   e o teu domínio permanece de geração em geração.
  O Senhor é fiel em todas as suas promessas
   e é bondoso em tudo o que faz.
¹⁴ O Senhor ampara todos os que caem
   e levanta todos os que estão prostrados.
¹⁵ Os olhos de todos estão voltados para ti,
   e tu lhes dás o alimento no devido tempo.
¹⁶ Abres a tua mão e satisfazes os desejos
   de todos os seres vivos.
¹⁷ O Senhor é justo em todos os seus caminhos
   e bondoso em tudo o que faz.
¹⁸ O Senhor está perto de todos os que o invocam,
   de todos os que o invocam com sinceridade.
¹⁹ Ele realiza os desejos daqueles que o temem;
   ouve-os gritar por socorro e os salva.
²⁰ O Senhor cuida de todos os que o amam,
   mas a todos os ímpios destruirá.
²¹ Com meus lábios louvarei o Senhor.
   Que todo ser vivo bendiga o seu santo nome
   para todo o sempre!

Considere a grande variedade de palavras que esse salmo usa para louvar a Deus: "exaltar" (v. 1), "bendizer" (v. 1), "louvar" (v. 2), "contar" (v. 4), "anunciar" (v. 6), "celebrar" (v. 7), "comemorar" (v. 7), "dar graças" (v. 10), "glorioso esplendor" (v. 12). Enquanto o salmista pondera sobre a generosa bondade do Senhor, o louvor é derramado. Ele simplesmente não consegue se segurar.

Louvar a Deus não é algo que nos obrigamos a fazer. Não é um exercício mecânico feito para cumprir um dever. É, antes, uma resposta natural à contemplação de Deus. "O SENHOR é misericordioso e compassivo" (v. 8). "O SENHOR ampara todos os que caem e levanta todos os que estão prostrados" (v. 14). Você recua diante dessas declarações, certo de que sua vida é muito difícil, muito além do alcance da bondade de Deus? Pense novamente sobre isso. Reflita sobre a prova suprema que ele nos deu.

Há 2 mil anos, a graça de Deus que esse salmo exalta irrompeu na história humana na forma de um homem que morreu em uma cruz, mas foi ressuscitado dentre os mortos. Ele garantiu a misericórdia de Deus para *você*, apesar de ter todos os motivos para não ser bom para você. O ministério de Jesus em favor dos pecadores e sofredores tem um significado: você está seguro. Em Cristo, você não pode perder. Até mesmo sua dor será finalmente transformada em sua própria glória e triunfo (Romanos 8:18-21). Deixe a bondade dele invadir seu coração novamente. Deixe que seus lábios o louvem mais uma vez.

SALMO 146

¹ Aleluia!
  Louve, ó minha alma, o Senhor.
² Louvarei o Senhor por toda a minha vida;
  cantarei louvores ao meu Deus enquanto eu
      viver.
³ Não confiem em príncipes,
  em meros mortais, incapazes de salvar.
⁴ Quando o espírito deles se vai, eles voltam ao pó;
  naquele mesmo dia acabam-se os seus planos.
⁵ Como é feliz aquele cujo auxílio é o Deus de Jacó,
  cuja esperança está no Senhor, no seu Deus,
⁶ que fez os céus e a terra,
  o mar e tudo o que neles há,
  e que mantém a sua fidelidade para sempre!
⁷ Ele defende a causa dos oprimidos
  e dá alimento aos famintos.
  O Senhor liberta os presos,
⁸ o Senhor dá vista aos cegos,
  o Senhor levanta os abatidos,
  o Senhor ama os justos.
⁹ O Senhor protege o estrangeiro
  e sustém o órfão e a viúva,
  mas frustra o propósito dos ímpios.

¹⁰ O Senhor reina para sempre!
O teu Deus, ó Sião, reina de geração em geração.
Aleluia!

～～～

O conforto desse salmo está em seu contraste entre a transitoriedade humana e o poder divino. Não confie nos líderes terrenos, diz o salmista (v. 3), porque eles logo serão esquecidos (v. 4). O Senhor, por outro lado, é aquele "que fez o céu e a terra, o mar e tudo o que neles há" (v. 6).

O salmista, porém, nos lembra mais do que o absoluto poder de Deus. Ele nos lembra que o coração do Senhor se inclina para os fracos e abatidos: "Ele defende a causa dos oprimidos e dá alimento aos famintos. O Senhor liberta os presos, o Senhor dá vista aos cegos, o Senhor levanta os abatidos [...] O Senhor protege o estrangeiro e sustém o órfão e a viúva" (vv. 7-9).

Quando o poder perfeito encontra a compaixão perfeita, somos livres para cair nos braços do Senhor em serena confiança. Ele é poderoso e, portanto, capaz de nos libertar; ele é amoroso e, portanto, *deseja* nos libertar. Esse é o melhor de todos os mundos possíveis. Esse é um Deus em quem se pode confiar totalmente, e sabemos com certeza que Deus é assim — onipotente e totalmente bondoso — por causa da encarnação. Em Jesus, vemos Deus Filho triunfando sobre o pecado, a morte e o inferno com total triunfo e poder, mas também vemos um amor incomparável derramando do coração do céu.

Você está em perigo? Está sobrecarregado? Mergulhe seu coração no poder e no amor do Salvador.

SALMO 147

¹ Aleluia!
Como é bom cantar louvores ao nosso Deus!
　Como é agradável e próprio louvá-lo!
² O Senhor edifica Jerusalém;
　ele reúne os exilados de Israel.
³ Só ele cura os de coração quebrantado
　e cuida das suas feridas.
⁴ Ele determina o número de estrelas
　e chama cada uma pelo nome.
⁵ Grande é o nosso Soberano e tremendo é o seu poder;
　é impossível medir o seu entendimento.
⁶ O Senhor sustém o oprimido,
　mas lança por terra o ímpio.
⁷ Cantem ao Senhor com ações de graças;
　ao som da harpa façam música para o nosso Deus.
⁸ Ele cobre o céu de nuvens,
　concede chuvas à terra
　e faz crescer a relva nas colinas.
⁹ Ele dá alimento aos animais,
　e aos filhotes dos corvos quando gritam de fome.
¹⁰ Não é a força do cavalo que lhe dá satisfação,
　nem é a agilidade do homem que lhe agrada;
¹¹ o Senhor se agrada dos que o temem,
　dos que depositam sua esperança no seu amor leal.

¹² Exalte o Senhor, ó Jerusalém!
  Louve o seu Deus, ó Sião,
¹³ pois ele reforçou as trancas de suas portas
  e abençoou o seu povo, que lá habita.
¹⁴ É ele que mantém as suas fronteiras em segurança
  e que a supre do melhor do trigo.
¹⁵ Ele envia sua ordem à terra,
  e sua palavra corre veloz.
¹⁶ Faz cair a neve como lã,
  e espalha a geada como cinza.
¹⁷ Faz cair o gelo como se fosse pedra.
  Quem pode suportar o seu frio?
¹⁸ Ele envia a sua palavra, e o gelo derrete;
  envia o seu sopro, e as águas tornam a correr.
¹⁹ Ele revela a sua palavra a Jacó,
  os seus decretos e ordenanças a Israel.
²⁰ Ele não fez isso a nenhuma outra nação;
  todas as outras desconhecem as suas ordenanças.
Aleluia!

~~~

Esse salmo nos convida a louvar ao Senhor por seu cuidado abrangente para com toda a criação, sobretudo para com seu povo. Considere apenas um tema desse salmo: a preocupação e atenção de Deus para com os abatidos. "Ele reúne os exilados de Israel. Só ele cura os de coração quebrantado e cuida das suas feridas" (vv. 2-3); "O SENHOR sustém o oprimido" (v. 6), ou seja, os aflitos, aqueles que foram abatidos por circunstâncias difíceis.

O Deus da Bíblia não é um Deus que se agrada em nos dar ordens e depois fica parado esperando que as executemos, como um treinador de atletismo exigente. O Deus da Bíblia encontra seu maior prazer em atender às necessidades daqueles que se encontram em situação desesperadora. Em outro lugar nas Escrituras, somos informados de que Deus habita no mais alto céu e, ao mesmo tempo, nos lugares mais baixos, com os destituídos (Isaías 57:15; cf. 66:1-2). De quem Deus se aproxima? Daquele que tem seu coração partido. A quem o Senhor é mais forte e irresistivelmente atraído? Aos excluídos. Perdedores. Aqueles rejeitados. Aqueles de aparente insignificância para os padrões do mundo.

Afinal, quando o próprio Deus veio à terra em forma humana, ele mesmo "não tinha qualquer beleza ou majestade que nos atraísse, nada havia em sua aparência para que o desejássemos" (Isaías 53:2). Este é o caminho de Deus. O mundo corre atrás de força, astúcia, aparência externa, poder. Deus corre em direção ao coração abatido.

SALMO 148

¹ Aleluia!
Louvem o Senhor desde os céus,
  louvem-no nas alturas!
² Louvem-no todos os seus anjos,
  louvem-no todos os seus exércitos celestiais.
³ Louvem-no sol e lua,
  louvem-no todas as estrelas cintilantes.
⁴ Louvem-no os mais altos céus
  e as águas acima do firmamento.
⁵ Louvem todos eles o nome do Senhor,
  pois ordenou, e eles foram criados.
⁶ Ele os estabeleceu em seus lugares para todo o sempre;
  deu-lhes um decreto que jamais mudará.
⁷ Louvem o Senhor, vocês que estão na terra,
  serpentes marinhas e todas as profundezas,
⁸ relâmpagos e granizo, neve e neblina,
  vendavais que cumprem o que ele determina,
⁹ todas as montanhas e colinas,
  árvores frutíferas e todos os cedros,
¹⁰ todos os animais selvagens
  e os rebanhos domésticos,
  todos os demais seres vivos e as aves,
¹¹ reis da terra e todas as nações,
  todos os governantes e juízes da terra,

¹² moços e moças,
  velhos e crianças.
¹³ Louvem todos o nome do S<small>ENHOR</small>,
  pois somente o seu nome é exaltado;
  a sua majestade está acima da terra e dos céus.
¹⁴ Ele concedeu poder ao seu povo
  e recebeu louvor de todos os seus fiéis,
  dos israelitas, povo a quem ele tanto ama.
Aleluia!

À medida que o livro dos Salmos — também chamado de "saltério" — se aproxima do fim, uma nota retumbante de louvor triunfante a Deus aumenta. Cada vez mais, os salmos finais elevam nossos corações em louvor ao Senhor, adorando-o e dando-lhe graças.

O salmo 148 é impressionante, porque convoca o próprio universo para esse coro de louvor. Não apenas os seres angelicais devem adorá-lo (v. 2), mas também "o Sol e a Lua" (v. 3), as "estrelas cintilantes" (v. 3), os "mais altos céus" e "as águas acima do firmamento" (v. 4), as "serpentes marinhas e todas as profundezas" (v. 7), os "relâmpagos e granizo, neve e neblina" (v. 8), as "montanhas e colinas" (v. 9), os animais e pássaros (v. 10) — toda criação é chamada a louvar ao Senhor.

Mas como? Como uma baleia azul louva a Deus? Como um passarinho o louva? E a neve caindo? E a Lua à noite?

Veja como: *sendo eles mesmos*. Fazendo o que Deus os criou para fazer (v. 6). Um golfinho louva ao Senhor nadando, saltando, brincando, caçando, comendo — sendo um golfinho.

O mundo em que vivemos está repleto de detalhes inesgotáveis, glória, beleza e diversidade. Quem pensaria que o mesmo ser poderia ter inventado o leão *e* o flamingo? O floco de neve *e* o sol? Essas criações honram seu Criador, fazendo o que ele decretou que fizessem.

SALMO 149

¹ Aleluia!
Cantem ao Senhor uma nova canção,
louvem-no na assembleia dos fiéis.
² Alegre-se Israel no seu Criador,
exulte o povo de Sião no seu Rei!
³ Louvem eles o seu nome com danças;
ofereçam-lhe música com tamborim e harpa.
⁴ O Senhor agrada-se do seu povo;
ele coroa de vitória os oprimidos.
⁵ Regozijem-se os seus fiéis nessa glória
e em seu leito cantem alegremente!
⁶ Altos louvores estejam em seus lábios
e uma espada de dois gumes em suas mãos,
⁷ para impor vingança às nações
e trazer castigo aos povos;
⁸ para prender os seus reis com grilhões
e seus nobres com algemas de ferro;
⁹ para executar a sentença escrita contra eles.
Esta é a glória de todos os seus fiéis.
Aleluia!

Enquanto o salmo 148 falava do papel da criação em louvar a Deus e executar seus decretos, o salmo 149 fala do papel de seu povo em louvá-lo e executar seus decretos.

O lembrete impressionante desse salmo é quão baixo o povo de Deus tem sido muitas vezes, combinado com quão elevado é o papel ao qual Deus o destinou. Por outro lado, "o Senhor agrada-se do seu povo; ele coroa de vitória os oprimidos" (v. 4). Deus ama ajudar os desamparados. Ele tem prazer em aproximar-se dos destituídos. Ele é assim.

Por outro lado, considere a vocação elevada que ele finalmente colocou sobre seu povo: "para imporem vingança às nações e trazerem castigo aos povos, para prenderem os seus reis com grilhões e seus nobres com algemas de ferro, para executarem a sentença escrita contra eles" (vv. 7-9). Verdadeiramente, como diz a próxima linha: "Esta é a glória de todos os seus fiéis" (v. 9).

Como cristãos, muitas vezes falamos do julgamento de Deus no fim dos tempos e é o que devemos fazer. Mas Deus não executa esse julgamento por conta própria; ele convoca seu povo para esse julgamento. O Novo Testamento ainda diz que julgaremos não apenas o mundo, mas também os anjos (1Coríntios 6:1-3). Considere quem Deus é à luz desta realidade surpreendente: Deus pega o que é baixo e ignorado pelo mundo e, à medida que eles se desesperam e se lançam sobre

Cristo em busca de misericórdia, usa-os para julgar o mundo inteiro, executando julgamento sobre os reis e governantes deste mundo. "Aleluia" (v. 9).

SALMO 150

¹ Aleluia!
Louvem a Deus no seu santuário,
  louvem-no em seu magnífico firmamento.
² Louvem-no pelos seus feitos poderosos,
  louvem-no segundo a imensidão de sua grandeza!
³ Louvem-no ao som de trombeta,
  louvem-no com a lira e a harpa,
⁴ louvem-no com tamborins e danças,
  louvem-no com instrumentos de cordas e com
    flautas,
⁵ louvem-no com címbalos sonoros,
  louvem-no com címbalos ressonantes.
⁶ Tudo o que tem vida louve o Senhor!
Aleluia!

⁂

O saltério termina com uma nota triunfante de louvor: "Tudo o que tem vida louve ao Senhor!" (v. 6). A imagem dada por esse salmo é uma celebração completa de quem Deus é e do que ele faz. Instrumentos são tocados e o salmista até pede para dançar (v. 4). À medida que o saltério chega ao fim, somos levados, como leitores da Escritura, a refletir sobre o caráter de Deus e a extensão de sua grande graça para com seu povo, refletida ao longo de todo o livro.

Dado o Deus que é retratado em todos os salmos — um Deus que é compassivo e misericordioso, um Deus que não ignora os necessitados ou desamparados, um Deus que odeia a maldade e executará a justiça perfeita um dia, um Deus que cura o coração quebrantado, um Deus que é refúgio e abrigo para seu povo abatido, um Deus que entende os altos e baixos internos de seu povo ao viver neste mundo caído —, o que podemos fazer senão oferecer completamente nossas vidas e corações a ele? Ele é nosso pastor, nosso amigo, nosso libertador.

Em seu Filho Jesus Cristo, ele provou ser tão presente e bondoso quanto possível, como nosso Pastor, Amigo e Libertador. O Deus dos Salmos — o Deus que encontra os desesperados, o Deus que ouve os aflitos — assumiu carne e sangue. Ele veio por nós. Ele veio por você. Ele é assim.

Louve o Senhor.

Conheça outros livros da parceria Thomas Nelson Brasil e Pilgrim

Rotina. Se Deus vai nos encontrar em algum lugar, com certeza não será aí, certo?

O Senhor só se mostraria em milagres e eventos extraordinários, experiências de outro mundo. Porém, Deus está presente em todo lugar, até de formas surpreendentes no mais ordinário que há na vida. Como abraçamos o sagrado no ordinário e o ordinário no sagrado?

Cada capítulo neste livro olha para algo que a autora faz no dia dela – arrumar a cama, escovar os dentes, perder a chave, até brigar com o marido. Cada detalhe da vida é visto pelas lentes da liturgia: pequenas práticas e hábitos que nos formam. Com base nas várias facetas da sua vida como missionária universitária, amiga, esposa e mãe, Tish Harrison Warren desenvolve uma teologia prática do dia a dia. Cada atividade se relaciona a uma disciplina espiritual, bem como a um aspecto do nosso culto no domingo. Venha e descubra a santidade do seu dia a dia.

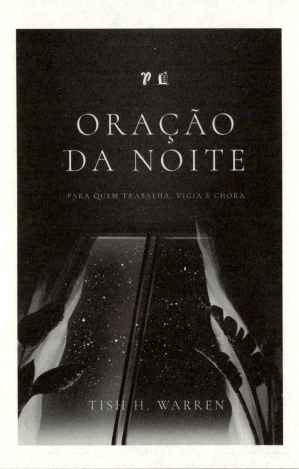

Depois de perder seu filho, seu pai e sua cidade natal no mesmo ano, Tish Harrison Warren não conseguia mais orar. A autora do best-seller *Liturgia do ordinário* reaprendeu a orar, a crer e até a sofrer com uma simples oração, repetida a cada noite.

Compartilhando o que aprendeu, este livro contém profundas reflexões sobre as diversas vulnerabilidades humanas — incluindo doenças imprevistas, lutos duradouros, alegrias perdidas e cansaços teimosos — e como Deus parece estranhamente ausente em cada uma delas. Quer suas noites estejam cheias de riso, choro, ansiedade ou mesmo trabalho, Tish fala como uma amiga que sabe o que é sofrer, mas que nunca despreza a sua dor. Longe de respostas abstratas ou explicações insensíveis, ela lhe conduzirá à descoberta de que talvez seja justamente no seu escuro que a luz de Deus mais possa brilhar, enquanto você também aprende a fazer a oração da noite.

O que Deus precisa fazer para nos salvar?

É a essa pergunta que Benjamin B. Warfield (1851-1921), um dos últimos teólogos conservadores do renomado seminário de Princeton, busca responder nesta obra. *O plano da salvação* reúne cinco palestras proferidas por Warfield, em 1914, acerca da doutrina da salvação, um dos pilares da fé cristã — e também motivo de muitos embates.

De forma magistral, Warfield explora as concepções defendidas por diferentes tradições cristãs e concluí que a decisão de crer que Deus se envolve diretamente na salvação de sua criação e de que só ele tem o poder de redimir é mais bem explicada pelo calvinismo. No entanto, mais do que uma defesa da tradição reformada, Warfield dialoga de forma clara e teologicamente responsável com cada ponto de vista e assim — além de apresentar um panorama dessa doutrina — promove uma melhor compreensão sobre o papel de Deus na salvação.

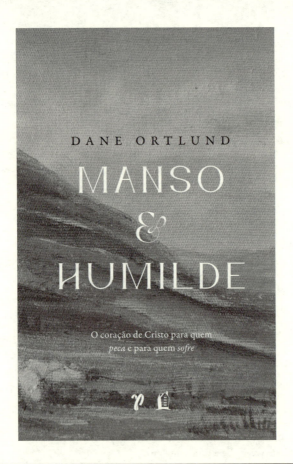

Como Jesus se sente perto de você?

Ninguém é muito agradável quando está sofrendo ou pecando. Bem, pelo menos não esperamos agradar a Deus nessas condições. Afinal, como alguém se agradaria de quem pensa: "Como pude estragar tudo de novo?". Sabemos que Deus nos ama, mas suspeitamos que ele esteja terrivelmente decepcionado conosco. Parece que a única forma de interpretar os fatos é concluir que Deus é, no mínimo, econômico com o que ele dá.

Mas Deus nos deu Jesus, e não há nada melhor que poderíamos receber. Venha descobrir com Dane Ortlund as riquezas do coração de Cristo, o qual descreve a si próprio como "manso e humilde". Se você peca ou sofre — ou seja, se você é cristão — com certeza este livro mudará o seu coração para sempre.

Um ano de histórias é uma coleção de contos de ficção cristã escrita pelo pastor e autor Emilio Garofalo Neto com o intuito de incentivar a produção e a leitura de boa ficção entre o público cristão. Ao todo, o box é composto por 14 histórias que se passam no mesmo universo literário e que percorrem diversos gêneros: de romances de formação à literatura epistolar, passando por histórias de amor, soft sci-fi, fantasia e até reportagens.